# LE PARADIS

DES

# FEMMES

PAR

PAUL FÉVAL

PARIS
E. DENTU, ÉDITEUR
LIBRAIRE DE LA SOCIÉTÉ DES GENS DE LETTRES
PALAIS-ROYAL, 17 ET 19, GALERIE D'ORLÉANS
—
1873
Tous droits réservés

LE

# PARADIS DES FEMMES

# OUVRAGES DU MÊME AUTEUR

**Collection in-18, jésus, à 3 fr. le volume**

| | | | |
|---|---|---|---|
| Le Capitaine Fantôme, 7e éd. | 1 vol. | Les Mystères de Londres, | |
| Les Filles de Cabanil (suite | | nouvelle édition. . . . . | 2 vol. |
| du Capitaine Fantôme), | | Le Mari embaumé . . . . | 2 — |
| 7e édit . . . . . . . . | 1 — | La Cavalière, 2e édition . . | 2 — |
| Le Drame de la jeunesse, | | L'Homme de Fer, 2e édit. . . | 1 — |
| 4e édition. . . . . . . | 1 — | Les Belles de nuit, 5e édit . | 2 — |
| Annette Laïs, 2e édition . . | 1 — | La Pécheresse, 2e édit. . . | 1 — |
| Les Habits noirs, 2e édition. | 2 — | Le Château de Velours, 2e éd. | 1 — |
| Jean Diable, 3e édition. . . | 2 — | Les Revenants, 2e édit. . . | 1 — |
| Bouche de fer, 7e édition. . | 1 — | L'avaleur de sabres, 3e édit. | 1 — |
| Madame Gil Blas, 3e éd. . . | 2 — | Mademoiselle Saphir, 2e éd. | 1 — |
| Aimée, 4e édition. . . . . | 1 — | Le Volontaire, 2e édit. . . | 1 — |
| La Fabrique de Mariages, | | La rue de Jérusalem, 4e éd. | 2 — |
| 4e édition . . . . . . . | 1 — | Le Jeu de la mort, 4e édit. | 2 — |
| La Garde noire, 2e édition, | | Le Cavalier Fortune, 2e éd. | 2 — |
| sous presse . . . . . . | 1 — | Les Parvenus, 3e édit . . . | 1 — |
| Roger Bontemps . . . . . | 1 — | La Province de Paris, 3e éd. | 1 — |
| Les Gens de la noce . . . | 1 — | L'Arme invisible, 2e éd. . . | 1 — |
| Cœur d'acier. . . . . . . | 2 — | Maman Léo, 2e éd. . . . . | 1 — |
| Les Errants de nuit, 2e éd . | 1 — | Le Quai de la Ferraille . . | 2 — |
| Les deux Femmes du Roi, | | Contes Bretons, nouvelle édi- | |
| 4e édition. . . . . . . | 1 — | tion illustrée . . . . . | 1 — |
| La Duchesse de Nemours, | | La Tache rouge, 2e éd. . . | 2 — |
| 5e édition. . . . . . . | 1 — | Les Compagnons du Trésor. | 2 — |
| La Cosaque, 2e édition. . . | 1 — | L'Homme du Gaz, 2e éd . | 1 — |
| L'Hôtel Carnavalet . . . . | 1 — | La Quittance de minuit. . | 1 — |
| Le Bossu, 27e édition . . . | 2 — | Le dernier Vivant . . . . | 2 — |

## LA FÉE DES GRÈVES

Nouvelle édition illustrée, 1 volume in-8°, prix : 5 francs.

---

St-Amand. — Imp. de Destenay.

# LE PARADIS DES FEMMES

## PREMIÈRE PARTIE

## LES LIMBES

### I

#### LE CAP FREHEL

On ne naît pas à Paris, on y vit et on y meurt. Les médecins prétendent qu'on chercherait en vain un Parisien de la quatrième génération ; ceux de la troisième sont déjà très-rares et fort laids. Une répartie célèbre d'Alexandre Dumas a mis en lumière ce fait scientifique que les ancêtres des nègres étaient des orang-outangs ; je pense bien que les petits-neveux des Parisiens deviennent singes. Voilà pourquoi on perd leurs traces.

Paris est une fournaise, de même que la vie est un fleuve et l'or une chimère. Ces vérités de haute volée ne se démontrent pas. Qu'arriverait-il d'une fournaise où l'on ne jetterait pas incessamment des bûches ? Paris s'éteindrait si nous n'étions venus de bien loin, tous tant que nous sommes, nous consumer à son foyer ardent.

Nous sommes venus comme ce pauvre bois flotté qui descend à la Seine par l'Yonne ou par la Marne : du bois vif et tout jeune. On a beau les couper, les chênes à la sève robuste, les hêtres sveltes qui s'élancent hardiment vers le ciel ; ils renaissent toujours là-bas où l'air est libre et la terre propice, là-bas dans la forêt étagée au versant du coteau. Qui songe à couper les ormeaux lépreux de nos promenades ? On les soigne, on les saigne, on leur met des cataplasmes et des emplâtres ; on les ampute, on les scarifie ; ils ont leurs médecins et leurs apothicaires. Ils meurent et ne renaissent point.

Paris tue les arbres comme les hommes.

Il faut apporter à Paris des arbres tout venus et des hommes tout faits.

La plupart des arbres dépérissent, la plupart des hommes s'étiolent. Ceux qui résistent parmi les hommes et parmi les arbres deviennent grands.

Ce sont les élus. Pour ne parler que des hommes, ils arrivent avec leur ignorance puissante. Ils apprennent, ils mettent le pied sur la tête de ces enfants célèbres qui ont remporté tous les grands prix des grands concours : petites bêtes surmenées, qui font parfois des avoués suffisants et de bons sous-chefs aux finances.

Et les femmes ? Il naît à Paris plus de femmes que d'hommes. Néanmoins, on les compte. En général, celles qui brillent et qui brûlent sont bois flotté comme nous. Elles viennent du nord ou du midi, de l'orient ou de l'occident, pauvres pour la plupart et montant plus haut à l'échelle de lumière, d'autant, qu'elles ont pris leur élan de plus bas. C'est la loi.

Donc, pour respecter la vraisemblance, nous sommes

forcés de placer en province l'avant-scène du *Paradis des femmes*.

Le cap Frehel se projette dans la mer entre l'anse Malouine et la baie de Saint-Brieuc. C'est la dernière pointe des Côtes-du-Nord. On le voit de bien loin avec sa falaise haute qui semble coupée à pic et son phare dont le feu rouge brille du soir au matin et subit chaque minute une éclipse. Les Anglaises errantes viennent de temps en temps visiter le phare ; les paysans de Plouesnon connaissent bien leur tartan gris et bleu, leur chapeau de paille qui ne prend point vacances pendant l'hiver, et leur éternel voile de gaze verte. A part les Anglaises, il y a sur la lande pierreuse et brûlée très-peu de passants. Le cap est la fin du monde. On ne rencontre guère, au dos de la falaise, que de pauvres douaniers mélancoliques, des pies en quantité, des geais par centaines et le *monteur* de Frehel.

Le monteur est un malheureux industriel qui nourrit au bas de la côte un cheval découragé, lequel sert à hisser les Anglaises d'un certain âge qui ne peuvent point gagner à pied le phare. Le monteur est un type de misère, ce qui ne prouverait pas en faveur de la générosité des Anglaises sur le retour.

Entre le bon bourg de Plouesnon et Saint-Jacut-de-la-Mer, la pauvreté du monteur est proverbiale comme l'opulence promise au pâtour du Tréguz, et la bonne chance qui poursuit partout les orphelines trouvées sous le grand chêne de Saint-Cast.

La tour du phare, située à l'extrême pointe du cap, est une massive construction avec porte en plein-cintre. On dit aux Anglaises qu'elle date de l'époque romane ; les Anglaises écrivent cela sur leur *memento*. C'est peut-être vrai. Les vieux crénaux sont surmontés par des bâtiments plus modernes servant d'habitations au gardien et au faîte desquels était la cage tournante du feu, qu'on a dû remplacer par un fanal à éclipse.

Il y a non loin de là une caserne de la douane.

L'horizon qu'on découvre du haut de la tour est immense. L'œil plonge dans les terres par-dessus la ville de Matignon jusqu'aux futaies de Plancoët, festonnant le cours enchanté de l'Arguenon et jusqu'aux montagnes d'ambre qui s'élèvent au devant de Lamballe ; il découvre vingt clochers, abrités humblement dans la vallée ou fiers de couronner le sommet des collines : Plouesnon le premier, Pléhérel, Plurien, Saint-Dénoual, Pléboul, Saint-Cast, Saint-Alban et Pléneuf, le plus beau bourg des Côtes-du-Nord ; Pluduno, Erqui, Saint-Lormel : des landes arides et rases comme des tapis de feutre, des cultures heureuses le long des rivières, de beaux châteaux empanachés de tilleuls et de marronniers que rougit avant l'automne le vent du large ; des moulins à vent fous, virant à toute raffale, et dont les ailes turbulentes rient bruyamment au gai soleil.

Vers l'ouest, c'est l'anse de Saint-Brieuc, le commencement de la Basse-Bretagne ; Binic, le port des douaniers, Etables, Plouha, et, quand le temps est clair, l'île de Bréhat, au delà de Paimpol, où se parle déjà le vieux langage gaëlique ; à l'orient, c'est l'île Hagot, Césambre, qui reçut son nom du vainqueur de Pharsale, et qui donne asile dans ses roches à des myriades de lapins ; la Conchée, nef de pierre à l'ancre vis-à-vis de Saint-Malo, qu'elle garde comme une sentinelle avancée ; les deux Bé, dont l'un sert de tombe à Châteaubriand, puis la côte barbelée derrière laquelle Cancale cache ses pêcheries.

Au nord, enfin, c'est la grande mer, la Manche, qui mine la falaise à deux cents pieds au-dessous du phare, et qui va mêler à perte de vue ses horizons bleus à l'azur du ciel.

A un quart de lieue de la tour, derrière une profonde déchirure de la falaise, le pays devient boisé ; les chênes tordus et noueux foisonnent, les haies sortent de terre et commencent à dessiner l'échiquier cadastral. Les moissons restent maigres encore ; mais déjà les pommiers, d'un gris glauque, penchent leurs branchages fourrés de mousse : çà et là, des châtaigniers géants arrondissent la sombre verdure de leur couronne. C'est le Tréguz. Il y a au Tréguz une demi-douzaine de feux et une bergerie qui appartient au château de Maurepar. La place de berger y est très-recherchée, à cause de la tradition qui accorde aux pâtours du Tréguz le don de s'enrichir à coup sûr. Le proverbe dit :

> « Y sont les pâtours du Tréguz
> « Qu'à plein bissac ont les écus. »

Ils ne restent jamais longtemps à la bergerie. Un beau matin, on entend dire : Le pâtour du Tréguz est parti. Nul ne s'en étonne ; c'est la règle. Parti pour quel pays ? N'importe. Partout où va le pâtour du Tréguz la fortune le suit. Beaucoup ne reviennent point, sans doute parce qu'ils se plaisent mieux ailleurs : ceux-là, on a le droit de les supposer plus riches que Crésus ; ceux qui reviennent achètent des bouts de terre : on en a vu devenir adjoints.

Il n'y a rien de plus connu que cela, sinon le bonheur des filles du grand chêne, comme on appelle les orphelines trouvées au-devant de la paroisse de Saint-Cast, sous le chêne qui fait le coin du cimetière. Celles-ci naissent coiffées dans toute la force du terme. Elles épousent qui elles veulent, quoiqu'elles aient la tache de bâtardise : elles sont jolies, elles ont de l'esprit comme quatre, et malheur au mari qui veut être le maître chez elles !

La réputation du chêne de Saint-Cast a une origine assez curieuse et qui rentre bien dans les mœurs bretonnes. Les filles de Bretagne pèchent comme les filles des autres pays, mais, mieux que partout ailleurs, elles savent se châtier elles-mêmes. Leur ignorance et la bravoure virile qui est dans leur sang les portent vers le suicide, qu'elles considèrent comme une expiation. Le prône a beau leur répéter que le suicide est le plus grand des crimes et le plus irréparable, elles vont, fières et sombres, au bord de la mer ; elles déposent leurs sabots, leur fichu et ce qu'elles ont de précieux sur la rive, puis elles entrent résolûment dans la lame.

Dieu ne nous doit point compte de sa sévérité ni de ses miséricordes, mais au point de vue du monde est-il possible de refuser pardon et pitié à ces victimes ? Dans certains cantons de la Bretagne on va plus loin ; tant que la pécheresse vit, on la poursuit d'un mépris implacable ; dès que la pécheresse a laissé sa dépouille sur la grève, on lui dresse un piédestal.

Or, on avait pratiqué dans le chêne de Saint-Cast une niche où était l'image de la mère de Dieu. Sous cet autel, les filles-mères déposaient leurs enfants quand elles étaient décidées à mourir. Le choix de cette place consacrée était une muette et solennelle promesse à laquelle nulle n'avait jamais forfait. Aucune orpheline du Grand-Chêne n'avait vu le visage de sa mère.

Le sacrifice portait fruit. Le monde prenait sous sa protection la fille de la martyre. L'usage était vieux comme le vieux chêne, et tombait même un peu en désuétude ; mais la tradition, qui survit aux coutumes, rappelait sans cesse l'heureuse chance qui avait marqué la carrière de toutes ces orphelines du sacrifice.

Un détail que nous ne saurions expliquer, c'est qu'on n'exposait jamais d'enfant du sexe masculin sous le grand chêne de Saint-Cast. — Les garçons pouvaient se faire pâtours du Tréguz.

En 1835, le pâtour régnant du Tréguz avait nom Sulpice. C'était un beau petit homme qui n'avait plus de mère et dont le père naviguait au loin. Sulpice allait avoir treize ans. Ceux qui s'y connaissaient, le voyant suivre ses moutons d'un air pensif et la tête inclinée, disaient :

— Voilà que ça le prend. Il ne restera pas longtemps au pays.

En 1835, le monteur de Fréhel s'appelait Toto-Gicquel. Il avait de longues jambes grêles pour supporter un torse trop court, une figure souffrante et maigre sur laquelle retombaient en masses mêlées ses grands cheveux plats. C'était un garçon de bon caractère, qui avait le mot pour rire, bien qu'il ne mangeât pas tous les jours.

En cette même année 1835, enfin, il y avait une fille du Grand-Chêne, qui était en âge de faire fortune, suivant la bonne habitude de ses pareilles: Elle portait un singulier nom, pour une enfant trouvée dans un cimetière de campagne : elle s'appelait Astrée. Ce nom romanesque lui venait de sa marraine qui était très-vieille et marquise. Les paysans du cap l'appelaient de préférence la *Morgatte*.

Vous ignorez peut-être ce que c'est qu'une morgatte ? Il y a au fond de la mer des animaux bien étranges et qui semblent reculer les limites de la fantaisie. Parmi ces créatures, la morgatte (¹) est assurément une des plus

---

(¹) Les premières éditions de ce livre étaient publiées déjà depuis plusieurs années, quand notre grand poète a donné à *la pieuvre* une si vaste popularité. La morgate et la pieuvre sont le même animal.

bizarres. Figurez-vous une araignée charnue, une étoile vivante à six branches ou pattes, garnies d'appareils pneumatiques très-puissants, capables de faire le vide à l'instant même où ils se posent sur un corps quelconque. La morgatte marche avec cela, employant le même procédé que l'*homme mouche* du Cirque quand il se promène au plafond.

La morgatte lance au hasard trois de ses pattes, elle applique un ou plusieurs de ses suçoirs au rocher, à l'épave, au caillou qu'elle rencontre ; sa patte visqueuse adhère : la morgatte, se hâlant sur cette manière de câble, dont le caoutchouc ramolli donnerait une idée, gagne une longueur de patte et lance ses trois autres câbles en faisant la culbute sur elle-même. La tortue est taillée pour la course en comparaison de cela.

On dit qu'en mer la morgatte s'attache quelquefois aux jambes du nageur. Il est temps alors de donner son âme à Dieu. Quand la morgatte adhère à une surface solide et plane par toutes ses pompes aspirantes, on peut la tuer, mais non la décoller.

Une fois la morgatte tuée, si vous en faites l'autopsie, vous trouvez au centre de cette masse gélatineuse, dans l'intérieur de l'estomac, une tête diabolique. La morgatte en vie ne la montre jamais. Cette tête a des yeux mal ouverts et un bec puissant, recourbé comme ceux des perroquets.

Les paysans du cap avaient eu sans doute leurs raisons pour donner le nom de ce monstre à la plus jolie fille du canton.

Au commencement de 1835, Astrée, la fille du Grand-Chêne, n'était encore que femme de chambre chez sa marraine, Anne-Marie Rostan, marquise douairière de Maurepar. On dit que la morgatte de mer reste parfois à jeun des semaines entières. Elle sait attendre, mais quand elle touche enfin sa proie, par un de ses suçoirs, tout y passe. Astrée attendait.

Le 6 mars de cette année, vers cinq heures du soir, les moutons du Tréguz remontaient la lande, escortés par le chien-loup Randonneau. C'est la race de Jersey : les brebis hautes, couleur de suif brut, trottinant sur leurs jambes timides ; les béliers courts, presque tous noirs, abaissant vers le sol leurs cornes en spirale, cachant leurs yeux hagards sous de grosses touffes de laine ; les agneaux blancs comme neige, mignons, doux et restant sous la main qui toujours s'avance pour les caresser : bonnes bêtes pour la tonte, meilleures pour la table et donnant ces gigots illustres que les gourmets respectent sous le nom de présalé.

Le troupeau cheminait, fourmillant sur la bruyère et formant de loin comme une tache mouvante au dos de la lande. Sulpice marchait derrière, un gros livre à la main ; Randonneau, le lieutenant, pendant que son capitaine étudiait, commandait l'armée, et Dieu sait combien d'évolutions inutiles le chien zélé imposait à ses soldats! Il galopait, la langue pendante et rouge, il ramassait les traînards, il remettait en ligne les orgueilleux qui prétendaient faire avant-garde ; il aboyait terriblement après les téméraires appelés à l'écart par une touffe d'herbe plus fraîche. Point de repos. Le chien de berger est le type le plus curieux du subalterne endiablé.

Sulpice était un bel enfant, grand pour son âge, et dont la tournure avait je ne sais quelle grâce paresseuse. Sa tête bouclée se penchait sur sa poitrine, balançant de ci de là la touffe de son bonnet de laine. Il avait, au lieu de houlette, un bâton de houx vert à gros bout.

Il siffla. Randonneau vint mettre ses rudes oreilles entre ses jambes.

— Laisse-les brouter un brin, dit le pâtour ; j'ai idée de tirer au sort dans mon livre pour voir si madame Madeleine aura une petite fille ou un petit garçon.

Randonneau n'eut garde de s'opposer à cette fantaisie. Il se coucha tout fumant dans la bruyère humide. Sulpice s'assit. Les moutons s'éparpillèrent.

Sulpice posa le dos de son gros livre par terre, et, avec la lame de la *jambette* ou eustache qui pendait par une ficelle à la boutonnière de sa veste de toile, il piqua la tranche molle du bouquin. Le bouquin était un vieux tome dépareillé de la *Maison Rustique*, où Sulpice apprenait à lire comme il pouvait.

— A la plus belle lettre ! reprit-il, à droite pour le garçon, à gauche pour la fille !

Deux sentiers se croisaient au lieu où il s'était arrêté : l'un qui venait du Tréguz, l'autre qui s'enfonçait dans les terres pour rejoindre la futaie, derrière laquelle se cachait, vers l'ouest, le grand château de Maurepar. Au bout du premier sentier, le facteur rural se montra avec sa blouse bleue rattachée par une ceinture de cuir ; en même temps, une jeune fille, qui ne portait point le costume des paysannes, apparut vers la lisière de la futaie.

Sulpice ne vit ni le facteur ni la jeune fille.

Il sauta sur ses pieds et fit deux ou trois bonds joyeux, sans respect pour le tome dépareillé de la *Maison Rustique*, qui était allé tomber du coup entre les pattes de Randonneau.

Le chien bondit aussitôt comme son maître. Les moutons s'entregourmèrent sans méchanceté à grands coups de tête.

— La droite ! s'écria Sulpice ; un C contre un L ! Madame Madeleine aura un garçon ! Et comme Irène sera gentille auprès du berceau de son petit frère !

— Hé ! pétiot ! cria le facteur rural ; est-ce toi qui es le pâtour du Tréguz ?

— C'est moi, répondit Sulpice avec distraction.

Sulpice n'avait jamais reçu de lettre. Il venait d'apercevoir la jeune fille qui montait la lande à pas lents. Ceci l'intéressait bien davantage.

— Mam'zelle. Victoire ! murmura-t-il. Hélas-Dieu ! comme elle est changée depuis les fêtes de la Noël !

Le facteur approchait. Le chien grondait.

— Paix, Randonneau, mâtin ! fit Sulpice.

— Et que lui voulez-vous, l'homme, ajouta-t-il tout haut, au pâtour du Tréguz ?

— Je veux qu'il aille au diable pour m'avoir fait courir depuis une heure !

Ce facteur pouvait faire le rodomont, Sulpice était plus doux que ses agneaux : cependant, une nuit de l'autre hiver, le loup était venu des taillis de Plancoët : un vieux loup. Sulpice avait onze ans et demi. Aux veillées, il avait ouï dire qu'on prend le loup en fourrant dans sa gueule la main droite, armée d'une navette aiguë. Avant que le loup puisse mordre, on relève la navette et plus le loup fait effort pour jouer des dents, plus il enfonce dans son palais et dans sa gorge la double pointe de l'épieu.

C'est là une chasse de Titan à laquelle nous ne convions point nos lecteurs. Sulpice passa toute une soirée à se tailler une bonne navette de bois dur, bien pointue. Il ne dit rien à personne. Au petit jour, il attacha Randonneau et prit un mouton en laisse pour aller au loup qui était sous le couvert, de l'autre côté de Maurepar. Le loup dut se lécher les lèvres quand il vit venir Sulpice et son mouton. Quel déjeuner lui envoyait là le dieu des loups ! Sulpice raconta plus tard que le loup l'avait renversé du premier bond. Lui, Sulpice, n'eut pas trop peur. Il fourra la navette dans la gueule énorme du loup. Un instant il craignit de l'avoir taillée trop courte, tant cette gueule s'ouvrait large et profonde.

Mais la navette était de bonne longueur, et Sulpice se mit à rire en voyant le loup empalé. Le grand Rostan, neveu de la marquise douairière de Maurepar, eut envie du loup ; Sulpice le lui donna sans regret, parce que le grand Rostan était le mari de madame Madeleine et le père de la petite Irène.

Vous verrez comme Sulpice aimait la petite Irène, et sa mère, la belle madame Madeleine et la jolie sœur Victoire, qui venait là-bas par le sentier du manoir !

Le facteur rural lui jeta sa lettre comme à un chien. Sulpice avait un an de plus que le jour où il prit le vieux loup de Plancoët. Il ramassa la lettre d'un cœur placide et dit au facteur :

— Grand merci, l'homme !

Le facteur eût préféré une pinte de cidre dur. Il souleva son chapeau ciré en passant devant la jeune fille et lui dit :

— J'ai mis une lettre à la Maison.

Victoire ne songea point à demander si c'était pour elle. Victoire était comme Sulpice. Elle n'avait jamais reçu de lettre.

Sulpice courait déjà vers elle, précédé de Randonneau qui gambadait dans les ajoncs courts.

— J'ai tiré dans mon livre, s'écria-t-il de loin ; madame Madeleine aura un gros garçon ! Je lui dirai cela ce soir en allant bercer Irène... C'est donc que vous vous sentez plus forte aujourd'hui, ma bonne demoiselle Victoire, puisque vous voilà si loin de la Maison ?

On appelait dans le pays la *Maison*, par oppositon au château, la demeure du grand Rostan et de sa famille.

Victoire baisa au front le petit pâtour, tout rouge de plaisir.

— Mon ami Sulpice, dit-elle en essayant de sourire, tu as raison, je me sens plus forte.

Sulpice regardait sa lettre. Il ne vit point que la jeune fille avait des larmes dans les yeux.

— Vous qui savez lire dans l'écriture, mam'zelle Victoire, reprit-il, est-ce que c'est bien mon nom qui est sur l'adresse ?

— « Monsieur Sulpice, pâtour au Tréguz, » lut Victoire, dont les joues se colorèrent légèrement.

— C'est de la main de ton père, ajouta-t-elle ; veux-tu que je te lise ta lettre ?

Sa voix tremblait.

— Il va peut-être revenir avec le jeune marquis ! s'écria Sulpice en sautant de joie.

La main de Victoire s'appuya contre son cœur. Elle déplia la lettre lentement. La lettre était ainsi conçue :

« Mon fils,

« La présente est à cette fin de t'annoncer mon arri-
« vée. Je souhaite qu'elle te trouve de même que moi en
« santé. Je serai au Tréguz le 5 ou le 6 au plus tard.
« J'écris au château par le même courrier ; Les nouvelles
« ne sont pas bonnes. Ton père qui t'embrasse.

« PATRON SULPICE. »

Victoire était blême, elle laissa échapper la lettre.

— Il ne parle pas du jeune marquis Antoine ? dit le pâtour.

— Non, répliqua machinalement Victoire, il ne parle pas de M. Antoine.

Sulpice avait ramassé la lettre et la baisait.

— Je suis un homme, fit-il, puisque voilà le père qui

m'écrit des lettres. Je ne sais pas comment les autres aiment leur père ; moi qui suis toujours tout seul sur la lande ou dans la bergerie, je n'ai que moi avec qui causer. Mon cœur me parle sans cesse de ceux que j'aime ; le père d'abord. Ah! ah! c'est qu'il est bon et brave! il m'a dit une fois : Fils, je me ferais hacher pour mon jeune maître. Si je m'en allais mourir, souviens-toi que le sang des Sulpice appartient au jeune marquis de Rostan de Maurepar...

Victoire tendit sa main froide à l'enfant qui la souleva jusqu'à ses lèvres avec un religieux amour.

— Attendez-donc! s'écria-t-il gracieux et caressant comme son âge, mais portant déjà dans sa pose je ne sais quelle vaillance virile, attendez donc, je n'ai pas fini : au jeune marquis et aux deux filles du comte!

Madeleine et Victoire étaient les filles du comte Rostan du Boscq.

— Est-ce heureux, cela! reprit le pâtour ; en vous aimant mieux que moi-même, je ne fais qu'obéir à mon père!

La mer houleuse et forte atteignait sa plus grande hauteur. On était aux environs de l'équinoxe du printemps. Les nuages tumultueux précipitant leur course, cachaient le soleil qui descendait à l'horizon.

Sulpice retournait tout pensif au Tréguz, tandis que le ministre Randonneau, rafraîchi par une demi-heure de repos, tyrannisait de plus belle son peuple de brebis.

Victoire Rostan allant en sens contraire, traversa la lande et se dirigea vers la mer, où le vent et la lame faisaient fracas à l'envi. Elle avait dit au pâtour, son petit ami : Je vais au bourg de Saint-Cast trouver le curé, mon confesseur.

Elle avait menti en disant cela.

Elle devait, en effet, aller, ce soir, au bourg de Saint-Cast, mais elle n'en savait rien encore, la pauvre fille.

Victoire était plus pâle qu'au moment où le pâtour l'avait aperçue ; elle semblait cruellement souffrir. Sa marche se ralentissait à chaque instant davantage. La raffale déroulait violemment derrière elle les boucles de ses cheveux blonds. A la considérer de près, on eût remarqué dans ses yeux fixes et secs une sorte d'égarement.

— Non ! murmurait-elle sans savoir qu'elle parlait, le patron Sulpice ne dit pas un mot d'Antoine dans sa lettre ! Pourquoi ?

Elle eut un frisson et secoua la tête brusquement, comme pour combattre l'obsession de sa pensée. Mais c'était en vain ; elle répétait malgré elle les derniers mots de la lettre :

« Les nouvelles ne sont pas bonnes »

Elle passa devant la porte du phare sans s'arrêter, et prit un sentier qui conduisait à la grève. Quand les détours du chemin la mettaient en face de la mer, elle jetait un long regard à l'horizon ; sa poitrine oppressée se soulevait en un sanglot. Parfois elle ouvrait comme une folle ses deux bras étendus, et ses lèvres décolorées laissaient échapper des paroles sans suite.

— Les mois ont passé, il n'est pas revenu ! L'enfant mourra de froid... Sainte Vierge, ayez pitié d'une pauvre malheureuse !... Antoine, mon ami si cher, tu reviendras, car tu me l'as promis ! Mais si tu tardes trop, tu trouveras deux mortes : ta fille et ta femme !

Elle s'arrêta et mit ses deux mains sur le talus de terre rougeâtre pour regarder encore la mer, dont les vagues moutonnaient sous le phare.

— Sa femme ! répéta-t-elle ; ah ! si j'étais sa femme, j'attendrais, et ma fille aurait un berceau dans la maison de son père. A quel enfant manquent les langes et la protection du toit paternel? Au mien! au mien, mon Dieu! Comment leur dire : je suis mère, puisqu'ils ne m'ont point vue, agenouillée devant l'autel, échanger avec l'époux l'anneau béni du mariage!

— Holà! hé! mam'zelle Victoire! cria une voix cassée au bas de la côte.

La jeune fille se retourna. Elle vit ce pauvre être, Toto-Gicquel, enveloppé dans sa limousine rayée, et couché auprès de Bijou, le cheval poussif et atrabilaire qui montait les Anglaises au phare.

Toto-Gicquel se leva paresseusement, et Bijou secoua ses longues oreilles avec lenteur, comme s'il eût senti qu'on le menaçait d'une course.

— Vous ne savez pas, reprit Toto; madame Madeleine vous cherche là-bas, du côté de Saint-Cast.

— Ma sœur? fit la jeune fille dont les yeux devinrent inquiets.

— La Morgatte lui a dit qu'elle vous trouverait sur la grève, ajouta Toto, et la Morgatte riait en disant cela : méfiez-vous!

— Astrée! fit encore Victoire, qui eut un frémissement ; elle était hier au pied de la falaise... tout près du Trou-aux-Mauves... Seigneur Dieu! si celle-là savait mon secret!

—Pourquoi me méfierais-je, mon pauvre garçon? demanda-t-elle tout haut en essayant de dominer son trouble.

— Je ne sais pas, répliqua Toto-Gicquel; quand la Morgatte rit, j'ai peur.

Il regarda en connaisseur les nuages qui se mêlaient au ciel.

—Mam'zelle Victoire, reprit-il, voilà le temps qui se gâte. Quand la marée va baisser, et ce sera bientôt, nous aurons une averse. Voulez-vous Bijou pour regagner la Maison?

Voilà ce que craignait le pauvre diable de cheval.

Victoire ne répondit point tout de suite. Elle vint jusqu'au monteur qui lui sourit comme une bonne âme qu'il était. Quand elle fut tout près, il cessa de sourire. Il vit seulement alors sa pâleur et la décomposition de ses traits.

— Qu'avez-vous, notre petite demoiselle? demanda-t-il.

— Écoute-moi bien, mon garçon, répondit Victoire; j'ai besoin là-bas sur la grève. Ne cherche pas à me suivre. Si ma sœur Madeleine ou Astrée viennent de ce côté, dis-leur que j'ai pris par la lande, et que je suis au logis.

Elle lui fit un signe de tête familier et s'éloigna. Toto restait bouche béante. Au bout d'une grande minute, quand Victoire eut disparu derrière les roches, il se gratta l'oreille.

— Besoin sur la grève! répéta-t-il; mam'zelle Victoire, par une mer semblable, et le temps qu'il fait! Enfin, n'importe, je ferai ce qu'elle m'a dit.

Il se recoucha dans sa couverture, et Bijou, désormais sans inquiétude, se remit à brouter la méchante herbe qui le rendait si maigre.

Victoire était sur la grève. Entre la mer haute et les rochers, il n'y avait qu'une étroite bande de sable. La lame brisait furieusement contre la base du cap. Le reflux se faisait déjà sentir et, suivant la prédiction du monteur, de larges gouttes de pluie commençaient à tomber.

Victoire regarda encore la mer, abritée qu'elle était sous le gigantesque auvent des roches. Le grain venait de l'est. Du côté du nord-ouest, l'horizon se fermait par une bande orangée. Une voile d'un rouge obscur tranchait au loin sur ce fond brillant : c'était un de ces bateaux caboteurs, gréés en goëlettes et connus sous le nom de *flambards*. Victoire avait des larmes dans les yeux.

— Si c'était lui! dit-elle.

— Mon Jésus-Dieu! ajouta-t-elle en tombant à genoux et avec une ardeur passionnée, si c'est lui, je fais vœu d'aller pieds nus, en plein jour, à la chapelle d'Erqui!

Le grain marchait. Le flambart qui semblait manœuvrer pour entrer à Saint-Malo, se cacha derrière le nuage de pluie. Victoire essuya ses yeux et se releva. Elle fit le tour d'une grosse roche masquant une petite plage ronde, garnie de ce beau sable doré qui couvre les grèves de la Manche. Au fond de cette petite plage, il y avait dans le roc une large fissure. Tout à l'entour, le sable sec et léger prouvait que le flux n'était point venu jusque-là.

Victoire jeta un regard rapide sur le chemin qu'elle avait parcouru. Le rivage était désert ; la falaise surplombait au-dessus de sa tête : personne ne pouvait la voir. Elle disparut dans la fissure.

Parmi le fracas de la mer, un petit cri d'enfant se fit entendre, puis le bêlement joyeux d'une chèvre.

## II

LES ROSTAN.

La fissure où Victoire venait de disparaître donnait entrée dans une grotte naturelle qui pouvait avoir vingt-cinq à trente pieds de profondeur. Le sol y était couvert de sable sec et fin. La lumière n'y pénétrait que par la fente étroite. C'était le Trou-aux-Mauves.

Le grain crevait sur le cap. L'averse fouettait la falaise. Ces grandes mouettes blanches, qu'on appelle des mauves en Bretagne, chassées par la pluie battante, arrivaient du large par douzaines, planaient un instant au-dessus des rochers en dépliant l'énorme champ de leurs ailes, et finissaient par se tapir dans les anfractuosités du roc, comme les corneilles de nos villes dans les crevasses des vieux murs. Le télégraphe, juché au sommet de la tour de Fréhel, ne gesticulait plus. Pendant quelques minutes, la brume scintillante que dégagent les violentes ondées cacha la terre et la mer.

Du dehors, quiconque eût essayé de glisser à l'intérieur de la grotte un regard curieux, aurait perdu sa peine. Il y faisait nuit. Au milieu de ces ténèbres, Victoire, assise sur une pierre, tenait un petit enfant dans ses bras. A sa droite était un berceau d'osier ou plutôt une corbeille avec un coussin et des langes, à sa gauche il y avait une belle grande chèvre fauve qui lui léchait les mains en bêlottant doucement. La chèvre avait tout l'air d'une nourrice.

L'enfant souriait dans les bras de sa mère. Vous eussiez bien vu tout de suite qu'en entrant dans la vie cette petite fille-là n'avait point pleuré.

La mère pleurait pour deux, hélas ! enfant aussi, car elle n'avait que seize ans. Elle caressait d'une main Biquette, la chèvre fauve, de l'autre elle serrait la petite Marie sur son cœur.

Victoire avait un charmant et doux visage. Derrière le voile de pâleur que la récente souffrance avait jeté sur ses traits, on devinait l'éclat de la santé juvénile. Une goutte de joie, et cette fleur de jeunesse allait s'épanouir plus brillante. Dans le canton, les connaisseurs en fait de beauté la plaçaient sur la troisième ligne, après sa sœur aînée, madame Madeleine, qui venait elle-même après la Morgatte.

Il n'y avait rien au-dessus de la Morgatte.

Et, en vérité, pour être préférées ainsi à Victoire, il fallait que madame Madeleine et la Morgatte fussent bien belles !

Madeleine atteignait sa vingt-deuxième année. Elle avait une petite fille de quatre ans qui s'appelait Irène.

Elle était mariée au grand Rostan, qui demeurait à la Maison, sous le château.

Il nous faut parler ici de cette famille de Rostan, à laquelle appartiennent de près ou de loin tous nos personnages. Il y avait les Rostan de Maurepar, propriétaires du château : c'était la branche aînée ; il y avait en second lieu les Rostan du Boscq, branche cadette qui allait s'éteindre, faute de mâles, et que représentaient Madeleine et Victoire. Il y avait enfin Rostan tout court.

Les Rostan de Maurepar étaient marquis, les Rostan du Boscq étaient comtes ; les Rostan tout court n'étaient rien.

On les reconnaissait néanmoins pour gentilshommes et parents des deux autres branches, à peu près comme le charretier écossais qui a nom Mac Grégor est parent de Campbell, duc d'Argyll. Ce sont affaires de clans. Les vielles races de Bretagne sont aussi saxonnes.

Avant la première révolution, on comptait bien trois cents têtes de Rostan depuis le cap Fréhel jusqu'à Saint-Brieuc. La chouannerie en tua les trois quarts ; le reste émigra. De tout le clan, il ne restait, en 1835, que le grand Rostan, mari de Madeleine.

La branche aînée n'avait plus que deux membres : la marquise douairière, âgée de quatre-vingt-trois ans et son petit-fils, le marquis Antoine de Rostan de Maurepar.

La fortune de la marquise était considérable. Le comte Rostan du Boscq, ancien capitaine de vaisseau, avait laissé en mourant à ses deux filles une aisance modeste. Le grand Rostan avait eu de ses père et mère d'assez bonnes rentes, mais il ne savait rien garder.

On disait depuis longtemps, dans le pays, que la Maison hypothéquée, grevée, à moitié vendue, ne tenait plus au grand Rostan que par un fil.

Il y avait bien quarante ans que la marquise douairière était veuve. Comme tous ceux dont la vie dure trop, elle avait perdu successivement les êtres qui lui étaient chers, ses fils et ses filles. Elle aimait son petit-fils Antoine pour tous ceux qu'elle avait perdus.

A la mort du comte Rostan du Boscq, la marquise fit venir au château les deux orphelines, Madeleine et Victoire. Le jeune marquis Antoine avait alors vingt ans, juste le même âge que le grand Rostan, qui venait de perdre son père. Antoine était un beau cavalier, instruit, brave, brillant ; le grand Rostan, mesurait cinq pieds huit pouces, soulevait cent cinquante livres à bout de bras et gagnait le cœur de toutes les fillettes par sa réputation de méchant drôle.

C'était bien, celui-là, le don Juan campagnard, Antinoüs hobereau, sachant courir tous gibiers et boire à toutes tasses. Il avait battu déjà tous les maris de la contrée, et quand on voyait de loin sa peau de bique rousse avec son fusil à deux coups, dont le double canon brillait sourdement au soleil, le cœur des métayères faisait le diable sous leur corsage de laine rayée.

Assurément, l'idée n'était venue à personne que cet homme pût épouser la fille du comte Rostan du Boscq, Madeleine, la charmante et noble Madeleine, qui tenait si fièrement sa place à côté de madame la marquise, dans le banc seigneurial, à la paroisse de Plouesnon. C'était bien plutôt le fait du jeune marquis Antoine. La marquise douairière y songeait, malgré la disproportion des fortunes, et Antoine trouvait sa cousine Madeleine bien belle. Mais le grand Rostan était du même goût. Il n'y alla pas par quatre chemins. Un soir que Madeleine, sans défiance, rentrait seule au château, le grand Rostan la prit dans ses bras et l'emmena à la Maison. Ces façons abrègent les préliminaires.

Le dimanche suivant, les bans du grand Rostan et de Madeleine furent publiés à la paroisse de Plouesnon. La marquise en fit une maladie de colère. Antoine devint triste, mais il ne songea point à se venger de son cousin à la mode de Bretagne. Victoire, qui était une enfant de dix ans, ne voulut pas se séparer de sa sœur ; elle vint demeurer près d'elle à la Maison. Le grand Rostan fut chef de famille et se conduisit sagement pendant plus de trois semaines.

Ici apparaît, pour la première fois, l'orpheline du grand chêne de Saint-Cast. Astrée avait passé sa première enfance au château, en qualité de filleule de madame la marquise. On l'avait chassée pour vols réitérés et mensonges innombrables. Depuis lors, Astrée courait les chemins pieds nus et demandait l'aumône. Les fermiers bretons sont charitables ; Astrée trouva longtemps place à table autour du gruau, place dans la grange sur la bonne paille fraîche ; mais les fermiers bretons sont superstitieux.

On commença de dire que la belle petite vagabonde portait malheur. Le nom de la Morgatte lui vint on ne sait comme. Elle fit frayeur au lieu de faire pitié. Les portes se fermèrent à son approche ; les chiens de garde furent dressés à aboyer contre elle. Affamée et découragée, elle chercha un asile jusque chez Jean Touril, le *reboutoux*, autre personnage redouté de tous et noté d'infamie. En Bretagne, les *reboutoux* (rebouteurs) sont des médecins marrons qui traitent au rabais les maladies des vaches et des chevaux. Ils n'ont pour tuer les gens, ni qualité, ni diplôme ; ils s'en passent ; le paysan les déteste et prend de leurs drogues par la passion qu'il a de mourir à bon marché.

Jean Touril permit à la Morgatte de coucher dans son étable, moyennant qu'elle raccommoderait ses vieilles chausses et se laisserait battre. A ce métier, elle eut du pain noir. Le reboutoux était un curieux type d'avare. Il battait beaucoup, c'était sa seule prodigalité. Astrée conserva toujours bon souvenir de lui.

Quand Madeleine et Victoire quittèrent le château, pour vivre à la Maison, Astrée, suivant l'avis de Jean Touril lui-même, vint solliciter son pardon auprès de la vieille dame. Le moment était bon. La marquise ressentait les premières tristesses de la solitude. Elle eut compassion ; elle dit à Astrée, qui pleurait à ses genoux : « Si tu veux te bien conduire, tu seras ma fille de chambre. » Astrée promit monts et merveilles : par le fait, elle s'amenda très-notablement et fut désormais une fille sage. Quand elle s'échappait du château, après le coucher de la marquise, c'était pour aller racommoder les vieilles chausses de Jean Touril, qui continuait de la battre, malgré sa dignité nouvelle. Ce Jean Touril, laid, sale, grossier, l'avait ensorcelée.

A la révolution de 1830, la marquise pensa mourir de frayeur. Le grand Rostan la rencontra une fois sur le chemin de la paroisse et l'appela *ma tante*. Il fallait qu'on fût en pleine Terreur. Puisque les rangs se mêlaient ainsi, 93 était revenu. La marquise songea sérieusement à quitter la France avec le jeune marquis Antoine, son petit-fils. Dans ce but, elle vendit les biens considérables qu'elle possédait aux environs de Lamballe. Le bruit courut que, malgré la baisse, elle en avait tiré cinq cents mille francs. On n'entendit point dire qu'elle eût placé cette grosse somme chez son notaire.

Le château avec ses dépendances et la bergerie du Tréguz, valait bien deux cent mille francs. C'était un héritier que le jeune marquis Antoine. Jean Touril avait déjà dit plus d'une fois à la Morgatte, qui n'avait pas quatorze ans : Si tu pouvais empaumer celui-là !

La Morgatte répondait : Je tâcherai quand je serai grande.

Jean Touril lui disait encore :

— Il faut savoir où ta marraine cache l'argent de la vente.

Et la Morgatte répliquait :

— J'y tâche.

Ce Jean Touril vous eût pris douze sous pour vous saigner à blanc avec sa vieille lancette qu'il aiguisait sur une bouteille de grès. Il avait quatre cents pièces de cinq francs dans une marmite, sous la pierre bleue qui formait le seuil de sa porte. Astrée savait cela.

En 1832, le jeune marquis Antoine traversa un matin le taillis qui séparait le château de la Maison. Depuis le mariage de Madeleine, il n'avait pas parlé au grand Rostan. Il pâlit en voyant Madeleine qui berçait sa fille endormie. Victoire courut à lui et se jeta dans ses bras en l'appelant mon cousin, et lui dit :

— Quand pourrons-nous retourner chez ma bonne tante et l'embrasser comme nous l'aimons ?

Elle était charmante, cette petite Victoire. Antoine soupira et la baisa au front en regardant Madeleine. Madeleine aussi soupira.

Le grand Rostan fronça le sourcil et demanda :

— Que venez-vous chercher ici, Antoine ?

— Je viens vous dire, répliqua le jeune marquis, que Madame la duchesse de Barry est en Vendée.

— Après ? fit le grand Rostan.

— Votre aïeul est mort en combattant pour le roi.

— Il y a quarante ans de cela... Après ?

— Je pars pour aller rejoindre Madame ; voulez-vous me suivre ?

Le grand Rostan haussa les épaules et lui souhaita bon voyage.

Antoine partit. La nouvelle chouannerie ne faisait pas beaucoup de prosélytes. Antoine n'eut pour compagnon que Sulpice le marin, qui se moquait de la politique comme d'une guigne, mais qui eût suivi le jeune marquis au fin fond de l'enfer. Ils se battirent tous deux au Chêne ; Antoine fut un des quarante du château de la Pénissière. On sait quel résultat eut l'insurrection. Antoine fut dénoncé, mis en jugement et condamné à mort par contumace.

Il se réfugia en Angleterre.

Le grand Rostan rentra un soir tout gaillard.

— Demain, dit-il à sa femme, tu iras au château.

Madeleine le regarda, étonnée.

— La vieille sera trop heureuse de te recevoir, poursuivit le grand Rostan. D'ailleurs, te voilà héritière. Veillons désormais au grain.

Un homme de loi avait expliqué au grand Rostan les effets de la mort civile encourue par le jeune marquis Antoine de Maurepar, son cousin. Le grand Rostan se donna une peau de bique toute neuve et fit parler de lui deux lieues plus loin. On pouvait, Dieu merci ! manger la dot de Madeleine. L'avenir était d'or.

Madeleine obéit aux ordres de son mari. Elle alla au château. Elle ne fut point reçue. La marquise douairière de Maurepar était gravement malade.

Pour la circonstance, Jean Touril s'acheta un habit noir. Après la visite du médecin ordinaire de la maison, Astrée fit entrer Jean Touril par une porte particulière. Il promit à la marquise de la faire vivre cent ans et n'eut garde de la saigner. Elle lui donna un louis pour sa visite. Jean Touril ne saignait que les malades de douze sous.

Quand le grand Rostan vit qu'on avait refusé l'entrée du château à sa femme, il envoya Victoire, qui avait été jadis la favorite de la vieille dame. Victoire eut le même sort que Madeleine. Pour la première fois de sa vie, Rostan fit attention à la Morgatte. Son instinct d'héritier lui dit que là était l'obstacle.

Si seulement il avait su où l'argent de la vente était caché! Il y avait une épée de Damoclès dont la pointe menaçait son beau rêve. L'argent est portatif essentiellement. L'argent de la marquise douairière pouvait s'en aller avec elle ou même sans elle à l'étranger.

Or, ce qu'on peut avoir de bonnes choses avec cinq cent mille francs et même avec beaucoup moins, là-bas au bout du monde, entre Matignon et le cap Fréhel, quand on est bâti comme le grand Rostan, c'est énorme! On peut nourrir des chiens en quantité, maquignonner d'innombrables chevaux, mettre à la mer des yachts de plaisance, broyer les cailloux de tous les bas chemins sous les roues d'une calèche, on peut faire de l'opposition *au sein* du conseil municipal, vice-présider des comices agricoles, intenter des procès d'amateur et les suivre jusqu'en cassation, à travers la justice de paix, le tribunal de première instance et la cour d'appel; on peut tenir table ouverte et régner despotiquement sur un peuple de pique-assiettes, manger comme quatre, boire le double, opprimer les voisins au dessert: on peut s'attaquer à toutes femmes, depuis la simple Marion qui se console avec un petit écu, jusqu'à M^me la sous-préfète, venue de Paris et encline à expérimenter les sauvages.

N'est-ce pas un sort bien doux? Et notez qu'on peut mener cette vie libre avec femme et enfants, sans déchoir dans l'estime publique. La caressante épithète de libertin s'attache à votre nom, voilà tout. La considération ne se perd que par les « mauvaises affaires. »

Le grand Rostan se rendit un dimanche à la messe

tout exprès pour avoir l'occasion de tirer son chapeau à a Morgatte. Elle grandissait. Elle était belle à éblouir. Malgré sa coiffe à barbe et son jupon de laine, ce nom d'Astrée lui allait bien.

Au bout de l'an, Jean Touril avait une bonne petite poignée de louis dans sa marmite. La marquise l'écoutait comme un oracle. Il lui donnait pour médicaments de l'eau claire. La marquise vivotait : il est certain que son ancien docteur l'eût tuée plus vite. Du moment qu'un *reboutoux* se borne à ordonner de l'eau de roche, il entre dans la voie d'expiation. Astrée et Jean Touril travaillaient du reste en conscience ; le vide se faisait de plus en plus autour de la vieille dame. Astrée menait la maison ; de nouveaux visages remplaçaient les vieux serviteurs. On cherchait patiemment le nid d'or, la cachette ; la cachette restait introuvable.

Le dernier coup de poing que Jean Touril donna à la Morgatte fut mérité par le peu de clairvoyance de celle-ci. Le jeune marquis Antoine était venu au manoir au mois de janvier 1833. Jean Touril en acquit par hasard la certitude. La Morgatte n'en avait rien su. Le coup de poing, proportionné au délit, fut appliqué rudement. Astrée dit au reboutoux :

— Je ne me laisserai plus battre.

Jean Touril leva la main. La Morgatte se dressa devant lui. Jean Touril recula.

Le lendemain, je ne sais à quel propos, la Morgatte et Jean Touril se disputèrent. Jean Touril eut un soufflet. Il le garda. A dater de ce jour, le reboutoux fut battu. Bien des gens pensaient qu'il était le père de la Morgatte.

Il fut convenu qu'on guetterait le retour du jeune marquis Antoine. Celui-là devait savoir le grand secret. « A seize ans, » disait ce philosophe de Jean Touril, en caressant le menton de la Morgatte, « on ne rate pas le secret d'un homme ! »

Mais, en attendant, on cherchait toujours.

— C'est un prêtre qu'il nous faudrait ! s'écria Jean Touril, un jour que la chasse aux écus s'était inutilement prolongée dans les combles du château. Ta marraine ne cacherait rien à son confesseur.

— Son confesseur, répliqua la Morgatte, est le curé de Plouesnon.

— Va à confesse ! conclut le reboutoux.

La Morgatte alla à confesse. Le curé était un saint homme.

— Change de confesseur, opina Jean Touril; tu finiras bien par en trouver un comme il faut.

Par une sombre soirée d'hiver, un petit brick caboteur prit terre au delà de la pointe de Saint-Cast. Vers neuf heures, la marquise dit à sa filleule Astrée :

— Va te reposer; j'ai sommeil.

Jean Touril attendait la Morgatte dans sa chambre.

— Il est arrivé ! fit-il comme elle entrait.

— Je le sais bien, répliqua la Morgatte.

— Que vas-tu faire ?

— Vous allez voir.

Elle noua quelques hardes dans un mouchoir et mit ce paquet sous son bras. Elle chaussa de gros souliers et jeta sa mante sur ses épaules. Elle descendit l'escalier. Jean Touril la suivit.

A la porte de la chambre où couchait la marquise, ils entendirent qu'on parlait tout bas. Touril, qui était pour les petits moyens, voulut mettre son oreille à la serrure. La Morgatte poussa résolûment la porte et entra.

Antoine Rostan de Maurepar était là. La grand'mère ne put retenir un cri. Astrée s'agenouilla auprès du lit.

Elle jeta un long regard vers le jeune marquis qui l'admirait si belle, puis elle essuya ses larmes, de vraies larmes.

— Ma marraine, dit-elle, donnez-moi votre bénédiction. Puisque vous n'avez point confiance en moi, je vais ailleurs chercher ma vie.

— Tu es folle, petite ! balbutia la marquise émue.

Jean Touril restait derrière la porte, pétrifié d'admiration.

Astrée jeta un second regard vers le jeune marquis, puis ses yeux s'élevèrent au ciel.

— Vous aussi, monsieur Antoine, dit-elle, vous avez cru que je pouvais vous trahir !

Il y eut une jolie petite scène d'attendrissement à laquelle Jean Touril s'associa de bon cœur derrière la porte. Le résultat fut : 1° qu'Astrée ne quitta point le manoir ; 2° qu'elle se promena longtemps, le soir suivant, sur la grève déserte, en compagnie du jeune marquis Antoine.

Du Trou-aux-Mauves, on aurait pu entendre la voix pénétrante et douce de la Morgatte, qui murmurait :

— Sais-je ce que c'est qu'aimer ? je pense à vous le jour : la nuit, je vous vois dans mes rêves...

Assurément, sans le hasard qui jeta Victoire de Rostan sur le chemin d'Antoine, la Morgatte n'aurait point *raté* le secret. Victoire fut la sauvegarde du jeune marquis. L'amour pur de cette chère enfant lui fit comme une armure impénétrable aux enchantements de la Morgatte.

Astrée ne sut qu'une chose, c'est que le patron Sulpice accompagnait Antoine dans ses excursions hors de l'exil et que le douanier-guetteur, Nicolas Méruel, ancien serviteur de Maurepar, prêtait les mains au débarquement.

Cependant le grand Rostan avait mangé avec plaisir la dot de sa femme Madeleine. Il était en train de manger la petite fortune de Victoire qui ne lui appartenait point. Il était fait comme cela, ce grand Rostan, bon diable du reste. Plus il mangeait, plus l'appétit lui venait; plus aussi il désirait savoir où la marquise douairière mettait ses écus. Il ignorait complétement les visites que le jeune marquis faisait au château. Le grand Rostan pensait bien qu'Astrée en savait plus long que lui. Astrée n'était en somme qu'une servante : le grand Rostan ne prit pas de mitaines pour s'attaquer à la vertu d'une fille de chambre. Il avait l'aplomb de succès.

Le pays était positivement plein de meunières, métayères, faneuses, tricoteuses, couturières et servantes d'auberges qu'il avait subjuguées. La première fois qu'il trouva la Morgatte à la brune dans le chemin creux, il lui prit le menton et voulut mieux faire. La Morgatte lui dit de prendre garde; il poussa sa pointe comme un vaillant; il se sentit frappé entre les deux yeux, et le sang chaud lui coula dans la bouche.

La Morgatte s'était servi de ses ciseaux de lingère comme d'un poignard.

Vertudieu! il ne fallait pas jouer avec celle-là! Le grand Rsotan se tint pour averti. Son front eut une cicatrice qui devait lui rappeler la Morgatte jusqu'à la fin de ses jours. Lovelace campagnard aime les filles qui mordent; le grand Rostan garda contre Astrée une rancune qui ressemblait beaucoup à de l'amour. Il revint à la charge plus doucement. Astrée fit la coquette, mais de poignard plus. En somme, le grand Rostan, qui avait entamé la bataille en conquérant, fut taillé en pièces. Il devint fou d'Astrée, et n'eut rien d'elle, ni faveur ni secret. Astrée comptait encore sur Antoine.

Ce fut au mois de juin de l'année 1834, qu'Astrée

découvrit la liaison du jeune marquis et de Victoire. La perte de la pauvre enfant fut aussitôt jurée. On ne peut pas dire qu'Astrée traça d'un seul jet son plan diabolique, mais elle commença d'y travailler dans l'ombre et sema dès lors de sourdes défiances dans le cœur jaloux du grand Rostan.

Les deux sœurs étaient ses ennemies au même titre, d'abord à cause de leur beauté, ensuite parce que Madeleine était la femme du grand Rostan, Victoire la fiancée du jeune marquis. A droite et à gauche elles lui barraient la route. Peut-être détestait-elle encore plus Madeleine que Victoire.

Antoine passa, cette fois, deux semaines entières au manoir. Pendant tout ce temps-là, Jean Touril le suivit à la piste comme un limier. Peine perdue. On put deviner seulement que la marquise nourrissait de vagues projets d'émigration.

C'était encore une journée de tempête : tempête d'été sous le ciel chaud et lourd. L'orage les surprit tous deux à la brune, Antoine et Victoire, comme ils erraient sur la grève causant d'avenir et d'amour. Ils entrèrent dans le Trou-aux-Mauves, abri sûr contre l'orage et non point, hélas! contre les entraînements du cœur. Si vous aviez vu les éclairs! L'océan prenait feu ; les éclats de la foudre ébranlaient le roc : la pauvre Victoire se réfugia dans les bras de son amant.

Quand la tempête fut apaisée. Antoine dit à Victoire, qui pleurait :

— Tu es ma femme devant Dieu. Laisse-moi le temps de préparer ma tante, qui avait pour moi d'autres vues. Je reviendrai bientôt, et si je ne puis rester en France avec toi, je te jure sur mon honneur que je t'emmènerai !

Antoine était un chevalier. Victoire sécha ses larmes.

Elle ne douta pas un instant de la parole donnée.

Antoine partit, Victoire n'avait pas peur, mais elle ne retrouvait plus son gai sourire d'enfant.

Elle aimait sa sœur Madeleine comme une mère. Quand elle ressentit, au bout de quelques mois, ces douleurs inconnues, martyre joyeux de la jeune épouse, elle n'osa point se confier à sa sœur. Elle attendait. Elle priait Dieu et la Vierge de ramener son fiancé.

Jean Touril, le grand Rostan et la Morgatte formaient maintenant un trio d'accord parfait. Jean Touril avait d'abord eu l'idée de verser quelque chose dans le verre du grand Rostan, car il était jaloux de la Morgatte; mais celle-ci lui imposa sa volonté de prendre le hobereau pour associé ou pour complice. Touril avare, Rostan prodigue, étaient également les vassaux de la Morgatte : ils portaient de ses marques tous les deux.

Rostan surtout, Rostan était ruiné; Rostan était brutalement et passionnément amoureux d'elle. Cependant Astrée sentait bien que Rostan ne lui appartenait pas encore complètement; il gardait à Madeleine, sa femme, une respectueuse et solide affection. Au coin de son foyer, Madeleine, la belle sainte, subjuguait cette nature plutôt grossière et déchue que mauvaise en principe. Il fallait parer à cela.

Madeleine était enceinte, et Dieu sait que la pauvre Victoire avait souvent porté envie à sa sœur, qui n'avait rien à cacher aux yeux du monde. Madeleine allait devenir mère pour la seconde fois. Un soir, Astrée dit négligemment :

— La marquise est bien bas, et l'on n'entend point parler de M. Antoine.

— N'est-ce pas en mai dernier qu'il est venu? demanda Rostan; j'ignore toutes ces choses-là, on n'a pas confiance en moi.

— En mai ou en juin, répliqua la Morgatte ; votre femme pourrait nous le dire.

Le grand Rostan fronça le sourcil. Astrée continua sans s'émouvoir :

— Depuis quand compte-t-elle pour sa grossesse, votre femme ?

— Depuis la fin de juin, répliqua Rostan qui pâlit.

— Eh bien! s'écria la Morgatte, M. Antoine était ici à la fin de juin.

— Est-ce pour accuser Madeleine, ce que vous dites là! demanda Rostan d'une voix altérée.

Astrée se mit à rire.

— Je dis de ce qui est, fit-elle, et je n'accuse personne.

Rostan revint à la maison tout pensif. Il avait un aiguillon dans le cœur. On a toujours de quoi tailler un Othello imbécile dans l'étoffe de Don Juan balourd.

La marquise était malade en effet, malade pour mourir, cette fois. Il paraît que la Morgatte n'avait pas trouvé dans le canton un seul prêtre *comme il faut,* car le curé de Plouesnon était toujours le confesseur de la douairière. Il essaya de rappeler auprès d'elle ses deux nièces Madeleine et Victoire, mais la vieille dame résista obstinément ; elle était prévenue.

Le curé ne put qu'écrire en toute hâte au jeune marquis pour lui annoncer la fin prochaine de son aïeule. La Morgatte s'attendait à cela. On aurait pu faire en sorte que le marquis arrivât trop tard ; mais à quoi bon ? L'argent de la vente restait introuvable.

L'avant-veille du jour où commence notre histoire, le douanier Nicolas Méruel monta au château. La Morgatte prévint Jean Touril et ne dit rien au grand Rostan. Elle savait désormais que le marquis ne tarderait pas. Méruel apportait une lettre. Astrée ne put la voler le premier jour.

Le grand Rostan n'était presque plus jamais à la Maison. Astrée, son Egérie, l'avait lancé dans je ne sais quel commerce de contrebande pour combattre la ruine qui menaçait. Le grand Rostan ne s'en ruinait que mieux et plus vite. On disait déjà dans le pays que la Maison allait être vendue. Madeleine et Victoire vivaient seules avec le pâtour du Tréguz, qui venait, le soir, bercer la petite Irène.

Dans cette matinée du 4 mars, où commence notre histoire, pendant que Madeleine était allée à la ferme de Maurepar chercher des nouvelles de la marquise, Victoire fut prise des douleurs de l'enfantement. Elle sortit comme une folle et se traîna, au travers de la lande, jusqu'à la grève. Elle fut délivrée par la grâce de Dieu dans cette grotte, le Trou-aux-Mauves, qui avait été sa chambre nuptiale. Elle mit au monde une petite fille qu'elle plaça sous l'invocation de la vierge Marie. Gicquel, le monteur, lui prêta son cheval Bijou pour retourner à la Maison. Victoire avait apporté d'avance dans la grotte une corbeille ouatée. La petite Marie resta seule dans ce lit, et le vent du large berça son premier sommeil. Dans la journée, Victoire revint avec la chèvre Biquette : c'était la nourrice.

Victoire ne mourut pas de fatigue : l'inquiétude ne la tua point. Une pensée la soutenait : Antoine ne pouvait tarder ; une consolation lui restait : personne n'avait son secret.

La journée du 5 se passa. Madeleine s'inquiétait des absences de sa jeune sœur. Le 6, bien que Madeleine, qui arrivait au terme de sa grossesse, sentit les premières douleurs, elle sortit de la Maison pour aller à la recherche de Victoire. Gicquel le monteur fit comme on lui avait dit : il mentit à Madeleine, qui retourna à la Maison en hâte, croyant y trouver sa sœur ; il mentit aussi à la Morgatte, mais la Morgatte n'y fut pas prise et poursuivit son chemin vers la grève.

Il y avait une demi-heure que Victoire était dans le Trou-aux-Mauves. Le grain était passé. Un rayon rougeâtre pénétrait dans la grotte par la fissure. A ce sourire du soir le sourire de la petite Marie répondait. C'est le remède suprême aux tristesses des mères. Quelle souffrance résiste à cette joie? Et que craindre devant cette chère promesse? Victoire ne songeait plus aux mauvaises nouvelles dont parlait la lettre du patron Sulpice. Victoire avait séché ses larmes, une intime et mystérieuse allégresse lui remplissait le cœur.

— Mon trésor, murmurait-elle en berçant la petite fille sur ses genoux ; tu seras heureuse, je ne t'ai pas vu pleurer encore. Tu es l'enfant du bon Dieu ; la Vierge te garde. Ma petite Marie aimée, tu auras ses beaux cheveux blonds et son regard si doux qui m'attire malgré moi. Tendras-tu bien tes petits bras vers lui quand il va t'appeler sa fille! Oh! comme il va t'aimer! Et que ta vie sera bonne entre ton père et ta mère!

Elle baisa la chèvre, qui, jalouse, mettait sa tête barbue dans les langes.

— Merci, nourrice, dit-elle gaiement ; tu auras un collier d'argent et tu seras de la famille.

Les larmes revinrent tandis qu'elle contemplait son enfant, mais elles brillèrent dans le sourire.

Elle remit tout à coup la petite Marie dans sa corbeille.

— Le temps passe, dit-elle ; adieu, mon trésor chéri! je m'échapperai cette nuit et je viendrai dormir avec toi... Biquette, on t'apportera du lait et de l'herbe... Comme les derniers rayons de ce soleil sont beaux! Ce doit être un présage...

— Marie, ma petite Marie! interrompit-elle en la dévorant de baisers ; cela doit annoncer que ton père est en route... Nous serons heureuses ! Je te promets que nous serons heureuses !... Ne la quitte pas, Biquette ! A cette nuit !

Elle s'élança vers la fissure. Vous ne l'auriez point reconnue tant l'espoir la changeait. Mais au moment où elle dépassait les parois du roc, elle poussa un cri de terreur et faillit tomber à la renverse.

— Astrée ! fit-elle d'une voix étranglée.

La Morgatte était debout et adossée contre l'ouverture de la grotte. Elle souriait sous sa grande coiffe, mouillée par l'averse.

— Bonjour, mademoiselle Victoire, dit-elle ; je ne m'étonne plus que vous étiez si pâle, ces jours-ci.

Victoire se couvrit le visage de ses mains.

— L'enfant est bien venu, reprit la Morgatte, si cela vous plaît, je serai sa marraine.

## III

LE TROU-AUX-MAUVES.

Astrée avait le visage tourné vers le soleil couchant. La déroute des nuées, qui fuyaient vers le nord-est, laissait au ciel de grands espaces bleus. Vers l'horizon, à l'ouest une ligne de nuages supérieurs et immobiles se teignait de nuances couleur de feu. La mer semblait une immensité de lave en fusion. La figure d'Astrée recevait en plein ces reflets ardents et profonds.

Elle s'adossait au roc. Les barbes lourdes et mouillées de sa coiffe comprimaient la luxuriante abondance de sa chevelure. Le long de ses joues, c'étaient de belles masses de jais qui tombaient compactes et affaissées. La pluie avait traversé sa mante, dont les plis brillants et bronzés rappelaient la draperie savante des statues antiques. Elle avait les bras croisés sur sa poitrine ; le poids de son corps était sur la jambe droite, tandis que la gauche se campait fièrement en avant.

Un peintre eût voulu saisir cette pose hardie et pleine de grâce robuste. Nos dames de théâtre essaient d'apprendre cela, mais elles ne peuvent pas. Pour se tenir de la sorte, il faut un corps vaillant, à l'aise sous les hardes lourdes, un corps exercé pour tout de bon, une santé généreuse, des muscles flexibles et forts comme l'acier.

Le froid du large soufflait ; la jupe humide et trop courte battait. Vous n'eussiez pas surpris un frémissement le long de ces jambes découplées et qui semblaient sculptées dans le marbre.

Astrée était grande. Sa taille était formée, sans atteindre pourtant le complet développement de sa richesse. Astrée venait d'avoir dix-huit ans. C'était, au point de vue plastique, la beauté la plus rare et la plus achevée qui se puisse rêver. On peut affirmer que, parmi ceux qui l'entouraient, personne n'était à même d'apprécier comme il faut ses perfections physiques. Aussi souffrait-elle dans son orgueil. Astrée était de celles qui ne souffrent point patiemment : la souffrance lui donnait de la haine.

Elle avait le front pensif et hautain ; la lumière se jouait en des gammes charmantes aux méplats irisés de ses tempes, où venaient mourir en se confondant presque la pointe tranchée de ses sourcils et ce vaporeux duvet qui croît sous les jeunes chevelures. Elle souriait rarement. Quand elle souriait, l'âme percevait comme une saveur amère. Il y a des taches au soleil.

Ses yeux d'un bleu sombre attiraient par le regard. Son nez, légèrement aquilin, gonflait ses narines roses dans la colère et dans le plaisir. Ses lèvres harmonieuses, mais sévères, semblaient clore leur double accolade en attendant. Cette fleur n'avait point ses racines dans le sol qui devait épanouir son calice.

Ils l'appelaient la Morgatte bien avant qu'elle se cramponnât à l'agonie de la marquise. On avait peur d'elle. En cette créature un mystère existait, car l'instinct des gens de campagne ne se trompe jamais.

Victoire avait l'air d'une enfant auprès d'elle. Victoire était douce et timide, mais elle avait du sang de chevalier dans les veines. Aux derniers mots d'Astrée, elle se redressa pour la regarder en face.

— Vous oubliez à qui vous parlez, dit-elle, et ce que vous êtes!

— Je n'oublie rien, repartit la Morgatte durement; je sais que je ne suis qu'une honnête fille.

Les larmes vinrent aux yeux de Victoire.

— Les apparences sont contre moi, balbutia-t-elle.

— Ne mentez pas! interrompit la Morgatte dont les sourcils se froncèrent.

Victoire baissa la tête de nouveau. Astrée continua.

— Le mensonge est inutile. Avant de venir ici, je savais que vous étiez mère.

— Vous pouvez me perdre... murmura Victoire parmi ses sanglots.

— A quoi bon? interrompit Astrée.

Puis elle ajouta :

— Qui est le père de l'enfant?

Victoire garda le silence. Astrée soupira. Sa voix eut des inflexions plus douces.

— Je sais le nom de celui que vous aimez, dit-elle. Je voulais voir si quelqu'un à la fin aurait confiance en moi.

Nouveau soupir.

— Si l'on avait confiance en moi, reprit Astrée presque caressante, je sens que je serais bonne et que j'aimerais.

Elle attendit une réponse. Victoire était muette.

— Ah! s'écria la Morgatte, dont le geste menaça malgré elle, vous ne voulez pas? avec moi on ne veut jamais. On me déteste et on me méprise...

Elle passa le revers de sa main sur son front et rejeta les barbes de sa coiffe en arrière.

— Eh bien! moi, interrompit-elle, je ne peux pas vous haïr, mademoiselle Victoire. Sais-je pourquoi cela? C'est peut-être que vous êtes trop malheureuse.

— Je ne vous demande pas votre pitié, prononça tout bas la jeune fille.

— Parce que vous ne savez pas encore jusqu'à quel point vous êtes malheureuse. Moi, je le sais.

Victoire leva sur elle ses grands yeux pleins d'effroi.

— Je le sais, répéta la Morgatte. Ah! Seigneur Dieu! il ne sert de rien d'être demoiselle et de porter un nom noble! C'est la bonne conduite qui est tout. Vous voici avec un enfant sur les bras, et vous faisiez votre première communion il y a quatre ans! Certes, à l'âge que vous avez, on est plus à plaindre qu'à blâmer; mais le monde n'est guère charitable pour les pauvres filles abusées.

— Il reviendra, dit Victoire, j'ai son serment.

La Morgatte croisa ses bras sur sa poitrine et reprit avec lenteur :

— Que la Sainte-Vierge vous protège, ma pauvre petite demoiselle!

— Au nom de Dieu! s'écria Victoire torturée, si vous avez quelque malheur à m'apprendre, ne me faites pas mourir ainsi à petit feu!

— J'ai rencontré tout à l'heure, dit la Morgatte au lieu de répondre, votre sœur Madeleine qui cherchait après vous. Celle-là aussi me déteste. Quand je serai morte, on me rendra justice. Elle est bien changée, votre sœur Madeleine! Gicquel, la pauvre créature, l'a trompée et lui a dit : Victoire est à la maison. C'est peut-être une bonne œuvre, car Madeleine devrait être au lit ; son terme est arrivé, vos deux enfants auront le même âge... et son enfant à elle va naître aussi dans les larmes.

— Que me voulait ma sœur Madeleine? demanda Victoire.

— Ils commencent à parler tout bas à Plouesnon, à Saint-Cast et au Tréguz : le pays ne manque pas de méchantes langues. Bien des gens ont remarqué comme vous êtes pâle depuis du temps. Mademoiselle Victoire a bon cœur, on sait cela. Aurait-elle choisi sans motif l'instant où sa sœur malade a besoin d'elle pour s'absenter deux ou trois fois le jour? Madeleine ne sait rien encore, mais ses oreilles tintent ; elle va savoir :

Victoire eut le frisson.

— Quant à cela, rassurez-vous, reprit la Morgatte ; votre sœur Madeleine sera forcée sous peu de s'occuper d'elle-même, et les méchantes langues du pays trouveront demain tant de besogne qu'on mettra de côté votre aventure comme une histoire de l'an passé. Le décès de ma marraine va faire du bruit.

— N'y a-t-il donc plus d'espoir pour ma pauvre tante?

— Jugez de ce que j'ai pour vous, Victoire. J'ai quitté ma marraine à l'agonie, ma marraine qui est ma maîtresse et ma bienfaitrice, afin de vous servir. J'ai beau me dire : cela ne te regarde pas, je suis entraînée par mon cœur. Vous ne voulez pas de ma pitié, je vous la donne malgré vous. Les malheurs vont par troupe comme les corbeaux à l'automne. Depuis trois jours le grand Rostan, votre beau-frère, se lève avant le soleil pour arracher l'affiche de vente que l'huissier de Pléhérel vient coller à la porte de sa maison. On a beau arracher l'affiche, cela n'empêche rien, pas même les propos des voisins. Le grand Rostan a mené joyeuse vie, voilà tout.

— Madeleine et moi nous étions à la Maison, quand les hommes de loi sont venus, dit Victoire.

— Et vous avez cru que tout était fini, parce qu'ils n'emportaient ni la table ni la huche? Vous ne connaissez pas la justice. Rostan doit de l'argent; demain, on vendra vos meubles à la criée sur le pâtis; après-demain, chez le notaire de Matignon, le plus offrant aura votre maison.

— Est-ce bien possible! fit Victoire, qui n'avait aucune idée de ces choses; mais alors où demeurerons-nous?

La Morgatte rougit et détourna les yeux. Elle eut, en vérité, peur d'avoir pitié.

— Ma sœur avait une dot, reprit la jeune fille.

— Rostan, non plus, n'était pas un mendiant. Le bien de Rostan s'en est allé avec la dot de sa femme.

— Et mon bien à moi? demanda Victoire.

— Il a suivi le bien de Rostan et la dot de Madeleine.

— Mais il n'était pas à Rostan!

— Pauvre demoiselle Victoire! fit Astrée d'un ton de sincère commisération, voilà pourquoi je suis venue. Ma pauvre marraine n'a plus besoin de moi. Depuis l'heure de midi, elle n'entend plus et ne voit plus. Le curé de Plouesnon est auprès d'elle... je suis venue vous dire, mademoiselle Victoire, que la Providence vous envoie d'autre bien à la place de celui que vous avez perdu.

Victoire ouvrit de grands yeux. Jusqu'alors on ne lui avait parlé que de malheurs.

— Vous allez faire un riche héritage, poursuivit la Morgatte.

— Moi ! s'écria la jeune fille étonnée et presque joyeuse.

Elle se sentait avide de posséder parce qu'elle était mère.

La Morgatte, jusqu'à ce moment, avait prodigué les paroles. Ce n'était point son habitude. On eût dit qu'aujourd'hui elle voulait allonger l'entretien et retarder je ne sais quel dénouement redoutable.

Elle se recueillit en elle-même. Les cils de sa paupière descendirent comme un voile au-dessus de son regard. Les couleurs de sa joue avaient disparu. Tout son être trahissait un effort violent.

Il est certain qu'elle avait mesuré d'avance la terrible portée du coup qu'elle allait asséner sur le cœur de cette enfant. Elle n'avait encore que dix-huit ans. Elle fut sur le point de reculer: Mais elle ne recula pas.

— Vous-même, répondit-elle en dominant son trouble ; vous et votre sœur. Il n'y a que vous de nièces.

— Nièces de qui? fit Victoire qui n'osait point comprendre.

— De la marquise de Maurepar, ma marraine.

Victoire se mit à sourire, tandis que son front se couvrait de rougeur.

— La marquise a un autre héritier plus proche, dit-elle.

Comme la Morgatte détournait la tête avec affectation, Victoire reprit vivement :

— Aurait-elle déshérité Antoine Rostan son petit-fils?

— Le marquis de Maurepar était son unique amour sur la terre, répondit Astrée.

— Etait !... répéta Victoire toute pâle.

— Les jeunes gens s'en vont parfois avant les vieillards, prononça la Morgatte à voix basse.

Les dents de Victoire se choquèrent.

— La nouvelle de la mort du marquis Antoine, continua la Morgatte, a porté le dernier coup à ma pauvre marraine.

— La mort... d'Antoine! répéta encore Victoire d'un accent hébété.

Astrée poursuivit avec une volubilité soudaine :

— J'ai pensé tout de suite à vous... ah! tout de suite. Je me suis dit : la pauvre petite demoiselle est entre les mains de ce Rostan. Si le patron Sulpice était au pays encore!... celui-là est un ami solide et prudent; mais Sulpice navigue, Dieu sait où. Quand le pâtour du Tréguz aura l'âge d'homme, il sera de bon conseil comme son père, mais ce n'est qu'un enfant. Si mademoiselle Victoire n'a personne pour défendre ses intérêts, elle sera dépouillée une seconde fois. Je veux la prévenir; nous chercherons ensemble...

— Antoine! mort! fit la jeune fille dont les yeux s'égaraient.

Elle ne savait seulement pas ce que lui disait la Morgatte.

Celle-ci s'en doutait bien. Elle parlait pour elle-même. Sans l'étourdissement que lui donnaient ses propres paroles, elle eût peut-être faibli.

— Voilà ce que je me suis dit, reprit-elle, tandis que sa poitrine haletait comme après un effort physique désespéré, et je suis venue toujours courant. Vous confierez vos intérêts à quelqu'un d'honnête.

Victoire posa ses deux mains sur son cœur défaillant.

— Astrée! Astrée! supplia-t-elle; j'ai mal entendu, n'est-ce pas? Antoine... Ce n'est pas du marquis de Maurepar que vous parlez?

— Et de qui parlerais-je?

— Non! oh! non! râla Victoire; vous mentez! vous mentez!

Elle se cramponnait au roc pour ne point tomber à la renverse.

— Mon Dieu! dit Astrée, je ne suis pas dans la succession, moi : pourquoi mentirais-je? Je n'ai nul intérêt à cela.

— Tenez! interrompit-elle, c'est moi qui ai lu la lettre à ma marraine. Je crois que je l'ai encore.

Le cœur de Victoire cessa de battre.

Astrée retournait précipitamment ses poches.

— La voici justement! fit-elle en dépliant un papier, timbré du cachet postal. Voulez-vous que je vous la lise?

— Je veux la lire moi-même, dit Victoire.

Elle arracha le papier des mains de la Morgatte, qui n'essaya pas de le retenir. Elle tâcha d'abord en vain de déchiffrer les caractères. Ses yeux avaient un voile. La Morgatte lui disait machinalement :

— Remettez-vous! remettez-vous!

C'était la première fois qu'elle allait sérieusement au feu. Plus tard, elle devait s'aguerrir.

Victoire lisait à travers ses larmes :

« Madame la marquise,

« J'ai la douleur de vous annoncer la fin malheureuse de votre petit-fils Jacques-Antoine de Rostan, marquis de Maurepar. Ayant tenté de prendre terre aux sables d'Olonne, dans la nuit du 28 février au 1ᵉʳ mars, il a été poursuivi par la brigade de la Chaume et blessé d'un coup de feu. Il est mort dans mes bras après quelques heures d'agonie. »

Victoire se sentait mourir. Elle chercha le seing qui

était le même que celui de la lettre du pâtour : PATRON SULPICE. Elle se souvenait de ces mots qui étaient dans le premier message : *mauvaises nouvelles*.

Elle voulait douter encore, mais le doute était impossible.

S'il y avait au monde un être dévoué fidèlement et profondément à la famille de Rostan, c'était Sulpice. Sulpice avait servi sous les ordres du comte Rostan du Boscq, père de Victoire et de Madeleine. Lorsque le vieux commandant avait pris sa retraite, Sulpice était devenu son homme de confiance. Il aimait Madeleine et Victoire de tout son brave cœur. Mais il aimait peut-être encore davantage Antoine Rostan, son jeune maître.

Sulpice était de la paroisse de Plouesnon. Avant de monter sur le vaisseau du comte, il avait vu naître le fils du marquis. Antoine avait tiré son premier coup de fusil sur l'épaule de Sulpice ; c'était Sulpice qui lui avait mis pour la première fois dans la main l'épée et le sabre, trop lourds pour l'enfant. Depuis la chouannerie manquée de 1832, Sulpice s'était remis à la mer tout exprès pour jeter un pont, à l'usage du jeune marquis Antoine, entre la terre d'exil et le château de Maurepar.

Il venait voir son fils de temps en temps. Il lui faisait ainsi la leçon : Sois bon chrétien. Aime madame Madeleine et mademoiselle Victoire. Apprends à lire et à écrire pour m'envoyer de leurs nouvelles.

Le pâtour du Tréguz obéissait à tout cela. Il adorait presque au même degré Dieu, son père, les deux filles du comte et la petite Irène, sa bonne amie, qui ne dormait point quand il ne venait pas la bercer.

C'était le patron Sulpice qui annonçait la mort d'Antoine ! Victoire avait les yeux fixes et fous ; la sueur froide coulait à grosses gouttes sur ses tempes. La Morgatte fit comme si une idée la frappait à l'improviste.

— C'était donc lui ?... murmura-t-elle.

Puis elle ajouta en prenant les mains de Victoire :

— Ah ! pauvre petite demoiselle ! si j'avais su !.

Les mains de Victoire étaient raides et glacées. Vous eussiez dit du marbre.

— Allez-vous-en ! fit-elle d'une voix si profondément altérée que la Morgatte tourna la tête, cherchant qui avait parlé.

En même temps, Victoire retira ses mains qui tombèrent le long de son corps.

— Allez-vous-en ! répéta-t-elle, je vous en prie. Votre vue me fait souffrir.

La Morgatte s'éloigna lentement. Elle se dirigea vers la base du cap, d'où la mer s'était retirée. Le jour baissait ; l'ombre du promontoire s'allongeait. C'était déjà presque la nuit dans les rochers qui avoisinaient le Trou-aux-Mauves. La Morgatte n'alla pas bien loin. Elle s'arrêta au détour du cap et resta cachée derrière une saillie de la falaise. Sa tête, inclinée naguère, se redressa. Elle s'accouda contre les pierres humides et son regard curieux revint vers sa victime.

Vous avez vu parfois les enfants cruels contempler l'agonie d'un oiseau blessé. Pas un muscle ne remuait désormais sur le visage d'Astrée. Victoire, qui se croyait seule avec Dieu, s'agenouilla. Elle tint un instant ses mains jointes dans l'attitude de la prière, puis tout son corps s'affaissa, parce que son âme était vaincue.

Elle mit son pauvre front dans le sable. Astrée pouvait entendre de loin ses sanglots déchirants.

Astrée la voyait vautrée dans son désespoir. De temps en temps, un tressaillement convulsif disait que le couteau bougeait dans la blessure. D'autres auraient fui ; Astrée soutenait la poignante horreur de ce spectacle.

Elle respirait plus vite, voilà tout, comme ces gourmandes d'émotions qui s'en vont au théâtre voir travailler le couteau ou le poignard.

Victoire eut peine à se relever. Elle resta pendant toute une longue minute les deux coudes appuyés sur le sol. La Morgatte apercevait encore son visage demi perdu dans l'ombre. Elle pensait :

— La folie va la prendre.

— Il fallait venir ici, murmurait Victoire d'une voix douce et caressante ; je t'aurais caché derrière le berceau. Ils m'auraient tuée avant d'arriver jusqu'à toi. D'ailleurs, ce n'est rien de mourir tous ensemble...

— Qui donc a dit cela ? interrompit-elle en sautant sur ses pieds, galvanisée : j'ai déjà eu ce rêve et je m'en souviens bien ! J'ai vu son corps tout déchiré dans l'eau dormante qui reste entre les roches...

Elle tordit ses beaux cheveux dans ses mains pâles et crispées.

— Antoine ! Antoine ! cria-t-elle ; est-ce vrai, tout cela ? Étais-tu mort quand ta petite fille est née ?

Sa tête se balança sur sa poitrine follement ; sa chevelure dénouée allait deci delà. Ces mots sifflèrent dans sa poitrine, et ce furent les derniers :

— J'ai vu la lettre ! la lettre ! Antoine est mort !

Elle se traîna vers la fissure. La Morgatte se pencha en avant pour la voir plus longtemps. Une main se posa sur son épaule par derrière.

— Elle souffre bien ! dit Jean Touril, qui était tout blême et qui frissonnait.

La Morgatte ne se retourna point.

— Y a-t-il longtemps que vous êtes là ? demanda-t-elle.

— Je suis venu quand elle tombait sur les genoux, répliqua le reboutoux ; cela m'a fait mal.

— Où est le *flambart* du marquis Antoine ?

— Il a trop gagné au vent et court des bordées pour ranger la pointe du Tréguz.

— Combien mettra-t-il de temps à venir jusqu'ici ?

— Une demi-heure, à cause du vent debout.

— Victoire sera partie, murmura la Morgatte.

— Partie, pour aller où ? demanda Jean Touril.

La Morgatte abaissa vers le sol sa prunelle sournoise et ne répondit point.

— Pauvre petite demoiselle ! reprit le reboutoux ; c'était du bonheur que Dieu avait préparé pour elle aujourd'hui !

Victoire disparaissait en ce moment entre les rebords de la fissure. Astrée regarda Jean Touril en face.

— Il y a, en outre des cinq cent mille francs, dit-elle, le prix du château et de la bergerie du Tréguz qui sont vendus depuis cet hiver. Nous n'en savions rien. Sulpice le marin a passé trois jours chez le curé au mois de décembre.

— Ah ! ah ! fit Jean Touril, ce Sulpice ! Combien ont-ils eu du château et de la bergerie ?

— Au moins deux cent mille francs.

— Est-ce payé ?

— Tout payé. Ma marraine attendait un peu de mieux tous les jours pour passer à Jersey.

— Comment sais-tu cela, coquinette ?

— Je le sais.

— Nous l'avons échappé belle, grommela Jean Touril. Je m'en doutais ! Cela fait sept cent mille francs, maintenant. Si je voyais tout cet argent là en un tas, ma tête sauterait !

— L'enfant qui dort dans le Trou-aux-Mauves, dit la Morgatte, aurait été bien riche !

## IV

LA MORGATTE.

Ce Jean Touril était un homme de trente-huit ans, court et carré. Sa figure était largement sculptée, et, bien que l'embonpoint commençât à charger ses membres, l'arête de ses traits restait vive et tranchante. Au premier aspect, il avait l'air d'un bon paysan, ses cheveux, taillés à l'écuelle, tombaient honnêtement en oreilles de chien le long de ses joues. Les gens de la campagne admiraient fort sa science, car il guérissait tous ceux qu'il n'envoyait point en l'autre monde. Il avait une veste de futaine noire pour aller le dimanche à la messe. Il saignait, nous l'avons dit, les chevaux et leurs maîtres pour douze sous la pièce, mais il ne prenait que moitié aux valets de ferme et six liards aux mendiants. C'était assurément se montrer charitable.

Au temps où il battait la Morgatte il était meilleur qu'à présent.

La nuit était close. La bande lumineuse qui reste au couchant pour faire le crépuscule allait se perdant de plus en plus dans les ténèbres. La mer brisait maintenant à deux cents pas des roches.

De l'autre côté du cap, le croissant énorme descendait lentement vers l'horizon.

Tout à coup une lueur empourpra les profils mouillés des roches ; les petites mares, suspendues d'étage en étage, eurent chacune sa poignée de rubis, et l'on vit la tour noire détacher sa masse au sommet de la falaise. Le phare s'allumait. Les reflets pourpres changèrent de place, les rubis dansèrent : les ombres coururent : le phare tournait. Puis tout s'éteignit pour se rallumer bientôt et s'éteindre encore.

Jean Touril et Astrée causaient tranquillement. Jean Touril s'était assis sur une saillie du roc ; Astrée était sur ses genoux, et il passait sa main rude dans les belles boucles de ses cheveux.

— Nous serons une famille, disait-il de ce ton qu'on prend pour bâtir les châteaux en Espagne. Tu épouseras qui tu voudras. Ton mari m'appellera l'oncle et je tiendrai la caisse. Où irons-nous ?

— A Paris, répliqua la Morgatte qui rêvait.

— Si loin que cela ! La vie est chère à Paris.

Astrée souriait. Ses lèvres s'entr'ouvrirent pour répéter comme malgré elle :

— A Paris !

— A Paris comme ici, coquinette, murmura le reboutoux, qui la contemplait avec admiration aux lueurs mouvantes du phare ; tu seras la plus belle !

— Je l'espère bien, répondit la Morgatte.

Elle s'éveilla brusquement et ses sourcils se froncèrent.

— Il faut que les douaniers du cap tirent des coups de fusil cette nuit, dit-elle.

— Pourquoi cela? demanda Jean Touril.

— Sept cent mille francs coûtent cher, prononça tout bas Astrée, qui passa ses doigts sur son front; moi, je sais bien que je n'aurai point de remords.

Le reboutoux cherchait à comprendre.

— Ecoutez! fit la Morgatte; elle pleure là-dedans!

Le vent apportait les plaintes qui sortaient du Trou-aux-Mauves.

— Que t'avait-elle fait, celle-là? murmura Jean Touril.

— Je l'aime mieux que sa sœur Madeleine, repartit Astrée; mais elles étaient heureuses toutes deux quand je souffrais. Chaque fois que vous me battiez, vous, je leur gardais rancune.

Elle se dressa sur ses pieds de toute sa hauteur et mit sa main au-dessus de ses yeux pour allonger sa vue. La lumière du phare se projetait sur la mer. Un petit navire aux mâts inclinés et chargé de toile courait vent arrière et passa comme une flèche. Ce n'était point la lourde carène des caboteurs du commerce: vous eussiez dit un brick de guerre vu par le petit bout de la lorgnette.

— D'où diable viennent-ils? s'écria Jean Touril, qui prenait le change et croyait avoir affaire au *flambart*.

Astrée lui serra le bras fortement.

— Ils viennent de Saint-Malo, murmura-t-elle: c'est la patache de la douane.

A bord du petit navire on changeait d'amures pour doubler le cap Fréhel.

— Faites comme je vais vous dire! ordonna La Morgatte qui était toute pâle. Je ne veux pas qu'on me le tue! Hèlez la patache et ne craignez pas qu'on vous entende du phare: le vent rabat.

— Ho ! de la patache, ho ! cria Jean Touril d'une voix de stentor.

On lui répondit dans un porte-voix :

— Ho !... ho !

Puis cette question vint.

— Qui parle ?

Jean Touril regarda la Morgatte qui lui souffla :

— Patrouille du poste de Fréhel.

— Patrouille du poste de Fréhel ! cria Jean Touril à tue-tête.

La patache manœuvrait pour mettre en panne, malgré le ressac et le vent.

— Dis leur, souffla encore la Morgatte, que le *flambart* est derrière Saint-Cast.

Jean Touril arrondit ses deux mains autour de ses lèvres :

— Virez ! cria-t-il ; vous avez manqué les courlis qui sont au vent de Saint-Cast.

La raffale apporta un « grand merci ! »

— Il n'y a pas de quoi ! grommela le reboutoux.

On entendit l'officier qui faisait à bord de la patache le commandement de virer lof pour lof. Le petit navire vint au plus près et courut, fin voilier qu'il était, dans une direction oblique en revenant vers Saint-Cast.

La Morgatte étendit sa main vers le large. Aux dernières lueurs du croissant qui rasaient la pointe des vagues, un objet se montrait en haute mer.

— C'est le *flambart*, dit-elle ; patron Sulpice sait son métier.

— Si les douaniers nous avaient débarrassés du marquis... commença le reboutoux.

La Morgatte leva les épaules.

— Madeleine et Victoire auraient hérité, répliqua-t-elle ; est-ce le curé de Plouesnon qui nous aurait dit où sont les écus ?

Elle se rassit sur les genoux du reboutoux, simplement pour être plus à l'aise.

— J'aimerais pourtant à voir un peu plus clair là-dedans, grommela celui-ci.

— Nous avons le temps de causer, repartit Astrée ; nous sommes forcés de rester en ce lieu.

— Parce que ?...

— Parce que, si le *flambart* arrive avant que Victoire soit partie, vous éloignerez le *flambart* comme vous avez éloigné la patache.

— Ah ! fit Jean Touril ; dis-moi tout pendant que tu y es.

— Ça ne sera pas long.

Elle se retourna vers lui en riant.

— Je veux être marquise, fit-elle avec minauderie.

— Ah bah ! s'écia Jean Touril, qui ajouta aussitôt : Je conçois ça.

— Le hasard le veut aussi, reprit la Morgatte ; car si Victoire était restée cinq minutes de plus à la Maison, elle aurait reçu la lettre qui lui annonçait le retour de son marquis. La lettre est là-bas, le facteur l'y a laissée. Nous en avons reçu deux, nous, au château ; une du marquis, une du patron Sulpice. La lettre du marquis nous mandait son arrivée pour ce soir, sauf accident, et nous disait de faire tomber adroitement la lettre de Sulpice entre les mains des douaniers du cap Fréhel.

— Pour endormir la surveillance ? dit Jean Touril, fier de comprendre.

— Juste ! c'est celle-là que j'ai montrée à Victoire.

— Je ne m'étonne plus si elle avait l'air d'une morte pendant que tu lui parlais !

— J'aurais eu beau dire, poursuivit Astrée, elle ne

m'aurait pas crue sans la lettre. C'est une bien bonne idée qu'a eue là le patron Sulpice.

— Alors, conclut le reboutoux, il te faut le marquis Antoine pour être marquise ?

— Lui ou un autre. L'héritage lui appartient légitimement, c'est toujours meilleur.

— Et plus sûr. Seulement, avec le marquis Antoine, tu n'iras pas à Paris.

— A cause de la condamnation ? interrompit la Morgatte qui eut un sourire orgueilleux ; j'ai songé à tout cela. On fera le mariage à Jersey et tout de suite après je partirai pour Paris. Je me jetterai aux pieds du roi avec un voile de deuil. Je serai si jolie, quand j'aurai de la dentelle noire, et si pâle ! Le roi m'accordera la grâce de mon mari. Paris tout entier parlera de la jeune marquise Rostan de Maurepar, et quand elle ramènera son époux de l'exil, tous les salons se l'arracheront.

Jean Touril bâilla. Cela lui était bien égal.

— Si nous nous fâchons par la suite, continua la Morgatte, le monde l'accusera d'être ingrat, et les torts seront de son côté.

— Mais, objecta le reboutoux, ce n'est pas pour toi que le marquis revient.

— Puisqu'il ne trouvera plus sa Victoire, dit la Morgatte avec un calme effrayant.

— Il cherchera s'il l'aime.

— Je crois qu'il l'aimait, mais voici neuf mois passés, et les hommes oublient vite. Il sera forcé de se rembarquer demain au point du jour. D'ici là, je lui taillerai de la besogne.

— Enfin dit Jean Touril, s'il ne veut pas de toi ?

— Je saurai cela dans une heure, répliqua la Morgatte ; ce sera tant pis pour lui.

La lune, à son premier quartier, s'était couchée derrière les côtes lointaines de la Basse-Bretagne. La mer était dans l'ombre ; seulement, de minute en minute le phare éclairait les premiers plans. On ne voyait plus le *flambart*, et la patache avait disparu.

Un silence profond régnait sur la grève.

— On n'entend plus rien dans le Trou-aux-Mauves, dit Jean Touril.

— Rien, fit la Morgatte distraite.

— Si elle était morte là-dedans!

— Dame!... fit encore la Morgatte.

Puis elle reprit :

— Si Antoine ne veut pas, j'épouserai le grand Rostan.

— Bon parti! s'écria le reboutoux qui se mit à rire.

La Morgatte fronça le sourcil.

— C'est lui que j'aime le mieux, dit-elle.

— Buveur, coureur, feinéant, ni sou ni maille...

— C'est le plus fort et le plus beau !

— Marié, poursuivait Jean Touril, père de famille.

— J'ai songé à tout cela, dit pour la seconde fois la Morgatte ; n'est-ce pas demain qu'on doit vendre chez lui ?

— C'est demain. J'ai poussé l'huissier de Pléhérel, parce que tu m'as dit de le faire, et je ne sais pas pourquoi.

Astrée appuya sa tête contre l'épaule de Jean Touril.

— Quand je serai marquise à Paris, murmura-t-elle, si quelqu'un vient me raconter ma propre histoire, je n'y croirai pas.

— Mais, dit Jean Touril, le grand Rostan n'est pas marquis.

— Ça lui viendra.

— Il aime sa femme Madeleine...

— Ça lui passera.

Elle boutonnait soigneusement du haut en bas, sans savoir ce qu'elle faisait, la veste de futaine du reboutoux.

— J'aurai un beau marquis, pensa-t-elle à demi-voix. Est-ce qu'il sait lui-même jusqu'à quel point il est à moi ? Il les a toutes trompées. Moi, je lui achèterai ce qui lui reste de volonté, d'avenir et de conscience au prix de mon premier baiser.

— Toi, tu es la perle des diablesses ! s'écria Jean Touril, qui la faisait sauter sur ses genoux robustes comme un enfant.

— Chut ! fit la Morgatte en touchant du doigt ses lèvres froncées.

Un bruit léger venait du côté de la grotte. Astrée se leva tout doucement.

— Nous sommes trop loin, dit-elle, nous ne verrions pas.

Elle descendit avec précaution jusqu'au sable de la grève et ne s'arrêta qu'aux dernières roches, entre lesquelles elle se tapit. Victoire sortit en ce moment de la grotte. Elle tenait son enfant dans ses bras. La chèvre suivait.

Victoire traversa la grève d'un pas pénible et lent. On pouvait ouïr les sanglots qui déchiraient sa poitrine. La chèvre allait, les cornes basses, bêlant à de longs intervalles.

Astrée retenait son souffle.

— Où va-t-elle ? murmura le reboutoux, qui l'avait rejointe et dont la voix tremblait.

Astrée garda le silence.

Victoire tourna l'angle des roches et prit le chemin qu'elle avait suivi déjà pour descendre à la plage.

Jean Touril respira.

— J'ai cru qu'elle allait à la mer ! dit-il en essuyant la sueur de ses tempes.

— Pas encore, répliqua tout bas la Morgatte.

— Pas encore? répéta Jean Touril.

Il se toucha le front et recula.

— Ah ! fit-il, avais-tu deviné cela?

— Deviné quoi ?

— Elle va au chêne de Saint-Cast ! Elle y va !

Astrée inclina la tête gravement, le reboutoux frissonna.

— Il y en a eu bien d'autres ! dit Astrée ; sa fille sera comme moi : elle aura du bonheur.

— Maintenant, ajouta-t-elle brusquement, son Antoine peut venir !

Comme si c'eût été une évocation, on entendit ce bruit particulier que font les cordages d'un navire en grinçant contre le bois. La lumière du phare éclaira tout à coup un petit navire de commerce qui rangeait la côte avec une témérité qui prouvait a tout le moins une parfaite connaissance du fond.

— Babord au vent, tribord amure ! commanda une voix contenue.

Le *flambart* ralentit sa course, puis s'arrêta comme un canot dont les rameurs scient. Il était en panne. Les poulies grincèrent à l'arrière ; la quille d'une chaloupe toucha la lame. Presque aussitôt après, le bruit sourd et cadencé des avirons entourés de paille arriva jusqu'à la plage. Le *flambart* changea de bordée et reprit sa marche, courant grand largue sur le cap.

La chaloupe prit terre à cinquante pas tout au plus de Jean Touril et de la Morgatte.

— Il fait noir comme dans un four, dit une voix de jeune homme.

— C'est le marquis Antoine, fit Astrée tout bas.

Une autre voix plus mâle répondit :

— Le trou est là, devant nous.

— C'est ce coquin de patron Sulpice! grommela le reboutoux.

Sulpice avait dû lui communiquer autrefois quelque volée. Jean Touril était fort comme un bœuf, mais il encaissait volontiers les coups de gaule pour les rendre à ceux qui ne se défendaient point.

— Quand la lanterne du cap' va éclairer, reprit la seconde voix, vous allez reconnaître la petite plage.

La lueur venait, allumant aux dents du rocher les goëmons humides et les lames scintillantes du mica.

— Ventre à terre commanda la Morgatte qui donna l'exemple, en se jetant sur le sable.

Jean Touril l'imita précipitamment. Ils pouvaient distinguer maintenant le jeune marquis et Sulpice, enveloppés dans leurs manteaux. Il ne restait qu'un marin dans la barque.

— J'ai cru entendre remuer quelque chose dans les roches, dit le patron Sulpice.

Antoine traversait déjà la plage en courant pour gagner le Trou-aux-Mauves.

La lettre, la pauvre lettre que le facteur rural avait portée à la Maison donnait rendez-vous à Victoire en ce lieu. Le cœur d'Antoine battait. Il se croyait sûr de trouver Victoire dans la grotte.

Sulpice dit au marin de la chaloupe :

— Roblot, mon fils, tu vas amarrer dans la petite anse du Gueulet. Tu as ta montre ?

— Oui, patron.

— Si nous ne sommes pas revenus à minuit, dès que la mer montera, tu iras croiser de l'autre coté du cap, sous le Tréguz.

— Oui, patron.

— Tu chanteras le moins que tu pourras et tu mettras le couvercle à ta pipe.

— Oui, patron.

Ceci étant convenu, Sulpice se dirigea vers le Trou-aux-Mauves à son tour.

Roblot battit le briquet, après avoir jeté son grapin à l'endroit voulu, et entonna en faux-bourdon une chanson de son répertoire :

A Paimpol-en-Gouyoux,
Chez nous,
Etait une brunette
Coquette,
Qui s'appelait Manon Leroux,
Manon, Manette,
Brunette
Aux yeux doux !

Le couplet fini, la pipe était allumée. Roblot y mit le couvercle de fer-blanc, comme un brave garçon bien obéissant qu'il était, et s'enveloppa dans son *norouas* pour faire sa faction à l'arrière du canot.

— Victoire ! appela le jeune marquis en arrivant à l'entrée de la grotte.

— Il venait là tout droit ! murmura Jean Touril.

— La lettre..., commença la Morgatte qui devinait.

Elle s'interrompit pour ajouter tout bas :

— Chut ! Le Sulpice regarde de ce côté !

Ils étaient blottis, immobiles comme ces perdrix rusées qui défient l'œil du chasseur entre deux mottes de terre.

— Victoire ! Victoire ! appela encore le jeune marquis Antoine.

Sulpice s'arrêta à vingt-cinq pas des roches, bien convaincu qu'il n'y avait là que des pierres brunes, couvertes de goëmons et de moules. Il entra dans la grotte en disant :

— Nous sommes en avance, la petite demoiselle va venir.

Astrée se releva.

— Voilà ce qui arrive, dit le reboutoux en tâtant ses genoux avec humeur; on se jette à plat ventre comme des fous, et on déchire ses hardes!

— Je les raccommoderai, promit Astrée sérieusement.

— Il faudra des pièces, gronda Jean Touril.

Astrée lui mit sur la bouche sa main qui brûlait.

— J'y mettrai des pièces, dit-elle, cela ne paraîtra pas.

Elle avait l'accent qu'on prend pour calmer un enfant boudeur. Sa voix changea lorsqu'elle ajouta :

— Je reste ici : j'ai affaire. Il est temps que vous montiez à la tour.

— Fais-moi la leçon si tu veux que j'aille droit, repartit Jean Touril.

La Morgatte ne prit même pas le soin de se recueillir. Tout était dans sa tête clair et précis.

— Je vous ai dit que nous avions besoin de coups de fusil cette nuit, prononça-t-elle résolument; maintenant que j'ai entendu Antoine appeler Victoire, j'en sais plus long que tout à l'heure. Avez-vous remarqué? Sa voix tremblait. Il l'aime pour tout de bon. Je ne compte plus guère sur lui. J'essaierai pour l'acquit de ma conscience. Quant aux coups de fusil, les denteliers de Jersey vont décharger ce soir à Roche-Guyotte. Leur chasse-marée était en vue au coucher du soleil, et la patache croise pour les trouver. Il n'y a qu'à prévenir tout doucement le chef du poste.

— Ça ne me dit pas pourquoi nous avons besoin de coups de fusil.

— Parce qu'un homme mourra...

Jean Touril enfla ses joues.

— Au moins un homme, avant que le soleil de demain ne se lève, continua la Morgatte.

— Quel homme ? interrompit le reboutoux.

— Il faut, poursuivit Astrée, que les gens du pays puissent dirent : Les douaniers du cap ont tiré à tâtons.

— Quel homme ? répéta Jean Touril.

— Peut-être deux hommes, se reprit Astrée, c'est selon comme cela tournera.

Tout en parlant, comme Jean Touril tourmentait toujours ses genoux, la Morgatte ôta de son corsage deux épingles et fit un premier pansement provisoire aux blessures du vieux pantalon.

— Ça ne tiendra pas, grommelait le reboutoux ; j'ai toujours pensé que tu prendrais le mors aux dents, coquinette... S'il faut se battre, tu sais, je donne ma démission.

— Sept cent mille francs qui vont s'envoler demain, dit la Morgatte ; nous serons riches cette nuit ou jamais !

## V

LE POSTE.

La Morgatte et Jean Touril s'étaient éloignés de l'entrée de la grotte. Ils se tenaient dans un enfoncement de la falaise, à l'abri des rayons intermittents du phare.

— Il y a deux nids, disait Astrée, l'un de cinq cent mille francs, et celui-là est bien caché, puisque nous le cherchons depuis trois ans ; l'autre, tout frais, qui renferme le prix du château et de la bergerie : deux cent mille francs. J'ai craint que le premier nid ne fût à Jersey...

— Au fait, commença Jean Touril avec inquiétude, s'il était à Jersey.

— Il est en France, interrompit Astrée ; le jour où ma marraine est tombée en enfance, elle a recommandé vingt fois de suite qu'on ne dérangeât pas son lit à colonnes.

— Nous le dérangerons ! s'écria le reboutoux joyeusement.

— Le second nid, continua la Morgatte, est au presbytère de Plouesnon.

— Comment sais-tu cela, coquinette ? fit le reboutoux qui reprit son ton caressant et admiratif.

— Je le sais, répondit Astrée comme la première fois.

— Le curé est un saint homme, pourtant.

— Il y a son neveu.

— C'est juste... On pourrait bien se contenter du second nid.

Astrée eut un geste de sauvage énergie.

— Je veux tout, dit-elle ; il y a des gens plus riches que cela !

— Mais, interrogea Jean Touril timidement, est-ce que tu songeais au curé quand tu as parlé des deux hommes qui doivent... tu m'entends bien ?

— Qui doivent mourir ?

Jean Touril fit de la tête un signe affirmatif. Astrée haussa les épaules.

— Dans un quart d'heure d'ici, une demi-heure au plus, dit-elle, le patron Sulpice va quitter la grotte où M. Antoine restera seul. Je vois bien qu'ils comptaient sur Victoire pour prendre langue et savoir jusqu'à quel point le marquis peut s'aventurer dans les terres... à son retour de Plouesnon, Sulpice aura sur lui les deux cent mille francs en billets de banque, comme ils appellent ces chiffons qui valent mieux que l'or.

— Comment sais-tu cela ? radotait machinalement Jean Touril.

— Si le gros nid n'est pas sous le lit de ma marraine, poursuivit la Morgatte, il est chez le curé, et Sulpice portera les sept cent mille francs.

I.

— Et il traversera la lande ?

— Au milieu de la nuit.

— Tout seul ?...

— A moins que le marquis Antoine n'aille le rejoindre.

Jean Touril la saisit dans ses robustes bras et l'enleva de terre avec enthousiasme.

— Comment sais-tu cela ? s'écria-t-il. Ah ! coquinette, ma mignonne, comment sais-tu cela ?

— Le curé a écrit sa lettre au château, répondit Astrée ; depuis le temps, je leur ai toujours fait croire que je ne savais pas lire. Pendant que le curé cherchait les pains à cacheter, j'ai lu la lettre.

— Tout cela était dedans ?

— Il y en avait assez pour deviner tout cela.

— Regarde donc ! fit en ce moment le reboutoux : on dirait qu'ils ont allumé de la lumière dans le Trou-aux-Mauves.

Un faible reflet se montrait en effet aux lèvres de la fissure.

— Ils attendent, dit la Morgatte ; voici le moment de monter au phare.

— Les habits verts vont se moquer de mon pantalon fendu aux deux genoux, répliqua le reboutoux, toujours préoccupé de ses déchirures ; je suis soigneux de mes hardes en général, et je tiens à être propre sur moi. Je pourrais bien jeter un coup de pied jusqu'à ma case et passer une autre paire de culottes, qu'en dis-tu ?

— Je dis que vous allez grimper en droite ligne là-haut, Jean Touril. Et faites bien attention à ceci : le grand Rostan est à Matignon pour emprunter de l'argent ; il n'aura pas d'argent. Dans une heure, une heure et demie, il reviendra à la Maison... Je ne veux pas qu'il y entre.

— Tiens! tiens! s'écria le reboutoux ; ça me fait penser que sa femme est en peine. On est venu de chez elle aujourd'hui. Si je ne vais pas l'accoucher, c'est trois livres dix sous que je perds!

Il fit une grimace parce que la Morgatte lui serrait le bras avec la vigueur d'un homme.

— Je ne veux pas qu'il rentre à la Maison! répéta-t-elle. Il y a deux routes. En quittant les douaniers, vous irez faire faction sur la lande ; moi, je guetterai dans le sentier qui traverse la futaie de Maurepar.

—C'est dit. *Bise*-moi, coquinette, et à tantôt.

— A tantôt, répliqua la Morgatte, qui lui mit deux gros baisers sur les joues.

Jean Touril s'engagea dans le sentier qui gravissait la falaise en zig-zag. Sans son diable de pantalon, il n'eût pas été fâché d'aller se chauffer un peu au corps de garde du cap. Il avait saigné plus d'un douanier gratis, car les autorités ont toujours des priviléges. Il n'était point mal vu au poste. Mais un homme rangé n'est jamais à son aise dans un pantalon troué.

La Morgatte était restée seule sur la grève. Elle s'assit et rabattit le capuchon de sa devantière (1).

Elle se recueillit en elle-même de parti pris et résolûment. Elle regarda tout au fond de sa conscience sans s'étonner. Le remords n'était point en elle. Ce qu'elle voulait lui semblait difficile et non pas coupable. Tout au plus pourrait-on dire qu'elle avait la tristesse solennelle des capitaines à l'heure qui précède la bataille.

C'était un cœur de bronze. Le feu amollit et fond les métaux. La passion n'avait pas encore touché ce bronze.

(1) Sorte de mante courte à capuchon que portent les filles des Côtes-du- Nord.

Astrée n'avait qu'une passion, désir vague, mais immense, aspiration désordonnée vers l'inconnu.

Astrée ne savait rien du monde. Mais il y a des filles de campagne qui devinent Paris.

Elles voient au travers de leurs rêves je ne sais quelle fête prodigieuse, festin de Balthasar, ronde du sabbat déroulant ses anneaux dans les jardins d'Armide, un fleuve d'or, des fusées de diamants jetant sur le velours leurs gerbes d'étincelles, des ivresses enchantées, des débauches de sourires, des orgies d'extases ; leur cerveau crée enfin l'impossible, et quand elles voient Paris, le vrai Paris, elles s'agenouillent devant l'idole et s'écrient : Nos rêves n'étaient rien !

Ceux ou celles qui disent en regardant Paris avec de gros yeux désappointés : « N'est-ce que cela ? » sont de grandes probités ou des stupidités colossales !

Les grandes probités sont rares. La providence de Dieu a multiplié les représentants de l'autre catégorie pour que l'univers entier ne vînt point encombrer Paris, ce qui gênerait les Parisiens prédestinés.

Les ours blancs se déplaisent entre les tropiques ; les pauvres levrettes nues grelottent et meurent en Russie. Chaque être a son milieu pour respirer à l'aise : son climat. A part la foule inerte qui est une chose comme le pavé, l'asphalte ou le macadam, une chose sur laquelle on marche, Paris n'est bon qu'aux grands vices et aux grandes forces. Les grands vices y prospèrent, les hautes vertus y grandissent.

Ceux qui doivent vivre à Paris le reconnaissent du premier coup d'œil. Quand ils y viennent pour la première fois, fût-ce de mille lieues, ils sentent bien qu'ailleurs était l'exil. C'est ici la patrie.

Non point la patrie où l'on naît, mais la patrie où

l'on vit de souffrances doubles et de joies exaltées, le champ des fièvres et des batailles.

Ces filles de dix-huit ans, elles sont là-bas bien loin, cachées sous le chaume ; elles ont de la bure sur les épaules, et leurs petits pieds dansent dans des sabots trop larges. Il y en a dont l'âme est belle comme la beauté de leur corps. Il y en a dont l'autopsie morale épouvanterait un congrès de diplomates. Elles viennent à Paris, leur centre et leur pôle, en charrette, à pied ; elles y viendraient sur la tête. Elles sont la maladie et le lustre de Paris.

Paris les aime. Il abandonne pour elles ses propres filles.

En route, cependant, sur cette longue route, qui mène du village à la grande ville, ces amazones trébuchent parfois et se heurtent aux bancs des cours d'assises. C'est le sort. Elles font pâlir le jury et frémir l'auditoire. La cour se noie à vouloir sonder ces abîmes sans fond.

La prison gagne. Paris perd. J'ai vu, quand j'étais un avocat de vingt ans, des monstres de beauté et de génie.

La Morgatte se disait, sous son capuchon de laine : « Si j'avais eu ma mère, j'aurais appris à aimer. Je serais faible comme les autres. Les filles du Grand-Chêne ont du bonheur parce qu'elles n'ont point connu leur mère. »

Elle croisa les bras et s'étendit sur les roches dures, comme si c'eût été un moëlleux tapis.

— Là-bas, murmura-t-elle, quand je serai bien riche, peut-être que j'aimerai !

Là-bas veut dire Paris...

Le vent d'est avait balayé le ciel. De vagues lueurs tombaient du firmament, où la voie lactée passait comme un large pont sur les profondeurs de l'azur semé d'or. Dans cette nuit claire, on eût distingué le dessin hardi et fier des traits d'Astrée. Un rayon couvait dans son œil derrière la frange soyeuse de ses cils. Les belles lignes de son visage étaient au repos. Un sourire calme se jouait autour de ses lèvres.

Plus tard, nous disons ceci pour les gens qui ont l'habitude de juger invraisemblables les choses qu'ils ne connaissent point, plus tard, elles deviennent femmes. Ce qui est effrayant les effraie ; ce qui est émouvant leur serre le cœur et fait courir le frisson sous leur peau.

A dix-huit ans, ce sont encore des enfants, et ce sont déjà des démons. L'ignorance est de corne comme l'expérience endurcie. Elles peuvent sourire jusqu'au dernier moment. De toutes les mains qui tiennent une arme, leurs mains sont les plus terribles...

— C'est moi, Jean Touril, du bourg de Plouësnon, dit le reboutoux tout essoufflé et faisant patte de velours au guichet du poste de Fréhel.

— Tiens ! tiens ! c'est Bistouri ! fit-on dans la salle basse de la caserne.

Et une voix demanda :

— Que diable voulez-vous à cette heure, voisin Bistouri ?

— Je m'appelle Jean Touril, répliqua le reboutoux sérieusement, comme vous avez nom Pierre Gandeau. Si on voulait, on ferait tout aussi bien Fricandeau avec Pierre Gandeau, que Bistouri avec Jean Touril. Ouvrez-moi la porte.

On riait à l'intérieur du poste.

— Allons ! allons ! dirent plusieurs voix, Fricandeau, va ouvrir à Bistouri.

— Ces fainéants ne savent que se gausser du monde ! pensait le reboutoux ; je parie qu'ils vont regarder tout de suite à mes genoux !

— Est-ce pour affaire de service ? demanda Pierre Gandeau avant d'ouvrir.

— Oui, oui, c'est pour affaire de service... Je vais tâcher de mettre mon chapeau devant les trous.

La porte massive tourna sur ses gonds. Jean Touril entra, cachant ses genoux de son mieux à l'aide de son chapeau.

—Bonjour à vous tous, dit-il. Il vente frais, ce soir, tout de même. Le temps s'est levé. Nous aurons du beau, à moins que ça ne se regâte à la marée montante.

Il y avait une demi-douzaine d'habits verts autour de la grande cheminée où brûlait un feu de *ramassis* (1). On fit place à Jean Touril sur un banc.

C'était un corps de garde avec lit de camp et ratelier pour les fusils.

— Eh bien ! compère Touril, dit le préposé Pierre Gandeau, vous ne voulez pas qu'on vous appelle Bistouri ?

— Ça vous flatterait-il qu'on vous appellerait Fricandeau à tout bout de champ, mon Pierre ? Un nom est un nom. Chacun a le sien. Quoi de nouveau ?

— C'est à vous qu'on demande ça, répondit le sous-brigadier qui commandait le poste.

— Chez nous, dit le reboutoux en tirant sa pipe, les froments ont besoin de beau temps.

On flairait dans ce poste de douane une excellente odeur de tabac de contrebande. Le sous-brigadier tendit sa *blague,* dont le contenu ne lui coûtait rien. Jean Touril essaya de bourrer sa pipe sans lâcher le chapeau protecteur de la dignité de ses genoux.

(1) Bois d'épaves rejetées par le flot.

— Mettez donc ça sur votre tête, dit Pierre Gandeau.

— Non fait, risposta vivement le reboutoux.

On voulut le violenter par politesse, mais il se défendit avec succès.

— Joli tabac! fit-il entre deux bouffées; ça vient du *Requin*?

— Non, ça vient de la *Plie*, qui en portait comme ça pour pas mal d'écus.

— Si j'avais encore l'âge, aussi vrai que je vous parle, je me ficherais dans la douane. Le lieutenant Morlan est-il par ici?

— Il est à Saint-Malo.

— Et le sous-lieutenant Géraud?

— En croisière sur la patache.

— Ah! s'écria Jean Touril, c'est le sous-lieutenant qui est sur la patache?

Les douaniers se mirent à rire.

— Y avait longtemps, dit Gandeau en clignant de l'œil, que le sous-lieutenant n'avait vu sa dame qui demeure sur Dinart.

— Bien, bien! Aussi, je me disais...

— Quoi donc? vous l'avez rencontré?

— Et le brigadier Rouaix? continua le reboutoux, au lieu de répondre.

— Il dort.

— Eh bien, mes bonnes gens, dit Jean Touril, qui ôta sa pipe de sa bouche, il faut aller le réveiller.

Les douaniers s'entreregardèrent.

— C'est donc quelque chose de grave? demanda-t-on à la ronde.

— Un peu! répliqua Jean Touril.

On alla réveiller le brigadier qui descendit de fort mauvaise humeur. Jean Touril se leva sans déranger son chapeau et fit un digne salut.

— M. Rouaix dit-il, voilà! Excusez. Le devoir de tout bon citoyen est de veiller au grain pour qu'on ne mette pas le gouvernement dans l'embarras...

— Il ne s'agit donc pas de fraude? interrompit Rouaix.

— Excusez. Il s'agit de tout. Je ne suis pas fait d'hier, et je sais bien ce que parler veut dire. Dans ma position, pas vrai, on soigne les pauvres comme les riches? Eh bien! la bonne femme marquise n'en peut plus, et j'allais au Tréguz tantôt pour la Minot, qui ne m'a jamais donné un liard pour mes visites. Qu'ai-je vu en route, le long de l'eau? Je vous dirais bien: devinez; mais vous n'avez pas le temps, ni moi non plus. J'ai vu ce que vous auriez bien voulu voir: trois jolis garçons qui débarquaient du fil d'Écosse à Roche-Guyotte, et parmi les ballots de toile, il y avait de bons petits colis de dentelle.

— Est-il encore temps de les pincer? demanda le brigadier.

— Il est toujours temps d'essayer, M. Rouaix. Mais quoi donc! C'est au mois de mars de l'an dernier que les trois douaniers ont été tués à l'éperon... j'ai vu encore autre chose.

— Réveillez tout le monde! commanda le brigadier on va faire grande patrouille :

— C'est pour cette autre chose là, reprit Jean Touril, que j'ai été si étonné quand on m'a dit : M. Géraud est sur la patache. Ordinairement, quand M. Géraud est à bord, on ne se laisse pas prendre à la frime...

— Quelle frime, papa Touril?

— Une bonne! La patache courait vent arrière et de tout son cœur, comme un bijou de bateau qu'elle est. Encore trois minutes, et elle tombait en plein sur le chasse-marée. Je me suis avancé jusqu'au bord de la falaise pour voir cela ; mais sous moi, dans les roches, une voix a hélé crânement: « Ho ! de la patache ! » comme vous auriez pu faire, monsieur Rouaix, car vous avez un creux solide. La patache a répondu son : Qui parle ? — Patrouille ! a fait le malin drôle, qui s'est mis à causer d'aplomb. Il en a tant dit que la patache a viré pour aller chercher les fraudeurs au vent de Saint-Cast.

Le brigadier lâcha un juron de circonstance.

— Moi, poursuivit le reboutoux, vous sentez bien que je ne pouvais souffler mot. Les drôles étaient armés jusqu'aux dents.

— A vos rangs ! dit M. Rouaix.

Le poste tout entier était sous les armes.

— Y avait-il avec eux des gens du pays ? reprit le brigadier.

— Hé ! hé !... Il fait nuit noire, vous savez. Je peux bien vous dire de vous méfier de ces deux-là : le petit pâtour Sulpice et Toto Gicquel, la vilaine créature.

Le brigadier se rapprocha de Jean Touril et lui dit tout bas :

— Au château d'où vous sortez, ne parle-t-on point du jeune marquis Antoine ?

— Hélas, Dieu ! s'écria le reboutoux, ne vous ai-je point appris cela ? Le pauvre M. Antoine est mort.

Il tira de sa poche, sans déranger son chapeau, la lettre du patron Sulpice, qu'Astrée lui avait confiée. Pendant que Rouaix lisait, il ajouta :

— Voilà ce grand bêta de Rostan qui va rouler carrosse ! La petite Victoire est gentillette, monsieur Rouaix ; il n'y a qu'elle et sa sœur d'héritières.

Le poste fut divisé en deux escouades et on laissa trois hommes de garde. Le brigadier eut une escouade et le sous-brigadier l'autre. Jean Touril fut invité à servir de guide.

— J'ai deux malades qui m'attendent, répondit-il, une sous la lande, vers Saint-Cast, l'autre à Plouesnon. Si c'étaient des richards, je dirais : on a le temps, mais je me dois aux malheureux : bonne chance, M. Rouaix !

— Merci de l'avis, mon brave homme : vous serez couché sur mon rapport.

— Bonsoir, bonsoir, compère Bistouri !

Les deux escouades descendirent la lande à bas bruit.

— J'ai pourtant dit la vérité pour la patache, pensait le reboutoux : je ne saurai jamais mentir !

Puis il ajouta en se frottant la barbe d'un air vainqueur :

— Tout de même, ils n'ont pas vu mes genoux !

## VI

LA CRÈCHE.

Pendant qu'Astrée s'entretenait avec Jean Touril, son oncle présomptif et son caissier futur; pendant que Roblot, emmitouflé dans son *norouas*, chantait les soixante-douze couplets de la jolie chanson composée en l'honneur de Manon Leroux, la brunette Paimpolaise, le jeune marquis Antoine et le patron Sulpice essayaient de s'orienter dans la grotte où régnait une obscurité profonde.

— Elle n'est, pardieu! pas venue! dit avec dépit le marquis Antoine qui avait appelé Victoire dix fois pour le moins. Défends encore les femmes, vieux Sulpice! Voilà comme elles sont faites! Tant qu'elle n'a pas eu de mes nouvelles, celle-ci a pleuré, prié, que sais-je? Je lui écris l'heure et le jour de mon arrivée et je me trouve seul au lieu du rendez-vous!

— Sait-on si elle a reçu la lettre? repartit le patron

qui était soucieux. Le grand Rostan est un drôle de corps ; s'il s'appelait autrement, je dirais que c'est un coquin. La Maison va mal. Les denteliers m'ont dit qu'il avait volé le pauvre argent de Victoire. Pensez-vous qu'un homme pareil n'a pas pu décacheter une lettre?

— Ah! fit Antoine en soupirant, celles qui aiment bien devinent. Si je l'avais trouvée ici en arrivant, tout heureuse, avec des larmes souriantes dans les yeux, c'eût été un si doux présage de bonheur. Elle m'aurait dit, suspendue à mon cou : Votre grand'mère va mieux, Antoine...

La nuit cacha le mouvement de Sulpice, qui secoua la tête.

— Et que cette bonne nouvelle eût été meilleure dans sa bouche! poursuivit le jeune marquis. Ou bien, elle serait venue toute triste et la paupière mouillée : Antoine, Antoine, votre pauvre grand'mère.... »

Il n'acheva pas. Un gros soupir souleva sa poitrine.

— Votre aïeule avait l'âge de mourir, dit Sulpice.

— Elle a remplacé pour moi mon père et ma mère, ami. Elle était rude et hautaine avec tous ; avec moi, te souviens-tu comme elle était bonne! Tu dis qu'elle avait l'âge de mourir! Eh bien! elle savait encore mieux m'aimer que celles qui sont jeunes. La dernière fois que nous nous sommes vus, elle était à m'attendre sur les grèves.

— C'était une Rostan! prononça gravement le patron ; si Dieu nous la garde, que Dieu soit béni! Si elle est dans un meilleur monde, je prierai pour elle, comme c'est mon devoir, jusqu'au dernier jour de ma vie. Mais je ne perdrai pas mon temps aujourd'hui à pleurer les morts, parce que les vivants ont besoin d'aide. Vous êtes l'unique rejeton mâle du vieil arbre, monsieur Antoine, et Victoire, votre fiancée, est la fille de mon bien-aimé maître, le comte Rostan du Boscq. Si on ne peut pas relever Madeleine de sa chute, que Victoire au moins soit sauvée en devenant votre femme. Le bon temps renaîtra. Je ferai sauter sur mes genoux vos fils et vos filles dans la grand'salle de Maurepar, vous verrez cela !

— Qui sait? murmura Antoine ; les absents ont tort...

— Est-ce que vous soupçonneriez ma petite Victoire ? demanda Sulpice scandalisé.

Antoine ne répondit point. Il trouva en tâtonnant la pierre où Victoire s'était assise au tomber du jour et s'y reposa.

— C'est étrange! dit le patron qui voulait changer l'entretien ; on sent ici comme une odeur de crèche.

— Le cœur des femmes change... pensait tout haut Antoine.

— Je jurerais, s'écria Sulpice, que la grotte a servi d'étable à une chèvre !

Ses pieds venaient de rencontrer un objet moelleux sur le sol ; il se baissa et ramena sa main pleine d'herbe fraîche.

— Antoine, monsieur Antoine, dit-il avec une émotion singulière, voici un mois que les denteliers me répétaient en revenant à Jersey : la petite demoiselle Victoire est bien pâle et bien changée...

— Tu m'as caché cela! interrompit vivement le jeune marquis.

— Attendez donc! fit le patron dont la voix tremblait; vous allez me laisser deviner, moi qui suis presque un vieil homme !

— Deviner quoi?

— Les denteliers me disaient : Victoire va pleurer toute seule à l'église ; Victoire est obligée de s'arrêter deux ou trois fois en traversant la lande. Victoire ne rit plus, Victoire ne chante plus... Pauvre enfant chérie! interrompit Sulpice ; je veux en avoir le cœur net!

Antoine entendit le bruit sec d'une allumette chimique qu'on allume. Le phosphore, puis le soufre brûlèrent, sans jeter de clarté. Quand le bois prit feu, Sulpice jeta un cri.

— J'en étais sûr, fit-il ; et j'ai bien dit en parlant de la crèche!

Antoine ouvrit de grands yeux étonnés. Il y avait près de lui une corbeille tapissée de ouate qui semblait disposée pour faire un berceau. A ses pieds était un tas d'herbe avec une écuelle à demi pleine de lait. Auprès de lui des linges séchaient aux parois de la grotte.

— Tenez, tenez! dit Sulpice, saisissant une chandelle de résine enfoncée dans le sable ; elle a passé la nuit dernière ici, j'en ferais le serment!

Sulpice alluma la résine. Antoine se leva et passa ses mains sur ses yeux éblouis.

— Qui? Elle? balbutia-t-il.

Sur la pierre même où il venait de se reposer, il y avait un mouchoir de fine toile, mouillé comme si on l'eût trempé dans l'eau récemment.

— V. R.! s'écria Antoine en regardant la marque ; c'est à elle!

Il approcha le mouchoir de ses lèvres et l'en recula violemment.

— Ce sont des larmes! dit-il, tandis que sa joue devenait blême.

Sulpice était agenouillé à deux pas de là. Antoine l'entendit qui murmurait.

— Du sang!

Sulpice assistait déjà par la pensée au drame solitaire et sublime qui s'était dénoué en ce lieu : Sulpice voyait la jeune mère en peine, aux prises avec les douleurs sans nom, aux prises avec sa propre innocence.

— Dieu lui sera venu en aide! dit-il en joignant les mains pour prier.

Antoine aussi se mit à genoux et colla le mouchoir humide contre ses lèvres.

— Neuf mois! fit-il; c'est vrai. Je lui jurai ici même sur mon honneur qu'elle serait ma femme.

Les larmes lui vinrent aux yeux pendant qu'il ajoutait:

— Toute seule! sous cette voûte froide... Oh! si j'avais su cela, mon Dieu!

— Comme il sera aimé, cet enfant-là, n'est-ce pas, monsieur Antoine? dit Sulpice.

— Mais où est-il? s'écria le jeune marquis; et où est-elle?

Ils prêtèrent l'oreille. Un bruit léger se faisait entendre au dehors. Sulpice s'élança plein d'espoir vers l'entrée de la grotte et regarda la plage avidement. Il ne vit rien. Le bruit avait cessé. C'était Jean Touril qui montait au poste de Fréhel pour commander les coups de fusil dont la Morgatte avait besoin cette nuit.

Sulpice revint et dit:

— Attendons. Il n'est pas tard.

Antoine et lui portaient le même costume. Antoine s'était déguisé en marin. Le patron Sulpice était un homme jeune encore, au visage honnête et sérieux. Sa physionomie reflétait comme un miroir la simplicité noble de son âme. Antoine avait vingt-six ans. Ses cheveux bouclés et son teint blanc lui donnaient l'air d'un adolescent. Il avait des traits réguliers et le cachet de la race était sur son front; mais son regard languissait.

Je ne sais quelle douceur féminine était en lui. La

bravoure téméraire qu'il avait montrée en plus d'une occasion n'excluait pas certaine faiblesse presque enfantine. Le vent de la mer n'avait pu brunir la peau de son visage ; l'air de l'exil n'avait pu donner à son caractère cette mâle couleur, présent ordinaire de l'infortune.

Il avait bon cœur et il aimait ; mais c'était Sulpice qui était sa force.

Le temps passait. Les objets laissés par Victoire dans le Trou-aux-Mauves parlaient si éloquemment qu'il n'y avait point de doute possible ; le berceau, l'herbe fraîche, l'écuelle, les langes racontaient la douloureuse et touchante histoire. Le mouchoir encore trempé de larmes accusait la présence récente de la pauvre fille.

Mais pourquoi avait-elle quitté la grotte? qourquoi avait-elle emmené l'enfant?

La chèvre elle-même n'était plus là. Victoire avait-elle été surprise dans sa retraite? Ou bien, à bout de courage et n'ayant pas reçu la lettre d'Antoine, avait-elle enfin bravé la honte et emporté son enfant à la Maison?

Antoine s'arrêtait à cette idée. Mais Sulpice connaissait mieux Victoire.

— Elle reviendra, disait-il : quelque chose s'est passé que nous ne pouvons point comprendre. Mettons d'ailleurs tout au pis et supposons qu'elle a perdu son secret. Qu'importe? Sa honte n'aura duré qu'un jour, et malheur à celui qui aurait demain un sourire à la bouche en prononçant le nom de la jeune marquise de Maurepar !

— Elle est au pouvoir du grand Rostan, répliquait Antoine. Il faut que j'aille à la Maison cette nuit.

— Et vous n'en reviendrez pas, monsieur Antoine! s'écria Sulpice ; et vous laisserez une veuve avec un orphelin!

Antoine baissa la tête. La chandelle de résine tirait à sa fin.

— Si vous voulez me promettre de rester ici, dit Sulpice, je vais aller à la découverte.

— Les autres fois, répliqua Antoine, j'ai pu me rendre au château sans qu'il soit arrivé malheur.

— Aujourd'hui, la cupidité veille! interrompit Sulpice. Promettez ou je reste!

— Tu ne peux exiger que je reparte sans avoir vu ma mère!

— J'exige que vous attendiez mon retour pour vous risquer à l'intérieur. Nous ne savons rien; il faut que nous sachions. Le château est peut-être entouré d'embuscades. Mon petit Sulpice n'a que douze ans, mais s'il était ici, nous ne serions pas en peine. Il faut que je lui parle. Il faut que je voie le curé pour les fonds... Ah! ah! monsieur le marquis, cet enfant-là est né ici sur la dure; il grandira sur la plume! Faisons-lui une fortune et qu'il porte haut le nom de Rostan quand il aura l'âge!

Antoine n'avait point relevé le front.

— Je ne sais pourquoi, je crois que l'enfant est mort! murmura-t-il. Le mouchoir baigné de larmes... la chèvre qui n'est plus là... le berceau vide...

Sulpice pâlit.

— Monsieur Antoine, dit-il en se levant, nous n'avons qu'une nuit. Tout sera fait, s'il plaît à Dieu, et demain matin vous aurez avec vous votre femme et votre enfant : riches tous les deux! Rostanne peut se passer d'être riche. Nous avons contre nous, je le sens et je le sais, le mari de Madeleine et cette fille que votre aïeule a recueillie au château.

— La Morgatte?

— La Morgatte.

— Elle m'a témoigné de l'affection, autrefois.

— Que Dieu vous garde de son affection plus que de sa haine! Les denteliers savent ce qu'elle fait, tout le pays aussi. Elle a rendu fou le mari de Madeleine.

Notez que Sulpice ne donnait pas volontiers à celui-là le nom de Rostan.

— Elle est cause, continua-t-il, que votre pauvre aïeule est morte ou se meurt entre les mains d'un misérable charlatan, comme une mendiante. Il n'y a plus guère de bons serviteurs au château; elle a mis des coquins à la place de tous les valets vieillis au service de Rostan. C'est pour elle, encore plus que pour les douaniers que j'ai écrit la lettre où j'annonce votre mort.

Sulpice serrait sa ceinture et assurait ses pistolets sous les revers de sa veste. Il se baissa au ras de terre, où la résine achevait de se consumer, pour consulter sa montre.

— A bientôt, monsieur Antoine, dit-il, j'ai du chemin à faire. Si je ne suis pas revenu à minuit, vous gagnerez la pointe de l'Epernon en suivant la grève. Ne vous occupez pas de moi.

Antoine lui prit la main et la serra cordialement.

— Si tu n'es pas revenu à minuit, répliqua-t-il, j'irai voir là-haut ce qui te retient. J'ai passé la mer pour avoir la bénédiction de mon aïeule et pour emmener celle qui doit être ma femme. J'aurais pu t'envoyer seul s'il ne s'était agi que de recevoir l'héritage des mains du curé de Plouësnon. Souviens-toi de ceci : je veux m'agenouiller au chevet de ma grand'mère ; je ne veux pas partir sans Victoire, et je ne veux pas partir sans toi. Va-t'en maintenant, et fais de ton mieux.

Ils s'embrassèrent. Sulpice gagna l'entrée de la grotte et ne sortit qu'après avoir constaté que la grève était déserte. Il prit à grands pas le sentier par où Victoire était arrivée quelques heures auparavant sur la plage, en quittant le pauvre monteur de Fréhel.

A peine avait-il tourné le coude de la falaise, qu'un mouvement se fit dans les roches entre le Trou-aux-Mauves et la base du cap. Le silence continuait, mais on eût pu voir une forme sombre s'avancer lentement vers la grotte en rasant la grève. Quand la lumière du phare projetait ses rayons, la forme sombre s'arrêtait, confondue parmi les grandes ombres des roches. Quand il y avait éclipse, elle continuait de marcher. Arrivée auprès de la fissure, elle se glissa entre les parois de l'entrée, et la lueur mourante de la résine éclaira les barbes blanches de la coiffe d'Astrée qui flottaient à la brise du large.

Son regard avide plongea tout au fond de la grotte, puis elle se retira. Elle avait vu que la résine allait s'éteindre.

Depuis le départ du patron Sulpice, Antoine restait immobile, assis sur sa pierre et la tête penchée. Il était tout entier à ses méditations. C'est à peine si son père et sa mère passaient dans son souvenir comme deux fantômes souriants et pâles inclinés au-dessus de son berceau : ils s'en étaient allés tous deux à quelques mois d'intervalle : Antoine ne connaissait que leurs tombes. Son vrai père, c'était le marquis Jean Rostan de Maurepar ; sa vraie mère, la marquise douairière : ceux-là, le mari et la femme, avaient veillé sur son enfance et guidé sa jeunesse.

Antoine revoyait le marquis Jean avec son grand profil sévère que le bon sourire adoucissait si bien. Une fois, Antoine avait douze ans, le comte Rostan du Boscq vint de Dinan avec ses deux filles : Madeleine, charmante enfant, Victoire, que la grosse bonne de Jugon portait dans ses bras. Ce fut une fête : on se mit douze à table autour d'un pâté de sanglier. La marquise avait acheté un bar à Cancale, un bar géant qui fut servi sur une planche, parce que le maître-plat d'argent était trop court.

Antoine éplucha les deux yeux du poisson monstrueux et en fit des perles pour la jolie Madeleine. Victoire fut jalouse, mais elle était si petite !

La marquise dit au comte en souriant :

— Mon cousin, si vous voulez, notre Antoine épousera votre Madeleine.

— De tout mon cœur, belle cousine, répondit le comte, un digne gentilhomme qui sentait venir les changements de temps par une demi-douzaine de blessures.

Et vraiment, il avait raison : elle était encore belle la marquise, malgré ses soixante ans. Sa figure longue et sérieuse avait un si doux cadre de cheveux blancs frisés ! Quand elle souriait, le marquis Jean faisait un rêve printanier, du fond de son hiver : il voyait autour de ces tempes amaigries l'or mutin des grappes blondes ; il voyait sous le raide corsage, le sein de neige s'abattre, puis se gonfler. Que sais-je ? Et sa lèvre émue effleurait galamment la main un peu sèche de sa fidèle compagne.

Sulpice était là. Il avait déjà fait des siennes en mer quoi qu'il ne fût pas encore patron. Le comte l'appelait son ami. Le marquis Jean le fit asseoir à table.

Le grand Rostan vint avec son père. On les mit au bas bout. Les domestiques servaient ces Rostan *de la Maison* pour l'amour de Dieu. Les domestiques du château se regardaient comme étant beaucoup au-dessus des Rostan *de la Maison*.

Plus bas que ces Rostan de piètre aloi, il y avait la fille trouvée, Astrée l'orpheline du Grand-Chêne de

Saint-Cast. Madeleine, la petite orgueilleuse, ne voulait pas jouer avec elle.

On fut gai. Le comte fit danser la marquise. Jean Rostan admirait, le dos au feu. Ce fut la dernière fois que la marquise dansa.

Sulpice chanta pour la ronde des enfants, Antoine eut Madeleine; Rostan de la Maison dut se contenter d'Astrée. Cela lui faisait grande honte.

Le comte dit en regardant Astrée :

— Cette petite sera la plus belle des trois.

On fut bien gai. Je crois que la marquise accorda sa harpe et dit un air de la *Vestale*....

Que de temps passé depuis lors! Antoine se souvenait comme s'il se fût agi d'hier.

Encore plus de choses changées que de temps écoulé! Que restait-il? Les vieux murs de la salle à manger et les antiques tentures du salon. Quant au reste, le marquis Jean et le brave comte étaient tous deux au cimetière. La marquise? C'était pour elle qu'Antoine avait des larmes dans les yeux. Les cheveux de Sulpice commençaient à grisonner. Madeleine, la fiancée pour rire, pleurait dans la maison du grand-Rostan; Astrée l'orpheline, avait réalisé la prédiction du comte : elle était la plus belle. Victoire....

Oh! tous les autres rêves s'envolèrent comme les flocons du brouillard matinier au premier souffle de la brise. Victoire, Victoire! Antoine ne songea plus qu'à Victoire.

La résine venait de s'éteindre, et Antoine était dans l'obscurité : il n'en savait rien.

Antoine n'était plus seul dans la grotte, car la Morgatte, profitant de la nuit soudaine et profonde, s'était glissée à l'intérieur, Antoine ignorait cela.

Antoine avait sa tête entre ses deux mains. Antoine

voyait passer sur la lande une jeune fille, presque un enfant, avec un sourire d'ange aux lèvres et un céleste rayon dans les yeux. Je ne sais pas si Antoine avait eu le temps de bien aimer Madeleine, mais le mariage de celle-ci lui avait laissé de la tristesse dans le cœur. Quand il rencontra Victoire, il fut consolé.

Que lui dit-il et quelle fut la première scène de ce doux poëme? En ce temps-là, Antoine était en train de se laisser fasciner par le regard d'Astrée. Comment un seul regard de Victoire suffit-il à l'éveiller, guéri pour toujours?

Il rencontra Victoire par une soirée d'automne. Il faisait chaud sous la futaie. Le vent venait des champs qui sont sous le Tréguz, et apportait l'odeur des pommes mûres.

Je crois qu'il commença par lui parler de Madeleine. Est-elle heureuse?

— Non.

Puis l'amour qui s'ignore.

Au mois de juin suivant, l'amour heureux.

Puis, l'exil encore. Un siècle, long de neuf mois...

Hélas! elle manquait, la joie du retour, la joie rêvée et caressée. Victoire n'était pas là, tout heureuse et frémissante, dans ces bras qui l'appelaient. Qui donc retenait Victoire?

Antoine ouvrit les yeux et poussa un cri d'étonnement à la vue des ténèbres.

Astrée, immobile auprès de la porte, attendait depuis longtemps déjà. Jusqu'alors, Antoine n'avait pas prononcé une parole. Astrée était venue pour tenter sur lui un effort, mais elle n'avait pas confiance.

Quand le nom de Victoire tomba pour la première fois des lèvres d'Antoine, Astrée eut un sourire amer.

— C'est bien! fit-elle au-dedans d'elle-même.

— Un enfant! disait le jeune marquis sans savoir qu'il parlait, un fils ou une fille, que m'importe? Il y a en moi quelque chose qui me crie : Tu es père! Elle a dû souffrir, mon Dieu! c'est vrai : mais comme je vais la faire heureuse!

— Pourquoi l'aime-t-il ainsi? pensait la Morgatte en l'écoutant, et pourquoi ne m'a-t-il pas aimée?

— Peut-être qu'en ce moment, reprenait Antoine, elle est en route pour venir. Elle a eu peine à tromper la surveillance de ceux qui l'entourent. Sans doute, il lui aura fallu attendre le coucher de sa sœur Madeleine. Je suis fou de craindre, mais c'est que je l'aime tant!

— Tu l'aimes trop! se dit la Morgatte, tant pis pour toi! Je t'aurais donné la préférence.

Elle entendit Antoine qui se levait.

— Allons! fit-elle en secouant je ne sais quelle répugnance, il faut en finir... Mon grand Rostan sera un beau marquis.

Elle se rapprocha de la porte sans plus prendre de précautions.

— Victoire! s'écria Antoine, Victoire!...

— Est-ce vous, monsieur le marquis! demanda la Morgatte, en adoucissant sa voix.

— Victoire! ma Victoire chérie!

— Je ne suis pas Victoire, dit Astrée, mais je viens de sa part. Victoire vous attend à la Maison.

— A la Maison, répéta Antoine, chez François Rostan?

La Morgatte était déjà en dehors de la fissure. Elle jeta en partant ces derniers mots :

— Hâtez-vous, si vous l'aimez!

## VII

### PICOTIN D'AVOINE.

Il y avait au bas de la côte, à deux ou trois cents pas de la grève, une petite loge couverte en chaume. C'était l'habitation indivise et commune de Toto Gicquel, le monteur, et de son cheval Bijou. Toto Gicquel, comme on le pense bien, n'était pas le propriétaire de Bijou. Bijou et Toto Gicquel appartenaient tous deux à un spéculateur en sabots qui commanditait l'entreprise du montage des Anglaises mûres au cap. Toto devait la moitié de son gain au spéculateur, le reste lui servait à rompre son jeûne chronique. On avait bâti la loge pour le cheval. Toto en profitait.

De temps en temps, son spéculateur lui disait :

— Si tu n'es pas content, il y en a plus d'une douzaine qui guettent ta place!

Songez! partage des bénéfices et le logement! Toto était encore obligé de remercier son spéculateur.

Le spéculateur était Jean Touril, Toto Gicquel et Bijou lui rapportaient tous les ans cinq à six pièces de cent sous à mettre dans sa marmite. Jean Touril soupçonnait Toto de le frauder dans ses comptes : Toto accusait Jean Touril d'oppression et d'exaction. La Fontaine a dit : « Notre ennemi, c'est notre maître. » En ajoutant : « Notre ennemi, c'est notre serviteur, » le bonhomme aurait frappé les deux côtés de la médaille humaine.

Vers neuf heures et demie du soir, on heurta rudement à la porte de la loge. Bijou, qui rêvait de foin, la tête dans son auge vide, s'éveilla en sursaut. Toto Gicquel, étendu sur la litière entre les jambes du cheval, rêvait couenne de lard succulente et bouillie de gruau; il sauta sur ses pieds. La porte, qui n'en pouvait plus guère, s'était ouverte toute seule.

— Qui est là? demanda Toto en se frottant les yeux.

— Es-tu seul là-dedans? lui fut-il répondu.

La question n'était pas oiseuse. Il faisait nuit noire dans la loge.

— Ah! ah! s'écria le monteur, c'est vous? Voilà qui est bon. Je m'étais endormi en vous attendant. Est-ce que le jeune monsieur n'est pas avec vous?

— Détache ton cheval, mon gars, il faut que je me mette en route.

Malheureux Bijou qui rêvait de foin!

Eh bien! ces aventures qui se présentent mal d'abord, apportent parfois avec elles des jouissances inattendues. Bijou avait baissé l'oreille, car il comprenait positivement, dès qu'on parlait de courses à faire. Tout à coup, il renifla gaillardement et secoua sa crinière brouillée. Son rêve était dépassé, une odeur enivrante lui montait au cerveau. Du foin! fi donc! Bijou flairait un picotin d'avoine!

Bijou ne pouvait en croire ses naseaux. Etait-ce encore un songe? Si les chevaux faisaient orgie, ce serait avec de l'avoine. Dans l'avoine, il y a pour les chevaux tout à la fois les truffes et le champagne. Bijou retrouva une sorte de hennissement.

— Viens çà! dit le nouvel arrivant à Toto Gicquel; as-tu un bout de résine?

— Je l'aurais donc vôlé, mon bon monsieur Sulpice, répondit le monteur. Approchez voir; si vous voulez vous reposer, voilà le billot.

Sulpice lui prit la main dans l'ombre.

— Tiens! tiens! dit le monteur, qu'y a-t-il dans le sac? De l'avoine, sans mentir! C'est donc cela que Bijou fait le diable!

— Donne-lui cela, et dépêche.

Hélas! il n'y eut que Bijou d'heureux. Le patron Sulpice n'apportait ni bouillie de gruau ni couenne de lard.

— Vous avez bien fait, dà! reprit Toto; voilà du temps que la bête n'avait mangé du bonbon. Elle va courir comme une folle.

On entendait déjà Bijou broyer le grain au fond de sa mangeoire.

— Mon cousin Roblot va-t-il venir nous voir? demanda le monteur.

— Il garde la barque sous la Tréguz.

— Il sait comme ça de bien mignonnes chansons, mon cousin Roblot. Il est gras. Quand il vient, je mange mon content, et j'ai un jour de bon.

— Dis-moi ce qui se passe au château, interrompit le patron Sulpice.

— La vieille dame était à la mort hier. Voilà deux jours qu'on lui a porté le bon Dieu. J'ai vu le temps où ça aurait fait du bruit, mais on parle que le château et le Tréguz sont vendus. Les gens s'occupent de celui qui va venir.

— Et ils oublient ceux qui s'en vont, ajouta Sulpice : c'est la règle.

— Je ne sais pas, fit Toto Gicquel.

— Et à la Maison ?

— C'est Morin-Meunier, du bourg de Pléhérel, qui avait prêté de l'argent au grand Rostan, répliqua le monteur ; Rostan n'a pas pu payer. Nous verrons celui-là demander son pain par les routes.

Il s'interrompit et ajouta plus bas :

— A moins qu'il ne fasse un mauvais coup !

— Et ce Morin-Meunier le poursuit ? insista Sulpice.

— C'est fini. Les meubles ont été affichés et la Maison y passera.

— Mais Madeleine ?

— Ah ! pauvre chère dame ! Sa place n'était pas là. Rostan ne rentre qu'au matin avec du vin plein le ventre. Il va chasser jusque devers Plancoët pour ne point rencontrer ceux qui le connaissent. Il a dit une fois : « Quand tout sera mangé, j'ôterai mes guêtres et je tirerai la languette de mon fusil avec mon doigt de pied. »

— Et Victoire ?

Toto Gicquel fut quelque temps avant de répondre.

— Est-ce que vous n'avez pas rencontré mam'zelle Victoire ? demanda-t-il enfin.

— Non, répartit Sulpice, dont l'accent trahissait l'inquiétude.

— Si elle m'avait donné son secret à garder, reprit le monteur avec une hésitation visible, je ne soufflerais mot. Mais vous êtes autant dire son père, vous, monsieur Sulpice. Si le jeune monsieur ne revient pas, mam'zelle Victoire fera un malheur !

— Pourquoi dis-tu cela?

— Parce que je l'ai suivie jusqu'à la grève. Elle a mis la grande chèvre brune auprès de l'enfant, là-bas, dans le Trou-aux-Mauves.

— Je sors du Trou-aux-Mauves, murmura Sulpice.

— Vous avez tout vu?

— J'ai tout deviné, mais il n'y a plus rien.

— Ah! fit le monteur, toute la nuit dernière, elle a appelé le marquis Antoine en pleurant....

Il se frappa le front.

— Je ne rêvais pas tout à l'heure! s'écria-t-il, j'ai entendu sa pauvre voix dans le chemin. Elle récitait tout haut les litanies de la Vierge, l'enfant pleurait, la chèvre bêlait...

— Quand l'as-tu vue la dernière fois? demanda le patron Sulpice.

— A la brune. Elle allait voir son enfant. Je lui ai dit que sa sœur Madeleine et la Morgatte la cherchaient.

— L'ont-elles trouvée?

— Pas Madeleine, mais la Morgatte.

Sulpice ne parla plus. On entendit au dehors, dans la partie du chemin qui tournait vers Saint-Cast, des pas lourds et mesurés frappant le sol en cadence.

— Les douaniers! murmura le monteur avec effroi.

— Est-ce qu'il font patrouille ainsi toutes les nuits? demanda Sulpice.

— Au grand jamais!

Le bruit des pas approchait rapidement. On put apercevoir bientôt la lueur sourde qui fuyait par les fentes de la lanterne fermée.

— Cachez-vous, monsieur Sulpice, dit Toto; ils vont ouvrir leur lanterne en arrivant.

— Où veux-tu que je me cache?

— Ici, derrière la solive.

Toto poussa le patron dans un enfoncement et dérangea quelques débris pour lui faire place.

— Oh! hé! Toto! cria en ce moment le brigadier de Fréhel; ouvre-moi la porte!

— Pour l'amour de Dieu! ajouta Gandeau, le loustic.

Le monteur fit semblant de ronfler. Gandeau donna un grand coup de crosse dans la porte et ne rencontra que le vide.

— Voilà comment Fricandeau enfonce les portes ouvertes! dit le brigadier qui éclata de rire; montre la lanterne Jonas! Pierre, mon ami, Bistouri est ton parrain : ce nom de Fricandeau te restera.

Jonas ouvrit la lanterne, et le brigadier jeta un regard à l'intérieur de la loge.

— Qui va là? cria Toto, jouant au naturel le rôle d'un homme qui s'éveille.

— En voici un qui n'a pas peur des voleurs! murmura le sergent.

— Toto, mon garçon, ajouta Pierre Gandeau, caches-tu de la contrebande?

Le monteur eut un rire nigaud.

— En avant, marche, vous autres! commanda le brigadier. Toto, c'est Bistouri, ton seigneur, qui nous avait fait de mauvais rapports sur ton compte. Bonne nuit!

— Bonne nuit, mes bons messieurs, répondit Toto d'un air placide.

— Attendez donc! s'écria Gandeau au moment du départ; il me semble que Bijou croque quelque chose, ce n'est pas naturel.

Sulpice eut un frisson dans sa cachette.

Gandeau prit la lanterne et vint inspecter la mangeoire. Bijou léchait le fond, où il n'y avait plus un grain d'avoine.

— A la bonne heure, dit Gandeau, tout est en règle :

Bijou fait mine de manger pour se mettre l'eau à la bouche. C'est un vantard ; il jeûne... Toto, pour la peine que nous t'avons éveillé, je vais te dire où tu trouveras quelque chose de bon.

— Où ça? Moi qui ne trouve jamais rien.

— Au Grand-Chêne de Saint-Cast. Il y a une résine allumée sous la niche et une belle petite fille sur la pierre, dans une mante de mérinos toute neuve.

Gandeau courut après ses compagnons qui étaient loin déjà.

— Suis-les, dit le patron Sulpice, et vois s'ils vont du côté du Trou-aux-Mauves.

Quand Toto revint, il trouva sur le seuil de la porte le patron, qui tenait déjà le cheval par la bride.

— Ils ont tourné par le sentier du Cap, dit-il; est-ce que M. Antoine est au Trou?

— Oui, répliqua Sulpice, et tu vas aller, toujours courant, à la Maison, dire à mademoiselle Victoire qu'elle revienne à la grotte où son fiancé l'attend.

— Mais... balbutia Toto Gicquel, vous n'avez donc pas entendu les douaniers ?... Mam'zelle Victoire portait une mante de mérinos toute neuve.

Sulpice avait de l'orgueil pour ses maîtres. L'idée que la fille du comte Rostan du Boscq avait exposé sous le chêne de Saint-Cast l'enfant du marquis Rostan de Maurepar, ne voulut point entrer dans son esprit. Il eut un rire incrédule et se mit en selle en disant :

— Comme tu y vas, Toto, mon pauvre gars! Les demoiselles ne font pas comme les fillettes. En passant au Tréguz, tu diras à mon petit gars de me chauffer la soupe... A-t-il grandi, mon petit?

— Ah ! dam, monsieur Sulpice, repartit vivement le monteur, c'est pas l'embarras : en voilà un qui donnera du contentement à son père ! Il est fort comme un petit

Turc, et brave, et honnête, et bon cœur! il va bien vous surprendre tout de même, il sait ses lettres!

— Vraiment! s'écria le patron dont on devinait le sourire attendri; il sait ses lettres!

— J'ai eu tort de vous dire son secret... ne faites pas semblant.

— Non, non, mon pauvre Toto, répliqua Sulpice, qui tendit la main au monteur; tu es une bonne âme.,.. je ne ferai pas semblant.

— Et puis encore, reprit Toto, il a taillé un manche de fouet rien qu'avec sa jambette, qu'il a mis dessus un chien, des moutons, des oiseaux, un moulin à vent, et la tour du Cap... Que l'armurier de Saint-Malo a vu le manche et est venu tout exprès au Tréguz pour dire au pâtour qu'il le gagerait bien 40 francs le mois, s'il voulait lui guillocher des crosses.

— Et qu'a répondu le petit?

— Je vas vous dire. Tous les soirs, il berce la petite de madame Madeleine pendant que je garde sa loge. Saint-Malo est trop loin. La petite demoiselle Irène ne peut pas, censé, dormir sans lui.

— Allons, Bijou, s'écria Sulpice joyeusement; il faut brûler la lande, car voici de bonnes nouvelles et je veux avoir le temps d'embrasser mon petit gars. Au revoir, Toto, et merci!

— Au revoir, monsieur Sulpice, et bonne chance ou vous souhaite!

Bijou mit en mouvement ses jambes maigres et nerveuses. Le sentier montait rude. Bijou buta bien une douzaine de fois contre les cailloux, mais ses genoux avaient pour égide une couronne de calus. Quand il eut bronché douze fois, il commença à prendre de l'aplomb. A mi-côte, il se mit au trot de lui-même et toussa triomphalement comme une rosse vaillante qui va faire un extrà.

Sulpice pensait :

— Le petit n'a pas voulu de 40 francs par mois. Il aime mieux bercer l'enfant de Madeleine. Ah! ah! moi, j'aime mieux savoir cela que de trouver un louis d'or, et deux, et trois aussi sur ma route! Si je vis, nous serons deux : un pour Victoire et Antoine, un pour Madeleine; si je meurs, le petit fera ce qu'aurait fait son père... Allons, Bijou!... Dieu est bon, il me paie par mon fils.

Et Sulpice caressait sous le revers de sa casaque un beau couteau anglais à quatre lames, un livre qui avait des images, et une longue-vue dans sa gaine de cuir doré : tout cela pour le petit.

Allons Bijou!

Bijou était à peindre. Bijou avait le diable au corps. Sa propre mère ne l'aurait pas reconnu. Il faisait des gambades sur la lande; il tordait de ci, de là, ses reins efflanqués. Parfois il relevait brusquement la tête et lançait par les naseaux deux cônes de fumée : d'autres fois il piaffait gauchement; d'autrefois encore, il provoquait toutes les juments de la paroisse par de soudains hennissements. Sa nature débonnaire lui défendait les ruades; il essaya une allure inconnue, moyen terme entre le galop commun et la danse des chevaux savants. Si, plus tard, cette allure perfectionnée nous revient d'Angleterre, constatons qu'elle fut inventée par un bidet français !

Assez de découvertes importantes nous ont été dérobées par nos voisins peu délicats.

Bijou était ivre : il cherchait des haies à franchir, des obstacles à vaincre. Ses longues jambes de chameau tricotaient sur la lande. Son instinct lui disait qu'il n'avait sur le dos aucune Anglaise d'un certain âge : il se sentait fier et heureux.

Il traversa le ras en moins d'un quart d'heure.

En arrivant aux taillis, Sulpice, qui laissait le château de Maurepar sur la droite pour piquer vers Plouësnon en directe ligne, entendit un cri de *qui vive?* C'était l'escouade du brigadier Rouaix qui avait poussé jusque-là sa reconnaissance. Sulpice ne répondit point. On lui tira un coup de fusil à poudre. Jean Touril avait mis le feu au ventre à ces pauvres douaniers.

Bijou s'élança dans le taillis, hennissant, toussant, fumant. Le brigadier Rouaix consigna dans sa mémoire, parmi les matériaux de son futur rapport, qu'une troupe nombreuse de fraudeurs à cheval avait passé sur le tard, hors de portée.

Toto Gicquel, resté seul, remit tant bien que mal en place la porte de sa loge. Il ne pouvait s'empêcher de penser à la mante de mérinos toute neuve.

— Les demoiselles ne font pas comme les fillettes, songeait-il répét. .i les paroles du patron Sulpice; Dieu le veuille! Mais j'ai vu pleurer des fillettes et j'ai vu pleurer la pauvre petite demoiselle Victoire. C'est bien la même chose.

Le vent venait toujours de l'ouest. Toto Gicquel crut ouïr parmi les murmures du vent un chant lointain ou plutôt une plainte : ces litanies de la Vierge qu'il avait entendues déjà dans son premier sommeil. Il appela, tant l'impression fut vive. Nulle voix ne lui répondit. Chacun sait que la lande rend de longs soupirs au vent nocturne.

— Victoire! cria le monteur en grimpant sur le talus où s'adossait sa cabane; main'zelle Victoire!

Le talus bordait un bas chemin qui conduisait du bourg de Saint-Cast à la mer. Dans ces routes encaissées et creusées par l'usage séculaire, un bizarre effet d'acoustique se produit souvent. Les bruits des pas et le son des voix arrivent à l'oreille, on ne sait d'où. Celui qui écoute perçoit le son, mais il ne saurait dire dans quelle direction. Une fois sur le talus, Toto Gicquel entendit plus distinctement la psalmodie monotone et douce ; il crut même reconnaître la voix de Victoire.

— Je gagnerai le temps perdu ! se dit-il en sautant dans le chemin ; il ne me faut pas cinq minutes pour atteindre la petite demoiselle, si mes oreilles ne tintent pas... et ma commission sera faite.

Il prit sa course. Peut-être que ses oreilles avaient tinté, car, après cinq minutes, il s'arrêta et n'entendit plus rien, peut-être était-ce l'effet de ces déviations de son qui ont lieu dans les chemins couverts. Pendant qu'il montait à Saint-Cast, Victoire pouvait descendre vers la grève...

Il continua de courir. Le silence lui faisait peur. Au bout du chemin creux est un pâtis planté de saules émondés qui précède immédiatement le bourg de Saint-Cast. Le bas mur du cimetière touche au pâtis. Toto Gicquel vit une lueur dans le cimetière ; ses yeux, habitués à la nuit, distinguaient la gigantesque silhouette du chêne au-devant du clocher pointu.

Pierre Gandeau avait dit la vérité. On avait exposé sous le chêne.

Le monteur hâta le pas et franchit d'un saut l'échaillier du cimetière.

Dans la niche où souriait l'image peinte de la Vierge, derrière son grillage de fer, une résine achevait de se consumer, mais il n'y avait rien sur la pierre et le champ des morts était vide. Toto Gicquel ne trouva ni l'enfant ni la mante de mérinos toute neuve.

Il s'assit sur la pierre pour laisser battre son cœur.

De Saint-Cast au Tréguz on compte bien une heure de chemin, et la Maison était encore plus loin que le Tréguz. Le mouteur ôta ses sabots pour mieux courir et se mit à couper au travers des champs. Il avait le cœur plus léger, parce qu'il pensait :

— Mam'zelle Victoire aura repris l'enfant. La Sainte Vierge lui a donné un bon conseil.

De deux choses l'une : ou Victoire avait regagné son abri du Trou-aux-Mauves, ou bien elle était à la Maison. Dans le premier cas elle devait se rencontrer tout naturellement avec le jeune marquis Antoine, qui l'attendait ; dans le second, Toto Gicquel n'avait qu'à se hâter.

Il y avait une troisième hypothèse : et tandis que le pauvre mouteur allait à toutes jambes, ses oreilles tintaient de plus belle. Il entendait une douce voix, toute pleine de larmes, qui chantait dans la nuit les saintes litanies.

Et il disait malgré lui :

— Hélas, Dieu! quand elles ne sont pas assez fortes pour souffrir, les demoiselles font comme les fillettes...

# VIII

### LES LITANIES DE LA SAINTE VIERGE

En arrivant à la lande de Fréhel, le monteur suait à grosses gouttes. Si c'eût été une de ces nuits d'Août, propices à l'orage, où le tonnerre éclate tout à coup, Toto Gicquel aurait cru entendre le tonnerre ; mais les grains du mois de Mars n'ont que du vent et de la pluie. Ce n'était pas la foudre que Toto Gicquel entendait.

Le bruit se prolongea, sourd et large, d'échos en échos, dans les rochers de la falaise et puis un grand silence se fit. Le monteur s'était arrêté à tout hasard, au revers du fossé qui délimitait les communes de Saint-Cast et de Plouësnon.

— Hi hi ! hi ! fit une voix moqueuse de l'autre côté du talus, voilà les gabelons qui dérouillent leurs tuettes !

Le bruit venait d'une décharge de mousqueterie, au vent du cap, sur le bord de la mer.

— Ils auront tiré sur le Roblot ! ajouta la voix.

— Ah! pensa le monteur; mon pauvre cousin qui chantait si mignonnement!

On se frottait les mains de l'autre côté du talus. Toto se mit à ramper et passa sa tête avec précaution entre les touffes de genêt épineux. Le phare montra pour un instant son disque rouge : Toto reconnut à deux ou trois pas de lui son seigneur suzerain, Jean Touril, entrepreneur du montage des Anglaises. Jean Touril se promenait de long en large sur la lande.

Il disait :

— Allons! allons! la coquinette voulait des coups de fusil; en voilà plus qu'il ne lui en faut!

Gicquel eut d'abord l'idée que Jean Touril faisait la fraude.

— Sept cent mille francs! reprit celui-ci, en pièces de cent sous mises bout à bout, ça irait jusqu'à Pléhérel, J'aimais mieux, pour ce qui est de moi, les écus de six livres; on était plus longtemps à les compter.

Toto était tout oreilles, mais il ne comprenait point.

— Sept cent mille francs! répéta le reboutoux, caressant chaque syllabe de ce chiffre; il faudrait au moins deux douzaines de marmites... En or ça tiendrait dans trois... Oh! certes... moi, je ne demanderais que plein mon bonnet de coton de louis.

Il se gratta le front en poussant un soupir.

— Voilà! dit-il, si on les place, on ne les a plus sous la main. Si on ne les place pas, on perd l'intérêt.

— Je parie que ce Sulpice est armé, s'interrompit-il, le scélérat ne lâchera pas son paquet sans mordre.

Toto appuya ses deux mains contre sa poitrine.

— Sept cent mille francs! prononça pour la troisième fois le reboutoux, cela vaut la peine de risquer le tout pour le tout!

— *Qui vive?* cria la voix de Pierre Gandeau à une cinquantaine de pas dans les ajoncs.

Un homme en costume de marin courait de toute sa force le long du talus. Toto et Jean Touril entendirent relever le chien d'un fusil ; un coup partit. L'homme dégringola dans le fossé, mais il se releva d'un temps et poursuivit sa course.

Jean Touril s'était jeté à plat-ventre ; le monteur se blottissait entre deux branches d'ajonc.

Dieu merci ! la Morgatte avait, cette nuit, des coups de fusil à revendre !

— Je l'ai touché ! s'écria Gandeau.

— Bast ! fit le brigadier, le voilà qui court là-bas sur le ras comme un lièvre !

Les douaniers s'ébranlèrent tous ensemble.

— Hardi ! monsieur Antoine, pensait Toto Gicquel dans son trou ; vous avez de l'avance. Piquez vers les taillis et ils en seront pour leur peine !

L'homme en costume de marin avait déjà passé la lisière des taillis.

Jean Touril se releva et regarda ses genoux.

— Quant à cela grommela-t-il, c'est une culotte perdue. Les gabelous y vont comme des enragés ! J'aimerais mieux être dans mon lit qu'ici... Où va Antoine ? au château ? à la Maison ?... Quoi donc ! La vieille dame a eu autant d'émétique et de sangsues que si les baudets à diplôme lui avaient fait un mémoire de mille écus. Si cet Antoine va à la Maison, c'est bien ; il ne nous gênera plus.

— Hein ! s'interrompit-il ; ces idées qui leur poussent... Elle veut être marquise !

Ce fut le dernier mot que le monteur entendit. Les douaniers étaient loin. Toto Gicquel se coula le long du fossé puis il prit au travers de la lande, laissant le reboutoux derrière lui. Toto avait fait ce qu'il avait pu pour saisir le sens du monologue de son seigneur, mais Jean Touril qui parlait pour lui-même procédait par ellipses. Toto devinait seulement qu'il y avait une trame ourdie pour s'emparer de l'héritage d'Antoine Rostan, marquis de Maurepar.

Toto avait reconnu le jeune marquis au moment où celui-ci perdait l'équilibre sur le talus. La pauvre tête de Toto travaillait ; il pensait que les douaniers avaient assailli le Trou-aux-Mauves. En tout cas, sa mission changeait d'objet, car il ne pouvait plus envoyer Victoire à la grotte. S'il continuait sa route vers la Maison, c'était pour avertir le grand Rostan des dangers que courait son cousin à la mode de Bretagne. Le grand Rostan passait pour un mauvais sujet ; mais qu'importe cela quand il s'agit de vie et de mort ?

Il y avait à l'extrémité de la lande, vers les taillis de Maurepar, un petit sentier qui servait de traverse pour aller, du Tréguz et de la Maison, à la ville de Matignon. Toto prit ce sentier et s'enfonça dans les taillis. La nuit était si profonde sous le couvert qu'on ne voyait pas à deux toises devant soi. Toto songeait aux gabelous : il avançait avec précaution.

— Béni Jésus ! fit-il en s'arrêtant tout à coup et en prêtant l'oreille, est-ce que j'aurais de la chance une fois dans ma vie ?

On causait à quelques pas de là dans le sentier : un homme et une femme. Toto avait cru reconnaître la voix du grand Rostan qu'il cherchait. Et son cœur battait, parce que la compagne du grand Rostan pouvait bien être Victoire.

Toto écouta, plein d'espoir, mais, aux premiers mots qu'il entendit, un frisson lui parcourut le corps.

— Parbleu ! disait la voix de femme, les douaniers

font leur ouvrage, et vous n'avez rien à perdre puisqu'ils vous ont pris votre dernier chargement tout entier.

Rostan, c'était bien lui, répliqua :

— Ils sont la cause que je coucherai demain à la belle étoile, comme un chien sans maître. Je réglerai mon compte avec eux quelque jour !

La crosse d'un fusil heurta le sol pierreux.

— C'est avec l'espion qu'il faut régler votre compte, François, mon pauvre François ; dit la voix de femme.

— La Morgatte ! fit Toto Gicquel, qui se prit à ramper derrière les buissons pour se rapprocher d'autant et entendre mieux.

— Qui est l'espion ? demanda le grand Rostan.

— Les denteliers ne vous l'ont-ils pas dit ? Le patron Sulpice est à Jersey avec le petit marquis pour rire, qui va hériter de sept cent mille francs.

— Sept cent mille francs ! répéta le hobereau en poussant un gros soupir.

— Le patron Sulpice, poursuivit la Morgatte, savait toujours quand votre lougre chargeait à Aurigny ou à Guernesey. Demandez aux denteliers ! et les gabelons étaient toujours prévenus à l'avance. Est-ce que vous lui aviez fait quelque chose à ce Sulpice ?

Le don Juan campagnard eut un rire épais.

— Je ne sais trop, répondit-il, je crois qu'il avait une jolie femme.

Il y eut un silence. La Morgatte ne pouvait pas le mettre en colère ce soir : son abattement l'engourdissait.

— Allons ; laissez-moi passer, ma belle fille, reprit-il avec une nuance de tristesse dans la voix ; Madeleine m'a envoyé un petit gars à la ville pour me dire que les douleurs la prenaient. Elle fait bien d'accoucher cette nuit, la pauvre chérie.

— On vendra donc demain, décidément ?

— Décidément... A moins que vous ne me prêtiez de l'argent, ma belle Astrée.

— Pourquoi non? prononça tout bas la Morgatte.

Le grand Rostan voulut rire encore, mais ce n'était pas de bon cœur. Quand le désespéré s'est endormi dans l'apathie, l'espoir qui essaie de naître est comme le premier effort de la vie revenue dans un membre paralysé. C'est une douleur.

La Morgatte lui prit le bras et dit avec un accent de tendresse que Toto Gicquel ne lui connaissait point :

— Ah! mon pauvre grand François! ce n'est pas l'envie de vous sauver qui me manque.

— C'est le pouvoir, fit Rostan.

— Si seulement vous aviez le courage de vous aider vous-même! soupira la Morgatte.

— Voyons, Astrée! s'écria le hobereau, laissez-moi passer. Il me semble entendre les cris de Madeleine.

— Vous l'aimez, celle-là! Rostan, Rostan, Madeleine peut attendre encore. Donnez une minute à votre salut!

Toto Gicquel put ouïr comme un bruit de lutte.

— Si vous m'arrêtez plus longtemps, s'écria le grand Rostan que son naturel reprenait, je vais vous embrasser, ma belle Astrée!

— Embrassez-moi, François, et restez!

— Oh! la couleuvre! pensa le monteur dont les poings se crispaient.

Un rude baiser retentit dans la nuit. Puis Rostan reprit :

— Madeleine est toute seule.

— N'a-t-elle pas sa servante Renotte?

— Renotte est sourde et bien vieille.

— N'a-t-elle pas sa sœur Victoire?

— Avez-vous remarqué comme celle-là est changée ? demanda tout à coup Rostan.

Astrée se mit à rire.

— La vipère ! gronda le pauvre monteur.

— Soyez tranquille, François, mon ami, reprit Astrée ; la petite Victoire sait maintenant ce qu'il faut aux femmes en couche.

Rostan lâcha un juron, puis il dit :

— Je n'ai plus le cœur de me fâcher pour cela. Laissez-moi passer.

— Non, repartit Astrée qui frappa du pied, je ne vous laisserai point passer. Votre bonheur et votre malheur sont dans la balance cette nuit. Ma marraine est morte.

Le monteur tressaillit, puis se signa.

— Ah ! fit Rostan d'une voix sombre, s'il n'ont pas manigancé quelque diablerie, j'aurai moitié par ma femme.

— Moitié de quoi ?

— L'argent peut être loin, mais le château ?

— Le château est de l'argent depuis un mois.

— Les voleurs ! les bandits ! s'écria le hobereau ; la loi était pour nous !

Ils caressent tous la loi quand par hasard la loi les sert.

— Ont-ils tout emporté ? demanda-t-il en ôtant sa casquette pour essuyer la sueur de son front.

— Viens avec moi, tu le sauras, répondit Astrée.

C'était la première fois qu'elle le tutoyait.

— Tu veux me damner cette nuit, la fille ! dit le hobereau ; j'ai peur de toi.

Astrée se pendit à son cou.

— Ah ! François, mon pauvre homme ! s'écria-t-elle, si tu n'étais pas si malheureux, je te dirais...

Elle s'arrêta court. Le grand Rostan attendait.

— Quelque mensonge? acheva-t-il; tiens, écoute ! tu savais tout ; tu ne m'as rien dit. Maintenant, tu as besoin de moi, et je ne devine pas pourquoi... Le Jean Touril ne peut donc pas faire ton affaire?

— Le Jean Touril, répliqua la Morgatte, comme si elle eût laissé échapper un secret, a quelque part, dans sa marmite de terre, assez de louis d'or et de pièces blanches pour empêcher ta maison d'être vendue.

— Et me les donnera-t-il?

— Si je veux.

— Pourquoi le voudrais-tu ?

Le monteur entendit bien qu'Astrée sanglotait.

— La Morgatte ! fit-il entre ses dents serrées; elle ne le lâchera pas?

— Pourquoi je le voudrais ? répétait Astrée ingrat! ingrat ! Pour qui ai-je travaillé depuis un an la nuit et le jour ?

— Quant à cela, vons m'avez donné de bons conseils, parlons-en, ma poule! Ils m'ont coûté mes derniers écus.

Astrée le repoussa violemment.

— Est-ce ainsi, François? dit-elle ; allez chez votre femme, allez !

Toto Gicquel respira.

Mais maintenant qu'on le chassait, le grand Rostan n'était plus déjà si pressé de partir.

— Je vous avais choisi, continua la Morgatte, pour vous faire riche, puissant, heureux.

— Etes-vous donc une fée? interrompit Rostan qui capitulait.

— Vous ne voulez pas, acheva la Morgatte; vous êtes libre. Ce qu'on dit dans le pays sur votre femme Madeleine n'est peut-être pas vrai, car le monde est si méchant...

— Que dit le monde ?

— Allez, allez vers votre femme.

Rostan ne bougeait pas.

— Astrée, prononça-t-il à voix basse, je suis à cette heure où l'on se donne au diable. Antoine est ici, répondez franc ?

— Antoine est ici, répliqua la Morgatte sans hésiter.

— L'argent de la succession n'a point passé hors du château...

— Peut-être dites-vous vrai.

— Vous connaissez la cachette ?

— J'espère la trouver.

— Donnez-moi une heure pour voir ma femme, et je reviens.

— Je ne vous donnerai pas une minute.

— Laissez-moi seulement déposer mon fusil à la Maison.

— Je ne voudrais pas de vous sans votre fusil !

Ceci fut prononcé résolument. Il y eut un long silence durant lequel on put entendre la respiration oppressée du viveur campagnard.

Toto Gicquel tremblait de tous ses membres.

— Où voulez-vous me conduire ? demanda enfin le grand Rostan.

— Au château, dans ma chambre.

— Serons-nous seuls ?

— Tout seuls...


Victoire n'avait plus sa mante. Ses cheveux mouillés tombaient en désordre sur son fichu blanc, pauvre belle dentelle qu'Antoine lui avait apportée un soir au rendez-vous.

Elle l'avait mise justement aujourd'hui, cette dentelle,

parce qu'elle pensait qu'Antoine allait revenir. Avant de la mettre, elle l'avait baisée.

Douces heures et cher souvenir! Je crois qu'en la donnant, on avait pris en échange le premier baiser.

Sait-on ce que l'avenir réserve quand le sein bat, quand le cœur déborde! Sait-on? Le bonheur mêle le sourire avec les larmes. Peut-on deviner la détresse au seuil de ce paradis d'amour?

O Seigneur! elle avait péché, l'enfant faible et trop aimante; elle n'avait pas pu retenir son âme qui s'élançait vers lui, vers lui tout tremblant aussi et tout pâle, vers lui que le jeune amour domptait comme elle et qui était à genoux avec des larmes plein les yeux.

Et maintenant, elle s'en allait toute seule dans cette nuit sombre et désolée. La petite Marie, enveloppée dans les plis de sa mante, l'enfant d'un jour, l'ange adoré, l'espoir du long hymen, elle l'avait laissée sous le chêne de Saint-Cast. La chèvre était gardienne. La résine allumée aux pieds de la Sainte Vierge disait aux passants: Chrétiens, adoptez l'orpheline.

Elle s'en allait, chancelante, ivre d'angoisse, la tête penchée, les yeux noyés.

— Adieu, Marie, ma pauvre joie! Adieu, ma petite fille! Pour qu'ils aient pitié de toi, il faut que je meure!

Une fois, le pâtour Sulpice, content et fier d'avoir été choisi, lui avait apporté en secret un collier de grains d'or qui venait de l'exil. Le collier était béni: il avait les cinq dizaines du chapelet et la croix. Victoire, avant de donner à l'enfant le dernier baiser, lui avait mis au cou le collier de grains d'or: c'était comme la bénédiction posthume de son père.

Car il était mort, hélas! le père! lui, si jeune, lui, si fort. Seigneur! Marie entrait dans la vie parmi les désespoirs et bien abandonnée. Une mère, une mère pour elle!

Une mère pour elle, bonne Vierge!

La route descendait de Saint-Cast à la plage. Victoire avait laissé la petite fille endormie. Quand elle n'entendit plus la chèvre bêler, elle pressa le pas.

Les larmes l'empêchaient de voir sa route, mais elle ne se trompait point de chemin. Quelque chose l'entraînait. Elle entenbait au loin le bruit sourd de la mer. Cette voix l'appelait.

Et, sans savoir, elle répétait les litanies commencées en quittant le Trou-aux-Mauves :

— Sainte Marie, priez pour nous, Vierge des vierges, vierge clémente, vierge fidèle, priez pour nous!

Quand elle était tout enfant, par une belle matinée d'automne, son père s'habilla pour la chasse. Son père avait dit : Mon neveu Antoine va venir. Toute la maison était en l'air. Antoine de Maurepar représentait la branche aînée. Victoire avait presque peur. Elle le vit si doux et si timide qu'elle monta sur ses genoux. Son père lui demanda : Veux-tu que mon neveu Antoine soit ton petit mari?...

— Sainte mère de Dieu, priez pour nous! Mère très-pure, priez pour nous. Mère de la grâce divine, priez pour nous! Mère du Créateur, mère du Sauveur, mère admirable, mère aimable, priez, priez pour nous!...

En la ville de Dinan, toutes les jeunes filles parlaient de lui. Ce n'était pas parce qu'il était riche. Non, certes. Déjà, dans ce temps-là, Victoire était heureuse quand elle entendait prononcer son nom. Elle pleura un jour en cachette parce qu'on avait dit que Madeleine serait sa femme.

Ce fut lui qui vint dans la maison en deuil après la mort du vieux comte. Il trouva les deux pauvres filles en larmes et il pleura entre elles deux. Il les pressa contre son cœur en disant : Ma mère sera votre mère. Victoire se souvenait bien qu'au milieu de sa douleur navrante un souffle de joie lui avait réchauffé l'âme.

Mais à quoi bon les souvenirs? Sur la route où elle était, la prière, la prière !

— Mère immaculée, priez pour nous! Miroir de la justice et siége de la sagesse, priez pour nous! Cause de notre allégresse, priez pour nous, vase d'esprit, vase d'honneur...

Au château, ç'avaient été des jours tranquilles et tristes. Les deux sœurs portèrent la robe noire pendant un an. La vieille dame aimait mieux Madeleine, qui était la plus belle. Astrée faisait pleurer Victoire en lui disant : Tu es trop petite, ta sœur sera la marquise. Victoire répondait : Que ma sœur soit heureuse, moi, j'irai au couvent.

Ah! il fut bien près de l'aimer, Madeleine! Victoire était trop petite. Mais Madeleine fut enlevée par le grand Rostan.

— Seigneur et vous Sainte Vierge, donnez-lui vos consolations en ce monde... Madeleine, ma sœur! tu vas être seule à pleurer maintenant!

Victoire s'arrêta pour s'appuyer, défaillante, au tronc d'un pommier.

— Madeleine se dira, reprit-elle : C'est pour cela qu'elle m'embrassait si fort hier au soir.

La mer était proche désormais ; c'était le dernier champ avant la plage. Victoire poussa un long soupir et continua sa route en psalmodiant à haute voix :

— Rose mystique, priez pour nous! Tour d'ivoire, priez pour nous! Tabernacle d'or, priez pour nous! Arche d'alliance, porte du ciel, priez pour nous !

Quand il revint après la guerre, Victoire était grande.

Il sourit en la voyant et lui dit :

— Comme vous voilà embellie, ma cousine !

C'était la dernière haie que Victoire venait de franchir.

Le vent du large souleva jusqu'à ses lèvres la broderie qu'Antoine lui avait apportée d'Angleterre. Elle s'arrêta encore.

Son cœur battait.

Elle voyait devant elle la mer immense.

— Etoile du matin, dit-elle en levant son regard vers le ciel, priez pour nous !

Le ciel avait un large voile noir.

Un sanglot brisa la poitrine de la pauvre Victoire, qui tomba sur ses deux genoux.

— Mon Dieu ! mon Dieu ! balbutia-t-elle, je n'avais pas seize ans, il m'aimait... il souffrait... mon Dieu ! ne me punissez pas au-delà des bornes de cette vie : je vais à lui, ne l'éloignez pas de moi !

Elle se releva. Ses pieds frémirent en touchant le sable de la grève.

Elle murmurait :

— Salut des faibles, priez pour nous ! Refuge des pécheurs, priez pour nous ! Consolatrice des affligés, priez pour nous !

Elle distinguait déjà la ligne courbe et brillante que l'écume du flot marque sur la plage. Au bout de quelques pas, les roches démasquèrent le phare.

Vous l'eussiez vue alors, blanche comme une statue d'albâtre, les cheveux au vent, les bras croisés sur sa poitrine, descendre vers l'eau lentement.

Elle ne s'arrêta point, quand le froid du flot se fit sentir à ses pieds.

— Secours des chrétiens, priez pour nous, reine des anges !...

Le phare subissait son éclipse périodique. Quand il reparut, elle avait de l'eau jusqu'au sein.

Elle leva ses deux mains jointes et marcha encore.

— Sois heureuse, Marie, ma petite Marie !...

Le poids de la lame la fit chanceler : l'eau touchait son menton et les boucles de ses cheveux flottaient. Le phare s'éteignit de nouveau. Quand il se ralluma, la vague roulait son écume blanche et uniforme.

## IX

### LA LOGE DU PATOUR.

Toto Gicquel, le pauvre monteur, était resté tout interdit à la même place. Il écoutait les pas d'Astrée et du grand Rostan qui s'éloignaient dans le taillis. Sa tête en ce moment n'était pas bien saine ; il se perdait dans le chaos des pensées qui assiégeaient son esprit. Cette Morgatte était le démon ; elle avait pris François Rostan par ses passions brutales ; elle l'entraînait vaincu et damné. Pourquoi faire ? Quelque chose de terrible allait se passer. Une sorte de tempête morale était déchaînée cette nuit. Rostan et la Morgatte au château qui n'avait plus de maître ; à la Maison, Madeleine et Antoine ; Victoire, hélas ! Dieu sait où !

Les douaniers à l'affût, le patron Sulpice, forcé de traverser encors une fois la lande où Jean Touril rôdait comme un loup-garou....

Il y avait sept cent mille francs qui semblaient être

l'enjeu de cette effrayante partie. Toto Gicquel ne se faisait pas certes une idée bien exacte de pareille somme, mais enfin, c'était pour lui tout l'or du monde, et cela suffisait.

Que résoudre? Le monteur avait bonne volonté de faire le bien et de s'opposer au mal, mais il ne savait pas. Suivre à la piste Astrée et François Rostan? A quoi bon? Rostan avait son fusil à deux coups. Courir à la Maison! N'était-ce pas jeter le jeune marquis dans le péril? Mieux valait le tenir éloigné du château. — Prévenir les douaniers qui étaient, au demeurant, de bonnes âmes? Ceci aurait peut-être été le plus sûr, mais les populations riveraines gardent rancune aux gabelous. Toto Gicquel n'avait point confiance. D'ailleurs, une condamnation capitale pesait sur Antoine Rostan de Maurepar.

Le monteur eut une idée. Il sauta sur ses pieds lestement.

— Je vais courir jusqu'à l'anse du Tréguz, se dit-il, et j'aborderai la barque de mon cousin Roblot à la nage.

Roblot était un marin fini. Roblot chantait *mignonnement* toute sorte de chansons; Roblot devait être, pardieu, un homme de bien bon conseil. Sans compter qu'il était dévoué au patron Sulpice corps et âme.

Toto reprit donc à la main ses sabots et détala dans le taillis comme un lion; chemin faisant, il se disait:

— J'entrerai en passant à la bergerie et je ferai au petit la commission de son père.

Cette idée en amena une autre.

— Le petit a de l'esprit comme quatre, se dit Toto Gicquel; il verra clair peut-être où je n'y vois goutte.

En quelques minutes, le monteur eut atteint le hameau du Tréguz. On dormait déjà dans les maisons. La bergerie était au-delà du village, entre les derniers feux et la falaise : bonne place pour les moutons. C'était un grand hangar en méchant état et un parc fermé par des murettes en pierre sèche. Au-devant des hangars, le berger ou pâtour avait sa demeure.

La loge du pâtour du Tréguz n'était pas beaucoup plus haute ni plus large que celle de Toto Gicquel ; mais elle avait une bonne couverture en ardoises et une fenêtre vraiment où vous auriez pu passer votre tête. La fenêtre était sur gonds et portait quatre carreaux œillés que le petit Sulpice nettoyait chaque samedi soir pour les voir propres le dimanche. Tout était net et reluisant à l'intérieur de la loge : les murailles, la table, les bancs, le coffre ou bahut et le lit. Il n'y avait pas autre chose, sinon une tuile à galette (1) et deux billots de bois brut sous le manteau de la cheminée.

Nous aurions tort d'oublier pourtant deux ornements bien chers au petit pâtour : la légende du Juif errant et la complainte d'Henriette et Damon, fixées toutes deux par de grosses épingles à la muraille.

Sur la table était une bombarde, sorte de haut-bois bas-breton un peu pointu et nasillard, dont le petit Sulpice jouait en maître, et le tome dépareillé de la *Maison rustique* où il apprenait à lire.

Nous pénétrons chez le pâtour du Tréguz un peu avant l'arrivée de son camarade Toto Gicquel. Il était gai comme pinson. Il avait ôté son vestaquin de toile feutrée que les paysans de l'Ille-et-Vilaine et des Côtes-du-Nord appellent du firparant (fil réparant) (2), et faisait joyeusement la cuisine. Le patron avait eu tort de

---

(1) Plaque ronde de tôle qui sert à cuire les galettes ou crêpes de blé noir.

(2) Parce que le fil *reparait* à la longue sous le feutre usé.

lui envoyer un messager pour recommander la soupe : le petit Sulpice songeait à tout.

Il y avait une marmite à la crémaillère et de la pâte de blé noir dans la jatte de bois. Sur la tuile, une bonne galette cuisait, emplissant l'air de fumée appétissante. Le sel était là dans son verre cassé, le beurre fort dans la tasse blessée, puis guérie. Le *chanteau* de pain durcissait sur la huche auprès d'un carré de lard brun. La cruche au cidre était pleine, et dans un tesson de bouteille quatre sous d'eau-de-vie attendaient l'heureux patron.

Là-bas, on a pas mal d'eau-de-vie pour quatre sous. Elle est très-forte et détestable.

Où le petit pâtour s'était procuré les éléments d'un pareil festin de Balthasar, voilà le secret. Mais il avait tant d'esprit et il aimait tant son père !

Il guettait la galette sur la tuile. Guetter est le terme. Le goût de la fumée lui disait quand il fallait la tourner ! La galette enlevée se replaçait sans un pli sur la tuile. Ah ! le joli petit gars !

Randonneau, le chien sérieux et affairé, n'avait rien à voir ici. Randonneau le comprenait bien, car il fourrait ses pattes de devant dans les cendres et sommeillait tout doucement sans inquiéter une demi-douzaine de moutons favoris qui mangeaient l'herbe fraîche à l'autre bout de la chambre. Ils se pressaient en rond autour du tas d'herbes. Quand l'un deux était évincé par les mouvements de ses collègues, il continuait de mâcher à vide, patiemment, jusqu'à ce qu'un autre mouvement lui eût rendu sa place. Le chien Randonneau respectait ces six moutons courtisans, plus blancs que neige ; il ne les mordait jamais qu'en l'absence du pâtour.

Quand la galette fut retournée, le petit Sulpice, ayant du temps à lui, s'occupa de la marmite. Il y plongea une cuillère de bois, laissa refroidir et goûta. Il eût une grimace de cuisinier satisfait et alla prendre le carré de lard. Le lard ne doit point trop cuire, sous peine de perdre tout son sel. Sulpice le mit dans les choux et sauta vers la table pour baiser un peu la lettre de son père, ouverte auprès du bouquin.

— L'an prochain, se dit-il, je lui écrirai, pour sûr ! Ce n'est pas difficile d'écrire, quand une fois on sait lire comme il faut. Sera-t-il content, le bon père, quand il verra mon nom au bas d'une page !

— Ah ! ah ! interrompit-il, cela marcherait plus vite si je pouvais aller à l'école... Mais qui garderait les moutons ? On m'a dit l'histoire d'un berger qui était devenu savant tout seul.

Il tira de sa poche un objet qu'il se mit à considérer attentivement aux lueurs sautillantes de la résine. C'était une petite boîte ronde en cœur de poirier tourné. Les matelots ponantais en ont souvent de semblables pour serrer leur chique (révérence parler). Mais les boîtes des matelots ponantais n'ont point les charmantes ciselures qui ornaient le couvercle de la boîte du petit Sulpice. On y voyait le château de Maurepar avec son corps de logis trapu, flanqué de quatre tourelles rondes, aux grands toits coniques, aigus comme des lardoires ; les deux ailes en retour, inégales et formées de bâtiments surajoutés de siècle en siècle ; le perron d'aspect seigneurial, le saut-de-loup et la grille, soutenue par deux pilliers coiffés de pots à feu. On distinguait parfaitement les fenêtres à trèfle du rez-de-chaussée, les croisées plus modernes du premier étage et jusqu'aux goules ailées qui servaient de girouettes.

Le petit Sulpice regarda cela.

— Le père va peut-être me gronder, pensa-t-il : mais je lui dirai que c'est un état.

— Voilà! interrompit-il en fourrant la boîte dans la poche de son pantalon, si j'avais un meilleur couteau, ça serait plus présentable.

Si l'armurier de Saint-Malo avait vu la boîte, il aurait proposé plus de quarante francs par mois au petit Sulpice. La boîte était un vrai chef-d'œuvre de patience et d'adresse.

Il fit un saut et baisa sa lettre avec un bon gros bruit de lèvres.

— J'aimerais mieux être savant que de tailler du bois, reprit-il, mais je veux que le père soit riche sur ses vieux jours. Puisque je suis pâtour du Tréguz, il me faut les bissacs d'écus! Jésus Dieu! serait-il heureux, le père, dans une bonne maison, quand il n'ira plus sur l'eau! une maison qui aurait des chambres, en veux-tu en voilà, et du papier sur les murailles, et une basse-cour, et des armoires d'attache, et tout!

Il fit un saut encore, un saut plus haut que celui qui cassa le pot au lait de la laitière.

Rien ne fut cassé, mais une fumée épaisse le prit à la gorge.

La galette avait brûlé.

Le pâtour en jeta les débris à Randonneau qui ne les dédaigna point, et versa une nouvelle couche de pâte sur la tuile. Pendant qu'il l'égalisait avec la ratissoire de bois dont le nom technique est *rouable*, il entendit un bruit de pas au dehors.

Pour le coup, le sort de la galette fut à la grâce de Dieu. Le pâtour s'élança vers la porte comme un petit fou et l'ouvrit toute grande. Randonneau ne put faire moins que de se mettre sur ses pattes en grognant. Les six moutons, bêtes justes et flegmatiques, s'entreregardèrent avec leurs gros yeux chargés de sommeil; ils continuèrent de mâcher longtemps et toujours avec le même plaisir, bien qu'il n'y eût plus d'herbe dans leur gueule.

— Arrivez, père, arrivez ! s'écria le pâtour sur le seuil ; arrivez, arrivez vite ! ah ! vous ne me prendrez plus dans vos bras comme un enfant ! Père, bon père, je reconnais bien votre pas ! Vous n'avez pas de galoches, vous !

— Ton père n'est pas près de venir, répondit Toto Gicquel en remettant ses sabots.

Sulpice frappa du pied avec dépit.

— Je t'avais oublié, dit-il ; je n'ai pas besoin de toi ce soir.

Nous savons que le pauvre monteur venait remplacer le pâtour, pendant que celui-ci s'en allait à la Maison bercer la petite fille de Madeleine. Il fallait toute la mauvaise humeur inspirée à Sulpice par le retard de son père pour qu'il reçût ainsi Toto Gicquel.

Mais celui-ci ne s'en aperçut point. Il entra dans la loge sur les pas de Sulpice et ferma la porte derrière lui. Randonneau se rangea d'un air rogue pour lui faire place au feu. Toto s'assit sur un des deux billots et mit tout de suite sa tête entre ses mains.

— Qu'as-tu ? demanda le petit Sulpice déjà repentant, est-ce que je t'ai fâché ?

— Non, non, répondit le monteur ; ce n'est pas ma faute si je ne suis pas venu à l'heure ordinaire.

— Puisque je te dis que je n'ai pas besoin de toi, vieux. Quand même tu serais venu depuis deux heures, je n'aurais pas pu aller endormir Irène. J'attends le père.

— Pour sûr et pour vrai, grommela le monteur, il y en aura plus d'un qui se souviendra de cette nuit !

Il découvrit son visage et le pâtour recula en disant :

— Comme te voilà blême !

— Je ne viens pas de la noce, répliqua Toto Gicquel qui essaya de sourire.

Mais, quoiqu'il fût tout près du feu, il grelottait bien fort.

— Tu as les fièvres, mon pauvre gars, fit le pâtour en se rapprochant de lui.

Toto Gicquel secoua la tête.

— J'ai vu ton papa, dit-il ; ah ! Seigneur Dieu ! quelle nuit !

Sulpice resta bouche béante.

— As-tu du mal à m'annoncer? murmura-t-il en devenant plus pâle que le monteur lui-même.

— Du mal ? répéta ce dernier ; sait-on ce qui arrive ?... Le patron Sulpice se portait bien quand je l'ai vu.

— Quand l'as-tu vu?

— Il n'y a guère qu'une heure.

— A-t-il couru quelque danger depuis ?

Toto Gicquel ne répondit pas tout de suite.

— On ne sait pas, je te dis qu'on ne sait pas ! s'écria-t-il en se frappant le front à coups de poing. La tête déménage. Le patron a donné l'avoine à Bijou, pauvre bête et il est parti...

— Pour où? interrompit le petit Sulpice, dont la figure intelligente et grave contrastait avec le visage bouleversé de son compagnon.

— Il n'a pas osé aller au château, reprit celui-ci au lieu de répondre ; ceux qui sont au château ne lui veulent pas de bien. Je vas tout te dire, petit, parce que tu es plus fin que moi et que tu sauras peut-être ce qu'il faut faire.

— Dis-moi tout, répliqua le pâtour, qui vint s'asseoir auprès de lui.

D'habitude, le monteur de Fréhel n'était pas un orateur, mais il arrivait, en parlant simplement et posément, à rendre sa pensée. Aujourd'hui, ses idées se mêlaient si violemment dans sa cervelle que sa parole devait s'en ressentir.

— Quoi donc, fit-il, c'est pour les sept cents francs qu'ils courent cette nuit, tous, tant qu'ils en sont...

— Quels sept cents francs, mon gars?

— Ah! ne me coupe pas ou bernique!... Sept cents francs! Où as-tu vu ça! Sept cent mille francs, je te dis! J'étais au bas du talus quand les gabelous ont tiré sur M. Antoine. Jean le reboutoux riait comme un païen...

Il ôta son bonnet de laine pour passer la main sur son front.

— Voilà donc qu'est bon! reprit-il, employant sans le savoir le terme consacré pour les récits des veillées; j'y suis. Le grand Rostan ne voulait pas aller avec la Morgatte, car il a encore un petit peu de cœur. Elle lui a dit comme ça : Ta Madeleine n'est pas toute seule, elle a Victoire...

— Parce que, s'interrompit ici le monteur, Madeleine est pour accoucher cette nuit, et que le grand Rostan disait : Elle n'a que Renotte qui est sourde. Mais la Morgatte sait bien qu'à l'heure qu'il est Madeleine a de la compagnie...

— Victoire? dit le pâtour.

Toto Gicquel tira de sa poche un lambeau de toile à carreaux et s'essuya les yeux.

— Ce n'est pas le vent qui chante les litanies! s'écriat-il en pleurant à chaudes larmes; je ne voulais pas t'en parler, de celle-là... M'est avis que tu l'aimais encore plus que sa sœur Madeleine.

— Toutes deux de même... après?

L'œil du pâtour, avide et grand ouvert, interrogeait Toto Gicquel.

— J'ai rêvé qu'elle était morte... balbutia celui-ci en baissant les yeux.

Sulpice se leva tout droit.

— Morte! répéta-t-il, mam'zelle Victoire! Mon père sait-il cela?

— Mais comment serait-elle morte! se reprit-il; tu es fou.

— Qu'est-ce que ça me ferait d'être fou? répliqua le monteur avec lassitude; si je suis fou, tant mieux!

— Mais pourquoi dis-tu que mam'zelle Victoire est morte?

— Je suis ivre, mon petit gars, et je n'ai pourtant rien bu.

Il repoussa du bout de son sabot les tisons qui charbonnaient dans le foyer. Le cœur de Sulpice était serré; ses mains se glaçaient et ses tempes brûlantes battaient sous ses cheveux.

— Ce n'est pas cela que je voulais te dire, poursuivit Toto Gicquel après un silence; tu m'as coupé. Où en étais-je! Ah! j'avais donc idée de descendre à la grève et de rejoindre à la nage le bateau où mon cousin Roblot attend ton père et M. Antoine.

— Les douaniers sont sur la grève, objecta Sulpice; les frères Jolyot ont tenté un débarquement de porcelaines et de dentelles. Tu n'as donc pas entendu les coups de fusil?

— Mes oreilles en tintent... mais il y en aura d'autres avant le jour.

— Et que voulais-tu dire à Roblot?

— Je voulais qu'il me cherchât un moyen, car moi je n'en trouve pas, un moyen de sauver M. Antoine et ton père.

Le petit Sulpice ne bougea pas. On eût pu voir seulement un flux de rouge monter à son front, après quoi sa pâleur devint plus mate.

— Calme-toi un petit peu, mon gars, prononça-t-il résolûment, tu ne m'as pas encore appris quel danger courait mon père.

— Ah! fit Toto Gicquel étonné; qu'ai-je donc dit depuis le temps? C'est ton papa qui doit apporter les sept cent mille francs.

Sulpice aurait voulu interroger, mais il avait peur de rompre encore le fil.

Il se tut et fit bien. Le monteur poursuivit :

— Elle a fait le diable pour que le grand Rostan ne rentrât point à la Maison. Il lui a dit : Laissez-moi seulement me débarrasser de mon fusil. Elle a répondu : Sans ton fusil, tu ne me vaudrais de rien.

— La Morgatte?

— Et qui donc? Ils étaient tous deux dans le taillis. La Morgatte lui a parlé de Jean Touril et de la marmite où il met ses écus. Rostan est ruiné...

— Tiens, petit! se reprit-il tout à coup en se levant à son tour; j'aurais dû les suivre au château. C'est là seulement qu'on peut savoir pourquoi la Morgatte a besoin du fusil double du Grand-Rostan!

Le pâtour mettait vivement sa veste de toile feutrée. A travers ce nuage confus, il avait vu une lueur.

— Reste ici, di-il d'un ton de commandement, éteins la résine et fais le mort. Si les douaniers frappent à la porte, ne réponds pas. Quand le père viendra, s'il arrive avant moi, ferme bien la bergerie et prends les devants pour éclairer sa route jusqu'à la grève. Je me charge de M. Antoine, car le père ne me pardonnerait pas s'il lui arrivait malheur. Toi, tu me réponds du père!

— Où vas-tu, petit?

— Au château.

Comme il s'élançait vers la porte, Randonneau voulut le suivre.

— Attache-le, dit Sulpice au monteur.

Et il partit.

Heureusement que Toto Gicquel avait eu le temps de passer le collier au cou de Randonneau, qui se prit à aboyer comme un furieux.

Sulpice frappa contre les carreaux au dehors et dit :

— A bas !

Randonneau mit son museau contre terre et se tut.

Les six moutons favoris continuèrent de consommer honnêtement leur tas d'herbe.

Toto éteignit la résine et se rassit sur le billot au coin du foyer.

En moins d'un quart d'heure : le pâtour du Tréguz fut dans le taillis où avait eu lieu l'entretien du grand Rostan et de la Morgatte. C'était un enfant, il est vrai, mais son âme était déjà forte. La solitude avait développé la vaillance calme de sa nature.

Tout en marchant, ou plutôt en courant, il réfléchissait.

La Morgatte et le grand Rostan avaient beau jeu contre un proscrit.

Rostan et la Morgatte n'avaient pas précisément le même intérêt. Il suffisait à Rostan que l'héritage de la douairière restât en France. La loi, dépouillant le mort civil, donnait la succession aux collatéraux : Madeleine et Victoire héritaient tout naturellement, et le grand Rostan redevenait riche.

Mais la Morgatte !

Peu lui importait à elle que l'héritage passât en Angleterre, ou tombât entre les mains des deux filles du comte.

Comment allait-elle s'y prendre pour réduire à l'état

d'instrument criminel un homme qui pouvait attendre et s'abstenir ?

L'enfant a beau être intelligent et précoce, il ne devine presque jamais le magique pouvoir de la passion.

Ici, un homme eût hésité peut-être autant que l'enfant, car chacun savait bien que le grand Rostan, malgré sa conduite dissolue, était très-amoureux de sa femme Madeleine.

En approchant du château, Sulpice, le pâtour, se sentait le cœur plus triste. Il avait froid dans les veines. C'était une demeure mortuaire qu'il allait aborder ; il se figurait le grand silence, les salles lugubres et vides, les valets muets et mornes assemblés en cercle dans le vestibule où le cercueil attendait déjà peut-être.

Dans le maître-escalier, des cierges avec l'eau bénite au fond du vase d'argent ; dans la chambre de la morte des cierges encore et la tenture blanche semée de larmes noires.

Il avait besoin de tout son courage pour avancer. Il était Breton, et ses solennités qui accompagnent la mort font toujours une impression profonde sur les gens de Bretagne. La poésie locale est là. Les poëtes bretons sont les chantres du deuil.

Quand Sulpice aperçut pour la première fois, à travers les branches, les fenêtres éclairées du château, un frisson courut dans sa chair. Il s'arrêta malgré lui.

Le château de Maurepar était une grande et massive construction dont les premières assises dataient du seizième siècle, mais qui s'était accrue successivement comme la famille de Rostan elle-même, et qui présentait dans ses diverses parties les caractères de cinq ou six genres d'architecture. Les ailes étaient énormes par rapport au corps de logis, gros cube de maçonnerie, gothique au rez-de-chaussée et renaissance dès le premier étage.

Depuis la fin du règne de Louis XV, la famille de Rostan avait été s'amoindrissant toujours.

A partir de la révolution, ce fut une maison riche, mais rangée irrévocablement parmi la noblesse campagnarde.

En 1820, on abandonna les deux ailes. Le corps de logis, réparé, servit seul à la demeure de la famille.

Ce fut ainsi jusqu'au décès de la marquise douairière.

C'était aux fenêtres du corps de logis que Sulpice voyait briller des lumières.

Il se signa, pensant aux cierges.

Puis il fit un effort sur lui-même, et dépassa la lisière des taillis.

En avant du château, il y avait un pâtis planté de saules, aboutissant au saut de loup, comblé en partie, derrière lequel était la grille.

Sulpice vit tout de suite que la grille était ouverte.

Il crut entendre un bruit confus à l'intérieur. Ce ne pouvait être que des chants funèbres et pourtant on eût juré que des éclats de rire passaient par moment à travers les fenêtres fermées.

Sulpice s'engagea dans le pâtis. Sa marche s'étouffait sur l'herbe. Il savait bien qu'on ne l'entendait pas. Cependant, il avançait avec lenteur. Arrivé à la grille, il s'arrêta pour la seconde fois. Il avait frayeur et remords de s'introduire ainsi à la dérobée dans la demeure de la morte.

— Bonne dame, murmura-t-il en manière d'excuse, c'est pour servir ceux que vous aimiez.

Il n'y avait plus à s'y tromper : on riait et l'on chantait au rez-de-chaussée. Des ombres follement agitées se dessinaient sur les vitres. On dansait.

Comme Sulpice traversait la cour déserte, la porte, située au haut du perron s'ouvrit tout à coup, et un homme en costume ecclésiastique descendit les degrés quatre à quatre.

Sulpice reconnut le neveu du curé de Plouësnon qui était sous-diacre à la paroisse.

— Vous ne restez pas à faire la veillée auprès de Madame, monsieur Vincent ? demanda le pâtour.

— Que Dieu nous sauve ! répondit le jeune prêtre dont les dents claquaient ; n'entre pas là, petit, c'est la maison du démon !

Il prit ses jambes à son cou et disparut.

Une lumière passa de fenêtre en fenêtre au premier étage.

Dans le vestibule, au rez-de-chaussée, un chœur de voix ivres entonna le *Dies iræ*.

# X

OU RIEN NE COUTE.

Dans un pays comme la Bretagne, où la religion règne souverainement, les impiétés sont plus rares, mais elles prennent un caractère bien autrement sacrilége que dans les contrées incrédules ou seulement indifférentes. Cela ne sort pas de l'ordre logique. Nul n'est si effrontément blasphémateur qu'un moine pervers ou un mauvais prêtre.

Dante leur a réservé une place d'élite dans son Enfer.

A Paris, supposez une orgie de valetaille dans la maison d'un mort. La chose est loin de passer les bornes de la vraisemblance. Les marauds, en ravageant la cave chanteront la *Marseillaise* ou la *Mère Godichon*, Béranger; Dupont, ou Nadaud, — peut-être Verdi — enfin ce qu'on chante.

Pourquoi chanteraient-ils complies ou matines?

l'Eglise ne les connaît point. Pour chanter, il faut savoir.

Mais en Bretagne, la messe opprime les coquins. Les coquins gardent rancune aux antiennes.

En Bretagne, quand on se met les pieds dans la lie, la tête y passe. La bouche avinée vomit des parodies de psaumes, et fatalement le sacrilége enroué hurle au fond des écuelles.

Dans la campagne surtout, parce que la campagne est plus dévote que la ville.

Ces balourds, qui ont si grande frayeur du diable, ne peuvent se passer d'insulter le bon Dieu quand ils sont saoûls.

Il faut bien tenir compte en outre de ceci : l'orgie a ses règles ; elle monte selon certaines formules connues. L'orgie du cabaret est toujours pâle auprès de l'orgie qui brave un lieu honnête ou une heure solennelle. C'est la loi de la réaction.

Nous l'avons dit : la Morgatte n'avait pas laissé un domestique honnête au château de Maurepar. Tous ceux et toutes celles qui faisaient, cette nuit, tapage à l'office, étaient des serviteurs de hasard.

Ils dansaient pour chasser les idées noires, ils buvaient pour noyer la méchante humeur, ils chantaient le *Libera* gaiement, et cela leur semblait une délicieuse plaisanterie de circonstance.

En voyant fuir le neveu du curé, qui se bouchait les oreilles, la maraudaille en sabots se pâma de rire.

— Nous voilà enfin les maîtres chez nous ! s'écria le marmiton Loupin.

— Allumez la salle à manger ! ordonna Nieul le tourne-broche.

— Allumez le salon ! commanda Loiseau, qui était pour décrotter la chaussure, laver la vaisselle, etc.

Fanchon la vachère disait :

— J'ons bu assez de leux bôn vin, apportez du petit cidre !

— Comment qu'ils appellent ça, demandait Suzette, une Cancalaise brune assez bien prise, ce qui flambe dans la grand'tasse d'argent avec de l'eau-de-vie, du sucre et du citron, qu'on remue, qu'on remue ?...

— Du punch ? répondit M. Lapierre, valet de chambre, faisons du punch !

— Non du vin chaud !

— Tous les deux !

— Et du thé dedans, et du café et de la canelle.

— Puisque rien ne coûte !

Suzette, la Cancalaise, offrit du tabac à M. Lapierre dans une magnifique boîte d'écaille incrustée d'or qui avait dû aller à la cour du temps du roi Louis XV.

Rien ne coûtait. La tabatière ne jurait point trop, du reste, avec les atours de mademoiselle Suzette. Mademoiselle Suzette était, ce soir, fort bien mise. Elle eût tenu une place honorable aux bals masqués de l'Opéra.

Loupin aussi. Nieul de même, Loiseau, ni plus ni moins, et M. Lapierre, et Fanchon, et Catiche, la ravaudeuse, et le cordon bleu, Louisette Blanchel, et la grave madame Rio, qui était pour le linge.

Suzette avait une robe de soie vert tendre, à cœur, semée de bouquets brochés ; elle avait relevé le devant pour être plus à l'aise : son tablier de ménage paraissait un peu, mais pas trop ; Louison Clanchel drapait un cachemire de l'Inde sur ses larges épaules : c'était un des premiers châles hindous apportés en France. La sœur de la marquise, qui avait épousé un Labourdonnaye, l'avait reçu de l'île de Bourbon sous la minorité de Louis XVI.

Catiche-pour-ravauder-les-bas avait une frileuse ou douillette en taffetas gorge-de-pigeon avec capuce orné de cinq rangs de chicorée. Ses grosses jambes étaient chaussées de bas à jours, et comme elle n'avait pu introduire ses grands pieds dans aucune des chaussures aristocratiques qui séchaient sur les planches de la garde-robe, elle dansait avec ses sabots.

Presque toutes les servantes déguisées étaient, du reste, dans ce cas. Suzette seule dansait dans les socques que la marquise douairière avait coutume de mettre par dessus ses petits souliers.

Outre Catiche-pour-ravauder, il y avait Catiche-la-Baratteuse (1) et Catiche-de-la-Ferme. La plupart des filles laides s'appellent Catiche dans les Côtes-du-Nord.

Madame veuve Rio-pour-le-linge s'était donné une pelisse fourrée, un bonnet de dentelles et un spencer en poult de soie avec la jupe de velours ponceau, garnie de chinchilla. Vous devez penser que Madame Rio avait l'air de quelque chose. C'était une petite femme maigre et sèche qui avait fait de mauvaises affaires dans un garni borgne de Saint-Brieuc.

Rien ne coûtait. Loupin et Nieul se pavanaient sous des habits à la française : Nieul était noisette. Loupin feuille morte. Le marmiton avait une chemise à jabot : le tourne-broche roulait autour de son cou sale une vaste cravate de mousseline blanche. Loiseau-pour-décrotter montrait avec orgueil ses jambes cagneuses, vêtues de culottes courtes en satin jaune clair.

Loiseau-de-l'écurie, car il y avait deux Loiseau, comme les Catiche étaient trois, jouissait d'un costume de capitaine de vaisseau, qui avait appartenu au feu comte Rostan du Boscq.

M. Lapierre était tout paillettes. Il avait un habit de cour en velours nacarat avec des boutons d'agate,

---

(1) On nomme baratte le vase clos où se fait le beurre.

rehaussés de perles fines. Il portait en écharpe le cordon du Saint-Esprit que Louis XVI avait donné en 1680, à Aimé Rostan, marquis de Maurepar, gouverneur de Saintonge. Rien ne coûtait.

Tout cela était ivre uniformément et de pied en cap. Néanmoins, les femmes l'étaient un peu plus que les hommes.

Autrefois, il y avait au château deux porte-respect : l'intendant Rouyer, qui n'était pas tout à fait un voleur, et le chapelain Saulnoy, qui était un saint homme. L'intendant était remplacé par Astrée, qui faisait les comptes depuis un an avec beaucoup plus d'économie ; le chapelain avait pris rang à la paroisse. La seule personne qui gardât une apparence d'autorité, c'était donc Astrée.

Astrée avait intérêt à ce que les valets de Maurepar s'amusassent cette nuit de tout cœur.

Elle avait donné le branle en jetant les clefs de la cave sur la table de la cuisine.

Le vin avait fourni l'audace qu'il fallait pour le pillage.

Maintenant, on se divertissait tout à l'aise dans cette maison conquise. Je ne sais pas si le réveil inopiné de la défunte eût fait lâcher pied à ces hardis vainqueurs.

Il n'y avait plus personne à la cuisine, dont la porte restait grande ouverte comme celle de la grille. Toutes les provisions de l'office étaient entassées pêle-mêle sur la table de la salle à manger : les jambons, les langues fumées ou fourrées, les pâtés de gibier, les terrines de conserves. Les vénérables bouteilles, que les ans avaient couvertes de dentelles poudreuses au fond du cellier bien sec et bien frais, se rangeaient en bataillon parmi les pichés de cidre et les cruches à eau-de-vie. Le marmiton buvait le Chambertin à pleines écuelles, et le Château-Laroze étonné mouillait le palais indigne du tourne-broche. Loiseau-pour-décrotter se faisait une boisson spéciale composée de cidre, d'eau-de-vie et de Johannisberg, que le prince de Metternich avait envoyé en présent au feu marquis, après la conférence de Dresde.

Le feu marquis avait été un des amis de Louis XVIII exilé.

Loiseau-des-chevaux préférait le champagne, toujours avec de l'eau-de-vie. Lapierré, aux trois quarts gentilhomme, sablait le médoc pur.

Aucun chimiste ne saurait décrire les mélanges prodigieux engloutis par les trois Catiches, Fanchon-des-vaches et cinq ou six autres margotons dont l'histoire ignorera les noms. Suzette s'acharnait au cassis, madame veuve Rio-pour-le-linge allait de l'anisette au vespétro et retour.

On fumait avec cela, les gars et les filles, comme dans une agape du quartier savant, à Paris.

Elle était grande et haute d'étage, la salle à manger, fièrement boisée de chêne noir. Les deux bahuts à jour montraient la noble argenterie poinçonnée aux armes de Rostan, qui étaient *d'or au roseau fléchi de sinople,* avec ce calembour héraldique pour devise : « Tant chêne, roz tant ! (1). »

Elle avait au-dessus de ses quatre portes quatre panneaux peints par Couëtoux, un maître Breton que Coypel forma quand il vint peindre la grand'salle du Palais de Justice, à Rennes.

Elle avait des trophées de chasse. A la muraille qui regardait l'orient, un énorme crucifix d'ébène était fixé.

Ces seigneurs de Rostan avaient vécu austères, bons aux faibles, durs aux forts, hospitaliers comme de vrais chrétiens.

(1) « Le roseau vaut le chêne. » La fable dit que le roseau vaut mieux.

La salle à manger de Rostan avait vu de nobles fêtes.

En 1793, les bons souvenirs avaient monté la garde à la porte du manoir. La maison de Rostan avait été respectée.

C'était aujourd'hui la première insulte et la première orgie.

— Allons ! cria Loiseau-de-l'écurie, la bouche pleine, assez de *libera*! Chantons tous *les gars de Locminé*!

Loiseau-pour-décrotter ne fut pas de cet avis.

— C'est *Fanfan-la-Tulipe* qu'il faut chanter, dit-il.

— Dansons plutôt, opina M. Lapierre, qui avait du jarret.

— Quoi danser? fit Catiche-pour-les-bas.

— *La litra,* padéguine ! répliqua Fanchon-des-vaches:

— Et pourquoi pas *la sabotouse!* demanda Catiche, la baratteuse.

A quoi Catiche-de-la-ferme riposta :

— Mangeons!

— Buvons! appuya le tourne-broche Nieul.

L'idée vint à tout le monde à la fois qu'on ne s'était pas encore *bûché*. C'est pourtant le plaisir. Les yeux brillèrent, les voix prirent du mordant :

— Les gars de Locminé ! je vous dis!

— Je vous dis Fanfan-la-Tulipe!

— Dansons la litra, litralilanlire!

— Dansons la sabotouse de Lamballe!

— Remangeons!

— Rebuvons!

Loupin-le-marmiton s'en tenait au *libera*, qu'il psalmodiait d'une voix caverneuse en trempant des mouillettes de jambons dans son verre.

Les deux Loiseau se levèrent en chancelant.

— Tu ne veux pas qu'on chante Fanfan-la-Tulipe, n'est-ce-pas? dit Loiseau-pour-décrotter.

— Tu ne veux pas qu'on chante les gars de Locminé, pas vrai? riposta Loiseau-des-chevaux.

Et sans attendre la réponse réciproque, la culotte jaune-clair se rua héroïquement sur le costume du capitaine de vaisseau.

— Hardi! hardi! il faut se mettre en train!

Incontinent, Fanchon, les Catiches de toutes sortes, Tiennette, Julotte, Perrine, etc., tenant, les unes pour la litra, danse de caractère, les autres pour la sabotouse de Lamballe, pas rustique et sans prétention, se chargèrent à fond comme de braves filles. Les mains crochues cherchèrent les yeux et les cheveux. Le sang coula sur les fichus volés. Quelques dents trop faibles tombèrent.

On pense bien que Nieul, qui était d'avis de remanger, gourma ceux qui voulaient reboire. Ici, on pouvait cependant s'entendre, mais la discorde ennemie secouait là-haut quelque part son fagot de serpents.

Les cruches et les bouteilles qu'on lance à tour de bras, voilà le danger. Madame veuve Rio-pour-le-linge et Suzette, la camériste, craignant de se compromettre dans la bagarre, allèrent échanger quelques horions dans l'antichambre. Loupin cessa de hurler son *Libera*, parce qu'un plat de faïence rouennaise lui vint à travers la figure. La peinture des mœurs champêtres élève l'âme et rajeunit le cœur.

Véritablement, la fête n'avait pas besoin, pour se ranimer, que de ce stimulant léger. Quand on se fut gourmé pendant un quart d'heure tout au plus, on s'embrassa en pleurant. La paix sincère fut faite. Chacun lava ses bosses avec du rhum pur; rien ne coûtait. Les filles ne tenaient pas à cela près d'une poignée de cheveux. Tous les verres s'emplirent. On rajusta tant bien que mal les robes de soie maltraitées, et un grand cri de joie fit trembler les vitres de la salle.

Un violon grinçait. D'où venait-il? N'importe. Tous les candélabres du salon étaient allumés. Un grain d'amour allait faire sourire l'orgie. On s'accoupla. Loupin et les deux Loiseau furent pour le trio des Catiches, Nieul se saisit de Fanchon. Ceux qui empoignèrent Tiennette, Julotte et Perrine s'appelaient Pelo, Nicole et Joson. M. Lapierre sollicita la main de mademoiselle Suzette, et madame veuve Rio conquit un beau petit gars de quinze ans, à qui elle apprit malice.

Au salon, les vrais danseurs! Tournez les pieds en dedans, si vous voulez plaire aux filles qui s'y connaissent, *bossez* le dos, comme on dit, et tapez du talon rondement. Le tapage est une bonne moitié de joie. Levez la main pour que votre chacune vous passe sous le coude, et profitez du moment pour lui donner un coup de poing dans les reins. Ça fait rire. En passant auprès des amis, lâchez le croc-en-jambes.

C'est là le plaisir, ou je ne m'y connais guère. Plus il en tombe, plus on s'amuse. Pourquoi la danse des maîtres fait-elle pitié? C'est qu'on n'y joint pas le croc-en-jambes.

Grincez, violon ; grosses filles rouges, pâmez-vous de souffler et de rire ; patauds, soyez galants, pincez le bras et les mollets, recevez en riant des camoufflets robustes qui claquent comme le fouet des rouliers. Ecrasez-vous les pieds les uns les autres. Mes gars! si elles font les renchéries, prenez à bras-le-corps, pesez sur les reins, et patatras! Elles l'ont bien mérité.

Il y avait autour du salon un cordon de portraits de famille. Les cadres pareils et de forme ovale se couronnaient de nœuds à belles coques qui laissaient tomber à droite et à gauche leurs banderolles un peu raides. Entre deux figures masculines, on voyait toujours le visage d'une dame.

C'était comme à table dans un repas bien ordonné où les sexes alternent symétriquement.

Les costumes changeaient ; les figures restaient à peu près les mêmes. On commençait à l'armure. Aimé Rostan, Chevalier, seigneur du Boscq, qui avait été à la première croisade, ouvrait la marche avec sa femme Yoland de Goulaine ; puis venait Antoine, son fils, époux de Reine Porhoët et allié par elles aux ducs souverains de Bretagne. Puis d'autres jusqu'à Antoine III, contemporain de Bertrand du Guesclin, et dont la femme Jeanne connaissait Tiphaine-la-Fée. Les toiles de ces antiques portraits étaient toutes noires et portaient des inscriptions prolixes en caractères rouges à demi effacés.

Le Rostan qui portait le costume de François I$^{er}$ était déjà comte. On voyait à côté de lui un cadre vide. C'était une histoire. Anne, comtesse de Rostan, avait été à la cour de Paris. Le roi chevalier l'avait trouvée belle. Les barons de Bretagne ne riaient pas avec l'honneur.

Aimé V fit la guerre de la Ligue aux côtés de Mercœur. Antoine VI prit le duc de Chaulnes au collet sur la place du palais de Rennes, et défia le roi-soleil Louis XIV.

Antoine VII *entra dans la forêt*, comme on disait de ceux qui conspirèrent avec le prince de Cellamare contre le régent Philippe d'Orléans. Son fils eut titre de marquis.

Le dernier Aimé suivit en exil le comte de Provence et fut son envoyé auprès de l'empereur d'Autriche. La marquise douairière dont on célébrait si gaiement les funérailles, était sa femme.

Elle était là dans son beau cadre ovale dont la dorure semblait toute neuve auprès des dorures plus anciennes, brunies par la fumée. Elle avait cette robe de soie vert-tendre, à cœur, semée de bouquets brochés que Suzette la Cancalaise s'était appropriée ce soir. Auprès d'elle, sur un meuble, était le fameux cachemire de l'Inde qui couvrait en ce moment les épaules charnues du cordon bleu Louison Clanchel.

Nous n'avons pas suffisamment parlé de cette Louison Clanchel. M. Lapierre hésitait entre elle et Suzette Suzette était plus jeune, mais Louison Clanchel « avait de quoi. »

Dans son portrait, la marquise douairière tenait une rose à la main. La rose était sous son nez, à la hauteur de ses lèvres. Les lèvres de la marquise faisaient honte à la rose.

Toutes les autres dames, depuis la marquise douairière jusqu'à Yoland, tenaient également une rose. Plus on remontait cette échelle de dates, plus les roses et les lèvres étaient fanées, mais partout et toujours les lèvres l'emportaient sur les roses. Ce qui prouve bien que, dès les temps barbares, les peintres de portraits faisaient ce qu'ils pouvaient.

Toutes les roses étaient droites sur leurs tiges ; toutes les aïeules avaient la tête haute, le sourire calme, le front serein. On reconnaissait bien en elles les dignes épouses de ces soldats qui posaient, depuis le premier jusqu'au dernier, appuyés sur la garde brune de leur épée.

Le salon était grand. Il avait quatre fenêtres gothiques, ouvertes sur la cour d'honneur. Les boiseries, blanchies au commencement du siècle, rehaussaient leurs montures par de larges filets d'or qui se contournaient à hauteur d'homme et venaient entourer les écussons d'alliance en émail chauffé sur cuivre, suspendu au-dessus de chaque portrait.

Le plafond Louis XV, formé de seize caissons irréguliers, offrait un fond d'azur, et supportait trois grands lustres à bougies qui se miraient dans le parquet en cœur de chêne, uni et glissant comme une glace.

Il avait vu, le salon de Maurepar, toutes ces illustres fiançailles. La noblesse de Bretagne avait passé là tout entière. Rostan avait marié plus d'une fois ses filles avec les fils du sang ducal ; Rostan était cousin de Rieux, de Rohan, d'Avaugour, de Dreux, de Châteaubriand et de la Houssaye.

Il avait ouï de graves et galantes poésies ; ses échos n'avaient jamais répété que de fiers entretiens. Sur ce parquet, après les sandales et les souliers à la poulaine, les mules mignonnes et les talons rouges avaient glissé. Quelques cartels d'armes ou d'amour s'étaient échangés à voix basse au fond de ces embrasures à la discrète profondeur.

Hurlez, patauds ! culbutez, saligaudes ! Laissez voir votre linge gris sous la soie mal drapée ou par les yeux agrandis de nobles dentelles. C'est l'heure. La morte qui est en haut ne peut pas plus descendre que son portrait ne peut parler. Cette muette galerie qui vous regarde n'arrêtera pas vos ébats. Trémoussez-vous, tourbe ivre, cohue folle ! C'est la première fois que ce parquet voit trébucher des sabots. Glissez, tombez lourdement au milieu des rires, relevez-vous pour choir encore.

Coups de poings et coups de tête, baisers à pleins bras, gros rires, hoquets, jurons, allez !

Vautrez-vous quand vient la fatigue ; essuyez la sueur avec vos manches : les marquises ne faisaient pas comme cela, mais elles sont mortes.

Donnez trois roses aux trois Catiches ; elles ont déjà les robes volées. Vous verrez trois portraits animés.

Quelle différence y a-t-il entre le capitaine de vaisseau qui est dans ce cadre et Loiseau-de-l'écurie ? C'est que

Loiseau frétille, l'insolent drôle, et que le comte est à six pieds sous terre.

Loiseau-pour-décrotter a la culotte de satin d'un marquis? Loiseau-pour-décrotter peut encore boire.

Allons! l'idée des saturnales est vieille comme le monde. Nobles dames et grands seigneurs, marquis et marquises, ne rirez-vous point dans vos guimpes ou dans votre barbe? Riez un peu. Vos garderobes conservées avec un respect pieux depuis des siècles, les voilà qui se trémoussent une bonne fois, pour secouer leur poussière antique. Où est le mal?

La caricature a enfoncé votre porte. Laissez passer les vivants mannequins qui font le carnaval avec vos défroques. Vous avez joué la grande pièce, mesdames et messieurs : voici la maraudaille qui va grimacer la farce.

Mais écoutez! Le siècle marche. Sous ces gaies profanations perce le bout d'oreille philosophique, l'utile se mêle à l'agréable. N'auriez-vous pas plutôt, messieurs et mesdames, joué la farce sans le savoir, avant la grande pièce qui commence!

Ma foi! coquins et coquines causaient commerce en dansant la sabotouse.

— Qu'as-tu eu, toi, mon Loiseau?

— J'ai arrivé trop tard. Deux couverts d'argent, la tasse de monsieur, je ne sais pas combien de draps... Et toi, ma Catiche, qu'as-tu eu!

— Les flambeaux de la chambre à coucher, les salières, des nippes et pas mal d'écus.

— Veux-tu mêler?

— T'as pas assez, mon Loiseau,

— Je m'épouse avec toi, ma Catiche.

— Nieul a eu meilleur.

Nieul avait eu un tas de casseroles, des habits brodés, la grande louche en argent et le bénitier de madame.

Loupin avait eu mieux que Nieul.

Loiseau-pour-décrotter, mieux encore que Loupin. Rien ne coûtait.

C'étaient de bons partis. On s'arrachait ces heureux.

Mais M. Lapierre avait opéré en grand. Suzette seule et Louison Clanchel pouvaient prétendre à cette haute alliance. Suzette cachait, au fond de sa boîte d'écaille incrustée, des boucles d'oreille en diamants. Louison Clanchel, outre les produits accumulés du saut de l'anse, avait mis en lieu de sûreté une pleine sacoche destinée aux dépenses de chaque jour. M. Lapierre cherchait un joint pour les épouser toutes deux.

Les hymens s'ébauchaient à la criée. C'était la foire aux épousailles.

On peut s'établir dès qu'on a honnêtement mis de côté une poire pour la soif. Telle est la règle prêchée par les esprits sages.

Quant au danger que chacun pouvait courir au sujet de ses larcins personnels et du pillage général, personne n'y songeait. Le maître légitime de ces biens ravagés était un proscrit. La loi protégeait indirectement les pillards. Il y avait bien Madeleine et Victoire, mais le grand Rostan était en haut avec la Morgatte, et le grand Rostan ne se plaignait point. C'était une proie abandonnée : les restes d'un navire désemparé que le flot pousse en grève appartiennent au premier occupant.

Sans doute, on crierait au scandale, mais qui ? Des jaloux.

Cependant, que faisaient-ils à l'étage supérieur, le grand Rostan et la Morgatte ? Que faisait Jean Touril, qu'on avait vu entrer vers dix heures de nuit sans dire gare ? Quelque Loiseau et plus d'une Catiche auraient bien voulu savoir, mais M. Lapierre avait rendu cet arrêt équitable :

— Puisqu'ils nous donnent la paix ici, laissons-les tranquilles là-haut.

Et du vin! et du cidre! et de l'eau-de-vie! La bombance qui reprend au milieu du bal grotesque ; l'ivresse qui monte pour s'affaisser, idiote ; le psaume mortuaire qui s'obstine, monotone et lugubre parmi les refrains du cabaret, les éclats de rire et les huées ; l'oripeau qui se déchire de plus en plus pour montrer la bure; la soie et le velours déshonorés dans les luttes ignobles; la dentelle devenue haillon et traînée sous les pieds ; — la ronde qui s'entame enfin, cette furieuse couronne de l'orgie, les sabots qui trébuchent et manquent, les couples qui tombent pour ne plus se relever.

Et les lustres qui brillent toujours, parce qu'il n'y a pas une main pour jeter au moins le voile de la nuit sur ces convulsions immondes.

Et le cercle des maîtres décédés qui comtemple la maison souillée, — impassibles, ceux-là, au fond de leurs cadres pâles, et semblables à des fantômes penchés aux fenêtres de l'autre monde, — les dames souriantes respirant l'éternel parfum de leur rose, les hommes pensifs et graves, la main sur l'épée qui ne peut plus les venger!

## XI

LE LOGIS D'ASTRÉE.

Le petit Sulpice avait vu ce tableau par les fenêtres donnant sur la cour d'honneur, car on avait arraché tous les rideaux ; il comprenait déjà pourquoi le neveu du curé s'était enfui. Sulpice se disait : raison de plus pour rester de pied ferme auprès du lit de la défunte. Ainsi eût-il fait, lui, le petit pâtour, s'il avait été séminariste, combattant le blasphème par l'oraison, et répondant par la prière au sacrilège stupide ; mais le neveu du curé de Plouësnon passait pour un pauvre sujet.

Il avait eu peur. En conscience, ce n'était pas pour rien.

Car Sulpice n'avait pas encore tout vu.

Il ne s'arrêta que deux minutes dans la cour d'honneur : encore était-ce pour attendre le moment de pénétrer dans le vestibule sans être aperçu. L'occasion ne vint point, parce que les nouveaux maîtres du château allaient continuellement du salon à la salle à manger. Sulpice désespéra de tromper leur attention ; il fit le tour de l'aile orientale, enjamba le mur du clos, puis celui du jardin et s'approcha des communs à pas de loup.

Toutes les portes étaient ouvertes de ce côté, comme nous l'avons dit. Sulpice entra dans la cuisine, où il n'y avait personne. Une fois là, rien n'était plus facile que d'arriver au grand escalier.

Sulpice, marchant pieds nus pour ne point faire de bruit, parvint au corridor du premir étage. Il était loin de compte en traversant le taillis. On n'avait pas beaucoup dépensé de cierges. L'escalier et la galerie étaient plongés dans une obscurité profonde. En revanche, le fracas de l'orgie s'y engouffrait comme dans un entonnoir : en eût dit que tous les diables d'enfer faisaient sabbat au rez-de-chaussée.

Sulpice ne connaissait pas très-bien la distribution intérieure du château. Il suivit le corridor au hasard et à tâtons, éprouvant la muraille pour trouver les portes et mettant l'oreille à la serrure de chacune d'elles.

Mais ce bruit qui venait d'en bas le rendait sourd.

Il ne voyait du reste aucune lumière par le trou des serrures.

Il arriva ainsi jusqu'au bout du corridor. Une lueur sortait sous la dernière porte. Il s'arrêta pour écouter. Comme il approchait son oreille de la serrure, la porte s'ouvrit tout à coup, et il n'eut que le temps de se coller à la muraille.

Jean Touril passa le seuil, tenant une lampe à la main.

Sulpice remarqua qu'il était très-pâle et violemment préoccupé.

Jean Touril paraissait plus gros qu'à l'ordinaire : il avait peine à marcher, comme si son ventre subitement gonflé et ses jambes engraissées eussent été au plein de ses vêtements.

— Les enragés! les enragés! grommela-t-il en prêtant l'oreille au tapage, pour combien d'argent ont-ils bu et goinfré? La coquinette dit qu'elle ne s'empêtre pas dans ces détails : j'aime bien ça! Avec quoi fait-on les sous? avec les liards. Et les francs? avec les sous. Et les louis? avec les francs. En sorte que les liards font des millions quand il y en a suffisamment pour cela. C'est clair!

Il se mit à marcher dans le corridor.

— Sans compter ce qu'ils ont ravagé! poursuivit-il d'une voix désolée; je ne trouve plus rien dans les chambres : la moisson est faite, je ne peux que glaner.

Sulpice se coulait derrière lui le long de la muraille.

Jean Touril s'arrêta au seuil de l'une des portes que l'enfant avait déjà examinées; il mit la main sur le bouton, mais il n'ouvrit point.

— Quand on l'aura emportée... murmura-t-il.

Sulpice comprit que c'était la chambre de la morte.

Jean Touril ne s'éloigna pas sans regret. Il y avait là quelque chose à faire, mais le courage lui manquait.

Il passa de l'autre côté du corridor, et poussa du pied la porte qui faisait face à celle de la marquise. Le pâtour resta en dehors. Par l'ouverture de la porte que le reboutoux négligea de refermer, il vit une vaste chambre à coucher, qu'il reconnut pour celle où il était venu avec tous les anciens vassaux de Rostan, pour s'agenouiller et prier pendant qu'on donnait l'extrême-onction au comte de Maurepar, fils de la marquise et père du jeune monsieur Antoine. Cette odeur particulière qu'exhalent les pièces longtemps closes arrivait jusqu'à Sulpice. La chambre était telle qu'il l'avait vue autrfois;

seulement, le secrétaire avait sa tablette brisée et les tiroirs de la commode étaient épars sur le plancher poudreux.

Jean Touril posa la lampe sur la commode vide.

— Je dis que c'est une énormité, gronda-t-il pâle d'indignation ; si j'étais la Coquinette, ou seulement ce grand innocent de Rostan je descendrais là-bas et je ferais dégorger ces misérables... Que font-ils tous deux, Rostan et Astrée, depuis le temps ?

Il secoua la tête d'un air de mauvaise humeur.

C'était précisément ce que le petit Sulpice voulait savoir. Il était entré au château pour trouver Astrée et le grand Rostan. Il suivait le Reboutoux dans l'espoir que celui-ci le conduirait tout naturellement à la retraite des deux complices.

Le petit pâtour était certain qu'un crime se préparait. Sa crainte était désormais que la Morgatte et Rostan n'eussent déjà quitté le manoir.

Mais pourquoi Jean Touril n'était-il pas avec la Morgatte et Rostan ?

Jean Touril travaillait. Sulpice le vit arracher une tringle de rideau et s'en servir comme d'un crochet de chiffonnier pour retourner les débris de toute sorte qui jonchaient le sol de la chambre.

— Ces pestes ne savent pas même leur métier, grommelait-il en se baissant à chaque instant ; il y a encore tout plein de bonnes choses !

Il ramassait des boucles de rideaux, des patères, des clefs, des clous, des cordons, des bouts de franges, du galon rougi, des bretelles ; il faisait un tas de tout cela et besognait de si bon cœur, qu'il tira son mouchoir à carreaux pour essuyer la sueur de son front.

Quand il eut opéré consciencieusement son triage, il voulut charger ses poches mais ses poches étaient combles, et voilà pourquoi le pâtour l'avait trouvé mieux nourri que d'habitude. Les poches de son habit, les poches de son gilet, les poches de son pantalon regorgeaient. Son embarras était à peindre. Il avait ce désespoir des gourmands qui ont dévoré sans mesure et dont l'estomac est saturé au rôti. Où loger les entremets et le dessert ?

Juvénal enseigne divers moyens, pratiqués de son temps, tous fondés sur ce principe qu'il faut éliminer l'ancien avant de caser le nouveau. Jean Touril vida ses poches pour voir s'il n'y avait point quelques objets à sacrifier dans son précédent butin. Son examen fut impartial et sévère; néanmoins, il rempocha tout : chiffons, ferrailles, boutons, ficelles, etc. En tassant mieux, en aménageant avec plus d'adresse, il parvint à faire disparaître tous les débris mis à part sur la commode. Alors, il regretta le reste et jeta un regard de mélancolique envie sur les choses sans nom qui couvraient le parquet.

— A une autre ! dit-il en reprenant sa lampe ; c'est d'aller chercher un panier à la cuisine, et je pourrai ne rien laisser perdre.

Il poussa une porte intérieure et disparut. Sulpice hésitait à le suivre, lorsqu'un bruit léger se fit derrière lui. Il se retourna : un rayon, passant par le trou de la serrure qui était à la hauteur de ses yeux, le frappa. Il y avait maintenant de la lumière dans la chambre de la morte.

On y parlait. Sulpice reconnut tout de suite la voix du grand Rostan.

Astrée ne pouvait être loin. Le pâtour était au terme de ses recherches.

Il abandonna Jean Touril aux chances de sa cueillette nocturne et ne fit qu'un saut de l'autre côté du corridor. Son œil se colla aussitôt à la serrure, mais, en ce moment même, la clef cria en dedans et fit deux tours vigoureux. Après le second tour, elle resta verticalement posée et bouchant toute issue au regard.

Sulpice colla son oreille à la place de son œil ; il entendit un bruit confus et des paroles qui se croisaient : aucun mot distinct ne parvint jusqu'à lui.

A droite et à gauche de la chambre funèbre, d'autres portes s'ouvraient sur le corridor. Sulpice prit la première venue. Elle était fermée au loquet seulement. Sulpice entra dans une chambre complétement obscure ; ses pieds s'embarrassèrent dans une sorte de réseau invisible, et il tomba, mais sans bruit, parce qu'il y avait à terre un matelas. La porte qui séparait cette pièce de la chambre mortuaire était entr'ouverte. C'était par là sans doute que Rostan et la Morgatte venaient d'entrer.

Au redoublement du fracas qui montait du rez-de-chaussée, Sulpice devina que le salon était immédiatement au-dessous de lui. Le matelas sauveur aurait pu rester dans le lit, et Sulpice tomber sur les planches : sa chute se fût perdue dans le tapage.

Cependant, un bruit de voix venait par la porte entre-bâillée, et parfois un large rayon passait, formant au plafond un éventail mobile. Presque aussitôt après les ténèbres renaissaient. Il était évident pour Sulpice que la lampe disparaissait par intervalles derrière les rideaux du lit mortuaire.

Il dit un *Ave*, car son petit cœur battait et les effrois de cette aventure étaient au-dessus de son âge. Il donna son âme à Dieu, fit un signe de croix et se leva.

L'éventail lumineux était au plafond. Sulpice put voir que la chambre où il était avait subi comme les autres la dévastation, malgré son terrible voisinage. Un dedans de lit complet s'étalait sur le sol.

Sulpice, favorisé par le brouhaha de l'orgie, enjamba paillasses, couvertures et matelas. Il retenait son souffle ; sa poitrine était serrée comme en un étau.

On ne saurait dire ce qu'il s'attendait à voir.

Mais ce qu'il vit en arrivant au seuil le frappa si violemment qu'il tomba sur ses genoux en se couvrant le visage de ses mains.

Il y avait plus d'une heure que le grand Rostan et la Morgatte étaient arrivés au château.

Quand ils entrèrent, les domestiques commençaient à boire dans la cuisine. Les chants cessèrent ; on avait peur d'Astrée.

Astrée dit :

— Faites ce que vous voudrez, mes amis, je ne suis pas plus que vous en cette maison.

Toutes les écuelles se vidèrent à la santé d'Astrée. Le grand Rostan trinqua.

Astrée et lui montèrent à la chambre de cette dernière. En traversant le corridor, ils purent entendre les premiers éclats de l'orgie.

Astrée mit son œil à la serrure en passant devant la chambre de sa marraine. Elle vit le lit entouré de cierges et le neveu du curé qui veillait.

— Celui-là va s'en aller, dit-elle.

Elle prit le fusil des mains de Rostan et frappa trois coups de crosse largement espacés contre la porte.

Puis elle regarda de nouveau. Le neveu du curé, blême autant que le cadavre, était à genoux et semblait affolé déjà par la terreur.

Astrée rendit le fusil à Rostan et lui saisit la main.

— Venez ! ordonna-t-elle, quand nous reviendrons, il ne sera plus là.

Le sous-diacre de Plouësnon, agenouillé entre les

cierges, auprès du bénitier où pendait l'aspersoir, regardait la porte avec des yeux épouvantés. Les versets des sept psaumes se mêlaient et s'étouffaient dans sa gorge. Dès ce moment, il eût pris la fuite, sans la paralysie que l'effroi jetait sur ses jambes. Quand le chœur des patauds entonna le *Dies iræ*, le neveu du curé mit son front sur les draps du lit et se boucha les oreilles.

Le parquet trembla, parce qu'on dansait au-dessous. Le neveu du curé demanda du fond de l'âme le pardon de ses péchés.

L'illusion vint se joindre à la réalité. Il crut sentir que la défunte bougeait entre ses draps froids.

La sueur glacée perça sous ses cheveux.

La porte qui donnait dans la chambre voisine grinça ; il l'entendit bien.

— Retire-toi, Satan ! balbutia-t-il.

Malgré soi on regarde. Un invincible aimant attire la prunelle qui veut se détourner. Le neveu du curé regarda. Il vit sur le seuil une grande ombre immobile.

Ce fut trop.

Il jeta son psautier et s'élança dans le corridor comme un fou. Le corridor était bourré de spectres. Il fut obligé pour passer, de fendre leur foule muette. L'un d'eux le fit dégringoler du haut en bas de l'escalier. En bas, il entrevit des marquis, des marquises, cheveux poudrés, tout soie, tout velours, tout or, qui menaient le sabbat.

Le neveu du curé doit courir encore à l'heure qu'il est.

La grande ombre, cependant, passa le seuil.

— Au moins, dit-elle, le fainéant ne réclamera pas sa veillée.

La grande ombre, qui était Jean Touril, revenant de faire faction sur la lande, s'avança vers le lit et souffla les cierges par un instinctif besoin d'économie. Puis la grande ombre se sentit frissonner dans le dos, car Jean Touril n'était pas tout à fait un esprit fort. Il sortit de la chambre plus vite qu'il n'y était entré et ferma la porte pour aller chez Astrée chercher de la lumière.

Astrée lui donna une lampe et lui dit : laissez-nous. Touril n'eut pas même le temps de demander au grand Rostan : Comment vous en va ? Il prit la lampe et s'en alla de chambre en chambre cueillir des reliques.

Le logis d'Astrée était la dernière pièce habitée du château. Elle avait servi autrefois à Madeleine et à Victoire lorsque la marquise les avait recueillies après le décès de leur père. On voyait encore à la muraille le petit bénitier sous le crucifix de cuivre. Le laurier qui, en Bretagne, remplace le buis de Pâques-Fleuries, n'avait point été renouvelé aux époques consacrées, mais il restait là. La Morgatte se bornait à ne point faire usage de ces objets saints. Ils ne la gênaient pas. C'était une philosophe.

Elle aurait pu meubler la chambre selon son caprice, depuis que sa marraine alitée la laissait maîtresse du château. Mais Astrée avait rêvé ailleurs son paradis. C'était ici sa coque de chrysalide. Une fois papillon, elle savait bien où la mèneraient ses jeunes ailes.

A quoi bon orner ce purgatoire ? La Morgatte ne s'astreignait-elle pas à porter toujours le costume des paysannes ?

Elle qui tressaillait d'aise au contact de la soie ! Elle qui avait des battements de cœur en contemplant les diamants de sa marraine au fond de leur écrin !

C'étaient ici le temps et le lieu d'incubation : les limbes. Astrée allait bientôt naître. Elle était au nombre de ces prédestinées qui ont la science suprême : elle savait attendre.

Deux lits jumeaux, dont l'un restait vide, une petite toilette à glace ronde, une table à ouvrage et trois chaises, tel était l'ameublement de ce réduit. Astrée y avait ajouté pourtant un moëlleux divan, emprunté à l'ancien appartement du jeune marquis Antoine.

Elle aimait ce divan. C'était un meuble qui venait de Paris.

Il y avait sur la table un pâté froid, un chapon en daube, des pâtisseries, des confitures, plusieurs bouteilles de vins fins et des liqueurs. C'était ici comme à l'office ; on faisait réveillon bien que ce ne fût point la nuit de Noël.

Astrée et le grand Rostan étaient sur le divan, contre lequel on avait attiré la table.

Rostan passait pour un vigoureux buveur. Ce soir, Astrée lui tenait tête.

Astrée avait jeté en entrant sa coiffe de toile. C'était la première fois que Rostan voyait ses beaux cheveux libres de tout lien. Elle délaça son corsage de laine, parce qu'il était mouillé, dit-elle.

Et comme il faisait froid, elle drapa sur ses épaules la première chose venue, dit-elle encore.

Cette première chose venue était un crêpe de Chine rouge qui avait appartenu à la comtesse Rostan du Boscq.

Le grand Rostan pensa qu'il n'avait jamais vu Astrée.

Elle vengeait les pillards. En bas, les dépouilles étaient avilies ; ici on les rehaussait.

Le châle moëlleux n'aurait pu encadrer de ses reflets délicats et riches un col plus fier, ni couvrir une gorge plus parfaite.

Le déguisement d'Astrée, c'était l'habit de paysanne.

— Que regardez-vous ? demanda-t-elle en se roulant, frileuse et charmante, dans les plis du tissu asiatique.

— Je regarde comme vous êtes belle, répondit Rostan.

Astrée eut un sourire orgueilleux.

— Vous ne me connaissez pas encore, dit-elle.

— Je vous connais d'aujourd'hui.

Astrée haussa les épaules et rejeta en arrière les merveilleuses boucles de ses cheveux.

Puis elle choqua son verre contre celui du hobereau et dit avec un sourire étrange :

— A nos amours !

— A nos amours ! répéta le grand Rostan, qui essaya de la prendre par la taille.

Astrée le repoussa, mais ce fut pour lui saisir la tête à deux mains, et lui planter un rude baiser sur les lèvres.

Rostan chancela comme s'il eût reçu un coup de massue. Ses rubriques de Lovelace villageois lui manquèrent. Il resta idiot et tout interdit.

— La marque de mes ciseaux est encore entre tes yeux, murmura la belle fille qui le contemplait en rêvant. J'ai gardé les ciseaux ; le sang, je me le suis mis dans les veines.

Elle releva brusquement la manche de sa robe et montra une cicatrice qu'elle avait sur l'avant-bras.

Un chien de ferme l'avait mordue là quand elle était vagabonde et mendiante.

Rostan crut. Il rougit. Un nuage passa sur ses yeux.

Astrée but dans son verre et lui donna le sien.

Le vin n'était rien. Astrée sentait d'avance qu'elle n'avait pas besoin de vin pour enivrer un homme.

— Tout ce que j'ai fait, dit-elle en appuyant sa tête pensive sur l'épaule de Rostan, tout ce que je vais faire encore, c'est pour toi ! Je veux que tu sois le plus riche et le plus heureux, comme tu es le plus hardi, comme tu es le plus beau.

— Pour me faire riche, ma fille, répliqua le grand Rostan, qui songeait aux huissiers de Pléhérel, il est temps de s'y prendre.

— Comment m'aimes-tu? demanda la Morgatte dont les doigts effilés se jouaient dans ses durs cheveux.

— Ah! répondit Rostan de bonne foi, à la folie!

— Si tu n'étais pas marié, reprit Astrée, m'épouserais-tu?

— Tout de suite.

— Et si tu devenais veuf?

Le grand Rostan fronça le sourcil et détourna les yeux.

Astrée emplit son verre. Elle ramena la figure du hobereau contre la sienne comme font les mères trop bonnes à leurs enfants boudeurs.

— A notre fortune! dit-elle en trinquant.

Rostan but son verre d'un trait et sans relever le toast. Astrée vit bien qu'il pensait à Madeleine.

Elle remit son verre sur la table, et prit les deux mains de Rostan dans les siennes.

— Alors, fit-elle doucement, tu ne m'aimes pas tant que Madeleine?

— Toi, s'écria le hobereau, qui se versa de lui-même une ample rasade, laisse là Madeleine, si tu m'en crois, ma fille!

Astrée avait toujours aux lèvres son sourire.

— Je ne suis pas jalouse, murmura-t-elle, mais tu n'es pas mon maître encore; et il me plaît de parler de Madeleine.

— Si tu me parles de Madeleine, fit Rostan d'un accent bourru, je te plante là et je cours à la Maison!

Astrée le baisa au front et répliqua:

— Il faudra pourtant que tu me connaisses. Ceux qui

me menacent ont toujours tort... je peux me passer de toi.

— Tonnerre du ciel ! s'écria le hobereau en frappant du pied, je suis un mauvais sujet, mais non pas un coquin ! et c'est agir en coquin, ou le diable m'emporte ! que de laisser seule et sans secours sa femme en peine à la veille d'un jour comme celui de demain.

— Je te l'ai déjà dit, prononça lentement Astrée, ta femme n'est pas seule.

Puis elle ajouta sans regarder le grand Rostan.

— Le jeune marquis Antoine a débarqué cette nuit vis-à-vis du Trou-aux Mauves.

Le hobereau se leva tout pâle.

— je l'ai vu, acheva la Morgatte.

— Assieds-toi là près de moi, reprit-elle ; tu es un homme : on peut te parler la bouche ouverte.

— Écoute, fit Rostan dont les poings se fermèrent malgré lui ; j'ai déjà bu ce qu'il faut pour t'assommer comme une chienne si tu calomnies Madeleine, ma femme !

Astrée ne se fâcha point.

— Assieds-toi là, répéta-t-elle ; c'est un homme pareil à toi que je veux. Madeleine a eu tort de te tromper, car tu vaux mieux qu'elle.

Tout le sang de Rostan lui monta au visage. Il saisit les deux bras de la Morgatte, et les deux bras craquèrent. La Morgatte ne changea pas de visage.

— Tu ne me fais pas mal, dit-elle ; lâche-moi et bois comme un bon garçon... je sais où sont les sept cent mille francs.

Rostan la lâcha, mais il dit :

— Il y en a la moitié à Madeleine !

— Et la moitié à Victoire, ajouta Astrée avec sarcasme, ce qui fait que tout est à toi. Mais la moitié de Victoire et la moitié de Madeleine seront à nous deux, François Rostan, à toi et à moi, toi le mari, moi, la femme, ou bien tu n'en verras jamais un écu!

Elle emplit les deux verres d'un geste crâne et dit, en portant le sien à ses lèvres :

— A notre mariage!

## XII

LA CHAMBRE DE LA MORTE.

L'heure s'écoula. Rostan avait du sang dans les yeux. Sa langue épaissie articulait les paroles avec peine. La Morgatte, souriante et calme, jouait encore avec ses cheveux.

L'entretien avait marché : on le voyait aux traits décomposés de Rostan.

Cependant il n'avait point assommé la Morgatte, qui le traitait, en vérité, malgré sa taille d'Hercule et la supériorité de son âge, comme une châtelaine traite son page blond.

— Ne buvez plus, François, dit-elle en voyant qu'il portait encore une fois son verre à ses lèvres, c'est assez. Nous aurons besoin de votre tête et de votre bras, cette nuit.

Comme Rostan n'obéissait pas assez vite, elle lui arracha le verre des mains.

— Quand tu m'as dit que Madeleine n'était pas seule, gronda Rostan, dont l'œil était hagard et farouche comme celui d'un loup, pensais-tu à Antoine ?

— Oui, répondit Astrée.

Rostan frappa la table de son poing fermé; les bouteilles vides dansèrent.

— Il y a neuf mois, reprit la Morgatte tranquillement, le jeune marquis Antoine était encore ici.

Rostan compta sur ses doigts et dit :

— C'est vrai.

— Il est revenu juste à l'heure.

Rostan se leva tout chancelant. Il prit son fusil dans un coin.

— Où vas tu ? demanda Astrée.

— Je vais tuer Madeleine et Antoine, répondit Rostan.

— Ah! fit la Morgatte; on ne tue pas les femmes !

Elle l'arrêta par le bras.

— Te voilà comme je voulais, reprit-elle en se dressant à ses côtés; touche-là, mon grand Rostan !

Machinalement, François lui donna sa main.

— Antoine, je ne dis pas, poursuivit la Morgatte ; les douaniers ont tiré assez de coups de fusil, mais tu paierais trop cher le meurtre de Madeleine.

— Si Antoine est à la Maison, s'écria tout à coup Rostan, n'est-ce point pour Victoire? Victoire est belle.

La conduite d'Astrée envers Victoire n'avait pas été cruauté pure et inutile.

— Quand tu iras, tu verras si Victoire est là, répondit-elle. Maintenant, nous avons d'autre besogne. As-tu peur des morts ?

— Je n'ai plus rien, répliqua Rostan, ni maison ni femme. Je voudrais être mort moi-même.

— Tu auras des femmes et un palais... viens avec moi si tu n'as pas peur des morts.

Elle prit la lampe et se dirigea vers la porte.

— Prends ton fusil, ajouta-t-elle ; nous ne reviendrons plus ici.

Rostan la suivit, la tête penchée sur sa poitrine. Quelque chose restait au fond de son cœur.

Astrée ouvrit une porte qui ne donnait point sur le corridor. Elle traversa une longue enfilade de chambres désertes et abandonnées depuis plus d'un demi-siècle. Rostan la suivait par derrière. Il avait froid dans le sang, mais sa tête brûlait.

— Irène est-elle ma fille ? murmura-t-il en chemin d'une voix qui tremblait.

— Jé n'en sais rien, répondit la Morgatte sèchement.

— L'enfant qui va venir cette nuit ne vivra pas ! gronda le hobereau.

— Ça te regarde, fit encore la Morgatte.

Elle s'arrêta. L'orgie hurlait en bas sous ses pieds.

— Reste ici, dit-elle à son compagnon ; la chambre de ma marraine est là... si le neveu du curé n'est pas parti, tu le chasseras.

Rostan s'appuya contre la muraille.

Astrée poussa la porte doucement. Elle recula en voyant l'obscurité profonde qui emplissait la chambre funèbre. Mais elle se remit aussitôt.

— Jean Touril est venu, murmura-t-elle.

— Avance ! fit-elle en se retournant vers Rostan.

Celui-ci avança. Vous eussiez dit un automate.

C'était quelque chose d'étrangement lugubre que cette chambre tendue de noir, éclairée par une seule lampe qui montrait la double ligne des cierges éteints.

La vieille dame était étendue sur son lit à colonnes, un crucifix sur la poitrine et le visage découvert.

Parmi les chants qui montaient du rez-de-chaussée, Rostan et la Morgatte pouvaient distinguer la sinistre moquerie du *Libera*.

Ils étaient pâles tous deux. Astrée faisait peur au grand Rostan.

Astrée déposa sa lampe sur une table et s'approcha du lit.

Elle monta les deux degrés de l'estrade et se prit à contempler le visage immobile de la morte.

— C'est la seule qui ait eu pitié de moi, murmura-t-elle ; si tous les autres ne m'eussent point détestée et repoussée, qui sait ?...

Elle se pencha sur le front de la marquise douairière de Maurepar, sa marraine, et y mit un baiser.

— Pardonnez-moi, madame et maîtresse, murmura-t-elle, je n'aurais rien fait contre vous. Maintenant que vous dormez pour toujours, les choses de la terre ne vous importent plus.

Elle jeta un voile sur le visage de la douairière et dit à Rostan :

— Aide-moi.

Rostan hésitait.

— La cachette est sous le lit, dit encore la Morgatte.

Rostan appuya son fusil contre la table et se rapprocha d'Astrée.

— Tu trembles ! murmura celle-ci, qui lui toucha la main ; comment sont donc faits les hommes ?

— Dépêchons ! répliqua le grand Rostan, on étouffe ici !

Astrée lui montra le pied du lit. Elle se mit à la tête.

— Pousse en même temps que moi, ordonna-t-elle ; une, deux, trois !

Au troisième coup, leur effort commun fit glisser sur ses rainures la massive menuiserie avec ses colonnes, sa galerie et ses baldaquins.

— Apporte la lampe, commanda encore la Morgatte, qui était accroupie déjà sur le plancher.

Il y avait en effet une cachette sous le lit de la marquise. Un anneau de cuivre enclavé dans le parquet permettait de soulever une petite trappe qui recouvrait un trou carré de la forme d'un coffre. Rostan apporta la lampe. Astrée tâta d'abord l'intérieur de la cachette, puis elle se pencha si bas, que les boucles de ses cheveux en balayèrent le fond poudreux.

— Rien ! fit-elle en se relevant.

Elle referma la trappe et croisa ses bras sur sa poitrine.

— Est-ce fini ? demanda Rostan.

— Non, répondit la Morgatte ; attends.

— Je suis pressé...

— L'argent est dans la paillasse.

Les yeux du hobereau brillèrent.

— Les sept cent mille francs ! balbutia-t-il.

— Ici ou là, dit Astrée, laisse-toi guider par moi et nous les aurons.

Elle dégarnit lestement les couvertures du lit.

— On a marché dans la chambre à droite, dit Rostan, qui prêta l'oreille.

— Ne t'occupe pas de cela ! répliqua Astrée.

Le petit Sulpice venait de tomber dans la pièce voisine.

Astrée montra du doigt le pied du lit à Rostan dont le front dégouttait de sueur.

— Fais comme moi, dit-elle, soulève le matelas.

Rostan souleva le matelas. Il tenait les pieds, Astrée la tête.

Le corps inerte de la défunte s'affaissa au milieu. Rostan fut sur le point de lâcher prise.

— Allons ! ferme ! s'écria la Morgatte.

Rostan se raidit. Le matelas fut déposé par terre. La tête de la marquise, qui avait presque touché ses genoux, se redressa lentement et se renversa de nouveau dans les mèches raides de ses cheveux gris.

Ce fut à ce moment que le petit Sulpice glissa son regard par l'ouverture de la porte.

Il vit cela.

La Morgatte et Rostan retournèrent la paillasse. Ils cherchèrent longtemps.

— Rien ! dit encore Astrée.

Elle s'assit sur le coin de l'estrade.

— Est-ce fini ? demanda pour la seconde fois le grand Rostan.

Le pâtour écoutait.

— Les sept cent mille francs sont bien à Plouësnon, chez le curé, pensait la Morgatte ; du moins ils y étaient.

— As-tu des balles sur toi ? demanda-t-elle à Rostan.

Celui-ci répondit affirmativement.

La Morgatte se mit sur ses pieds.

— Antoine est avec ta femme, dit-elle, en piquant chacune de ses paroles, une balle pour lui.

Rostan coula une balle dans le canon droit de son fusil à deux coups.

Le pâtour ne respirait plus.

— Le patron Sulpice a dû quitter le presbytère à onze heures, reprit Astrée ; regarde ta montre.

— Onze heures juste, dit Rostan.

— Tu as le temps. Dans une heure, sur le chemin du Tréguz, le patron Sulpice va passer avec les sept cent mille francs dans sa ceinture.

Rostan, silencieux et résolu maintenant, coula une seconde balle dans le canon gauche de son fusil.

— Coup double ! fit-il ; où seras-tu ?

— Pas loin de toi.

Rostan se dirigea vers la porte du corridor et l'ouvrit. Astrée lui dit :

— Prends ton temps, vise bien et bonne chasse !

Elle restait seule auprès de la douairière couchée sur son matelas. Les pas du hobereau, inégaux et chancelants, s'éloignaient dans le corridor.

— Si Antoine avait voulu... murmura-t-elle en secouant la tête lentement.

Elle ajouta :

— Pour faire quelque chose de celui-là, il faut le rendre ivre ou fou !

La lampe frappait en plein son visage et glissait sur les traits flétris de la marquise. Astrée avait les yeux demi-clos ; elle rêvait.

Rêver en ce lieu et à cette heure ! Rêver tout doucement après ce qui venait d'être dit et fait ! Auprès de ce lit que la mort n'avait pu garder contre le viol !

La main d'Astrée toucha son front machinalement et rencontra les masses éparses de ses cheveux. Elle porta la lampe sur la console d'ébène dont les pieds figuraient deux serpents accolés. Il y avait un vieux miroir de Venise au-dessus de la console. Astrée se servit du peigne de la marquise pour rétablir la symétrie de sa coiffure. Elle sourit à son image reflétée dans la glace et drapa plus coquettement sur ses épaules les plis moelleux du crêpe des Indes.

— C'eût été pitié, pensa-t-elle tout haut, en jetant un baiser au miroir, de vous laisser à nos pourceaux, ma perle !

— Tu ne te fais pas de mauvais compliments, coquinette ! dit Jean Touril sur le seuil. A propos de pourceaux, où as-tu mis le grand Rostan ?

— Je l'ai envoyé à son ouvrage, répondit Astrée sans se retourner.

Elle darda un dernier regard au miroir et fit signe au reboutoux d'approcher.

— Sauriez-vous bien tirer un coup de fusil, mon oncle ? demanda-t-elle.

Jean Touril haussa les épaules.

— S'il y a quelqu'un à saigner, grommela-t-il en évitant de tourner les yeux vers la morte, j'ai ma trousse.

Il fouilla dans sa poche et tira un paquet de morceaux d'étoffe. Le sourire sinistre qu'il avait eu en prononçant ses dernières paroles faisait place à une expression sérieuse et pleine de sollicitude. Il mit ses lunettes à cheval sur son nez et choisit deux petits carrés de drap gris dans son paquet de chiffons.

— Regarde voir, dit-il ; si c'est bien cousu et rabattu au fer chaud, ma culotte sera censée comme neuve.

Il appliquait les deux carrés de drap sur ses genoux, à l'endroit où la futaine usée s'était ouverte.

Astrée se mit à rire.

— Qu'est-ce que je voulais donc te demander ? reprit Jean Touril. Ah ! que faisiez-vous ici du pâtour ?

— Du pâtour ? répéta la Morgatte étonnée.

— Je parle du petit pâtour Sulpice que j'ai rencontré tout à l'heure dans le corridor.

Astrée restait bouche béante.

— Je l'ai appelé, poursuivit le reboutoux, mais il courait comme un lièvre.

Astrée regarda la porte ouverte de la chambre voisine. Elle se souvint du bruit entendu.

— Il était là ! pensa-t-elle.

La sueur lui vint aux tempes. Si près du port, se briser contre un écueil !

Elle saisit violemment le bras de Jean Touril.

— Si l'enfant arrive jusqu'à Plouësnou, dit-elle, le patron Sulpice changera de route, et adieu les sept cent mille francs !

Jean Touril se baissa pour ramasser une épingle qui brillait dans les fentes du parquet. Il en éprouva la pointe et la piqua au revers de sa veste. Il y avait là déjà beaucoup d'épingles ; Jean Touril avait l'habitude d'en ramasser partout ; de plus il ne perdait aucune occasion d'en emprunter aux métayères. Le revers de sa veste était une pelotte.

La Morgatte montra du doigt le secrétaire fermé.

— Les pistolets du défunt marquis sont là-dedans, dit-elle,

— Et qu'en veux-tu faire, coquinette ?

— Je ne veux pas, répondit Astrée qui se dirigea vers le meuble d'un pas ferme, je ne veux pas que l'enfant arrive au bourg de Plouësnon !

Jean Touril secoua la tête et dit :

— Il a de bonnes jambes !

Astrée avait ouvert le secrétaire. Elle prit sur la tablette du milieu deux pistolets richement incrustés. Jean Touril aurait bien voulu fureter dans les tiroirs, et Dieu sait qu'il n'eût rien laissé traîner ; mais Astrée le repoussa.

— Il faut les débourrer, dit-elle en mettant un des pistolets dans la main du reboutoux, la charge doit être trop vieille.

Comme Jean Touril attachait toujours sur les tiroirs un regard de convoitise, Astrée referma le secrétaire et lança la clef par la fenêtre en disant :

— Tout ce qui est là-dedans, ma marraine l'aimait ; je ne veux pas qu'on la vole !

Jean Touril pensa qu'il retrouverait bien la clef.

En attendant, il débourra les deux pistolets que la

Morgatte rechargea elle-même, faisant comme elle avait vu faire si souvent à son grand Rostan. Quand elle eut achevé, elle ordonna au reboutoux de l'aider à remettre la marquise douairière dans son lit qui fut poussé à sa place ordinaire.

La Morgatte prit en outre le temps de rallumer la double rangée de cierges.

— Ma marraine aura des messes, dit-elle, si j'ai les sept cent mille francs.

La pendule sonna la demie de onze heures. Astrée prêta l'oreille. Un silence profond régnait maintenant au rez-de-chaussée.

— Ils dorment comme des porcs, tous tant qu'ils sont, grommela le reboutoux ; je vais dégonfler leurs poches.

— Si vous êtes en retard, mon oncle, dit Astrée qui échangeait lestement son crêpe de l'Inde contre une mante de couleur sombre, nous partirons sans vous.

Elle ajouta au moment de passer le seuil :

— Les gabelous du brigadier Rouaix sont embusqués à la Croix-le-Comte. L'enfant se fera prendre à moins qu'il ne tourne par le chemin militaire. En ce cas-là, je le rattraperai.

— Vas-tu tirer dessus, coquinette ? demanda Jean Touril avec une sorte d'admiration.

La Morgatte se redressa de son haut. Elle était si belle et si fière que le regard du reboutoux se baissa devant elle.

— Cette nuit, prononça-t-elle avec un sourire tout plein de sauvage orgueil, je me battrais contre le bon Dieu, s'il me barrait le passage !

Jean Touril se signa en tapinois. La Morgatte sortit, tenant ses deux pistolets à découvert et disant :

— Dans une heure, sur la lande... dans deux heures, en chemin pour Paris !

Jean Touril s'élança hors de la chambre dès qu'elle fut partie. Il retrouva sa chandelle dans le corridor.

— Cela fait maintenant trois qu'il faut tuer, se disait-il en descendant le grand escalier avec précaution : le pâtour, M. Antoine et ce Sulpice. La coquinette ne doute de rien! Quelle jolie enfant ! J'irais bien chercher la clef du secrétaire dehors, sous la fenêtre, mais il y a la morte...

— Je vous demande à quoi bon rallumer tous ces cierges? interrompit-il ; la vieille dame n'y voit plus. Quand on aura mis de côté ce Sulpice, monsieur Antoine et le pâtour, il y aura toujours Madeleine avec les deux enfants : Irène et celui qui va venir cette nuit... Mais quand on fait des observations à la coquinette, elle vous envoie à tous les diables.

Jean Touril ne fût peut-être pas entré de lui-même dans cette voix de carnage, mais c'était un esprit logique : il allait au fond des questions.

Tandis qu'il descendait l'escalier, aucun bruit ne vint frapper ses oreilles. L'orgie dormait pour tout de bon. Ce fut seulement dans le vestibule qu'il entendit le sourd concert des ronfleurs. Il déposa sa lumière sur la dernière marche et fit un petit paquet des deux morceaux de drap gris qui devaient servir à raccommoder sa culotte de futaine. La porte de la salle à manger était ouverte. Jean Touril put voir les débris homériques du festin que la valetaille s'était offert. Son cœur saigna.

— Ils n'ont pas seulement éteint le grand lustre ! soupira-t-il, quel gaspillage !

Il entra et mangea pieusement les débris épars sur la nappe souillée, sans toucher aux morceaux qui pouvaient encore servir. Il mit tout ce qui restait au fond des verres dans une bouteille, et fit un tas de miettes pour les poules. La vue des assiettes cassées, qui jonchaient le carreau, lui donnait des tressaillements d'horreur. La sueur lui venait aux tempes, en songeant qu'il pataugeait dans le cidre et le vin répandus. Il aurait éprouvé moins de peine si ce n'eût été que du sang, car on ne peut rien faire avec le sang humain, pas même du boudin de table.

Cependant, comme le lecteur a pu le pressentir, un grand projet avait germé dans la tête du reboutoux ; il jeta un dernier regard sur les reliques de l'orgie et prit d'un pas ferme le chemin du salon. Dans le salon, tout le monde dormait. Les coussins des bergères et des sophas servaient d'oreillers aux couples comme il faut, savoir : M. Lapierre et Suzette ; Loiseau-de-l'écurie en capitaine de vaisseau, et la plus distinguée des Catiche ; madame veuve Rio-pour-le-linge, Louison Clanchel, le cordon bleu, etc. Les autres, Loiseau-pour-décrotter, Fanchon, Catiche-pour-ravauder, Loupin-le-marmiton. Nieul le tourne-broche, Tiennette, Julotte, Perrine, étaient couchées pêle-mêle sur le plancher, dans un désordre plein d'abandon. Le grand lustre éclairait violemment ces visages congestionnés ou rendus livides par les nausées de l'ivresse. La plupart étaient couchés dans la posture où le sommeil les avait terrassés ; d'autres avaient lutté ; la poussière se collait à la sueur de leur front et leur bouche convulsive s'ouvrait pour jeter ce ronflement de la gorge qui ressemble à un râle : d'autres encore étaient amoncelés en tas, femmes et hommes.

Mais pourquoi dire ces hontes ? Jean Touril ne les vit point ; il ne vit point non plus le cercle fier des ancêtres qui regardaient du fond de leurs cadres sculptés le troupeau endormi des valets ivres. Ceci n'était point son fait ; il n'était pas venu pour cela.

Jean Touril étendit au milieu du salon une bonne serviette de toile neuve qu'il avait prise sur la table en passant. Son œil narquois mesura la capacité de la serviette et caressa les poches des dormeurs. Il y eut en lui un rapide calcul, et ses traits s'épanouirent doucement ; la serviette, à son estime, pouvait enserrer l'entier contenu des poches.

— Bien mal acquis ne profite pas, dit-il en promenant un regard austère sur la tourbe des marauds. Cela leur apprendra !...

Il hésita un instant, ne sachant par où commencer son rôle de providence vengeresse. Ce fut la plus grosse poche qui l'attira la première. La plus grosse poche appartenait naturellement à Louison Clanchel, cordon bleu. Les cuisinières ont toujours le pas sur les autres larrons domestiques. Louison Clanchel, habillée en marquise du temps de Louis XVI, avait passé sa poche sous une multitude de jupons volés. Le reboutoux ne perdit point de temps à chercher la route de ce sanctuaire. Comme il avait, d'autre part, trop de délicatesse pour soulever la robe d'une personne du sexe, il atteignit sa trousse et choisit un bistouri bien affilé. A l'aide de cet instrument, il opéra la section des jupes, et sa main, qui tremblait d'émotion joyeuse, put se plonger jusqu'au poignet dans le sac.

Il y avait là toutes sortes de bonnes choses : une douzaine de couteaux d'argent, des couverts en vermeil et l'anse de panier transformé en écus de cinq francs par une danse assidue. Jean Touril, attendri, embrassa Louison Clanchel, et emporta le tout dans sa serviette. Louison rêvait qu'elle prodiguait à un gendarme veuf, son cœur, sa main et sa vertu.

Le reboutoux passa en revue les goussets de Loupin, de Nieul et de Loiseau-pour-décrotter : ci, trois montres d'argent de l'espèce appelée oignon par les amateurs. Il eut en outre les boursicots de cuir de ces trois rustres qu'il n'embrassa point, et divers menus objets. Madame veuve Rio-du-linge lui fournit une bien autre récolte ; il eut d'elle une chaîne d'or, des dentelles dérobées, du galon, un plat d'argent battu et roulé, un chapelet de topazes et la bonbonnière de la défunte. Loiseau-de l'écurie lui donna ses épaulettes, sa croix de l'ordre, ses bagues et sa pipe de Mysore. Les trois Catiche rendirent gorge malgré leur jeunesse et leur laideur. Le reboutoux ne dédaigna rien de ce qu'elles avaient pillé. La serviette se gonflait à vue d'œil, et sa poitrine dilatée poussait des soupirs de jubilation.

— Voilà ce que c'est, répétait-il en caressant son butin ; bien mal acquis ne profite pas !

C'était au fond un moraliste sévère. Perrine, Julotte et Tiennette restituèrent leurs modestes aubaines. Le reboutoux, impitoyable, ne leur laissa même pas la petite croix d'or qu'elles portaient au cou. Il fallait un exemple.

Suzette, dans tout l'éclat de ses nobles atours, dormait à côté de M. Lapierre. C'était un beau couple, et Jean Touril resta un instant à contempler le fier profil du valet de chambre.

— La fortune ne fait pas le bonheur, murmura-t-il en tâtant le gilet de Lapierre ; s'ils s'aiment véritablement, ils trouveront dans leur cœur de grandes compensations.

La montre fut extirpée sans secousse. M. Lapierre ne l'avait pas volée, mais Jean Touril n'entrait pas dans ces détails. Il prit une belle épingle au gilet du maraud, une chevalière à son doigt, et dans ses poches tout un musée. Il n'y avait que Louison Clanchel pour valoir M. Lapierre.

Quant à la sémillante Suzette, elle n'avait que sa

beauté et la fameuse tabatière incrustée. Le reboutoux lui laissa sa beauté.

A la vue de la boîte, il fronça le sourcil.

— Si jeune, pensa-t-il avec amertume, se livrer déjà à de si mauvaises habitudes!

Avant de glisser la boîte dans sa poche, il s'offrit une prise de tabac. Ce fut alors seulement qu'il aperçut les pendants d'oreilles en brillants. Il se retourna et baisa Suzette au front comme un bon père.

Il avait une gaieté douce et profondément sentie.

— Le proverbe a bien raison de dire, grommelait-il avec un rire heureux, que le bien vient en dormant. C'est à moi que le bien vient... mais aussi comme ils dorment! Je vais leur donner de l'air.

Le reboutoux noua les quatre coins de sa serviette et ouvrit la fenêtre par humanité. La nuit était noire; on n'entendait aucun bruit au dehors. Il enjamba l'appui de la croisée et traversa la pelouse à grands pas.

Après avoir franchi la grille, il se retourna. On voyait briller sur la façade sombre le salon d'honneur et la chambre de la morte; tout le reste disparaissait dans la nuit. Jean Touril avait son paquet au bout d'une jolie canne de jonc à pomme ciselée; il marchait leste et dispos comme un jeune amoureux à sa première fredaine : je crois même qu'il chantonnait un refrain gaillard. Ses poches bourrées le gênaient bien un peu, et le paquet avait son poids, mais Jean Touril était léger comme une plume.

Au moment où il quittait le pâtis pour entrer dans les tailles, un bruit confus de pas et de voix se fit entendre sous le couvert. Il s'arrêta, serra contre lui son paquet. A quelques toises de lui, dans le sentier qui menait au Tréguz, une lueur passa : Jean Touril reconnut la lanterne sourde des gabelous. Les douaniers étaient en troupe ; ils poussaient devant eux, la crosse dans les reins, un enfant qui pleurait.

— Sulpice le pâtour ! pensa Jean Touril, la coquinette a de la chance, et il ne faut pas dire que les gabelous ne sont bons à rien !

# XIII

### LE PREMIER COUP DE FUSIL.

Tout le long de cette côte, on voit de riantes habitations, demi-cachées sous les tilleuls arrondis en pompons énormes et regardant la baie à travers les jasmins et les pampres. Le revers occidental du cap et les rivages qui se prolongent en formant la courbe jusqu'à la pointe d'Erqui, offrent un aspect gracieux et heureux.

La maison du grand Rostan, dont nous avons parlé déjà bien des fois, sans y pénétrer jamais, faisait énergiquement exception à cette règle. C'était une manière de ferme, composée de bâtiments agglomérés comme au hasard. On aurait pu y loger une très-nombreuse famille et ce qu'il fallait de serviteurs pour une exploitation agricole importante.

L'ensemble avait une physionomie lourde et triste. Le grand Rostan ne s'était jamais occupé d'entretenir sa demeure ; son père, avant lui, avait eu la même insouciance. Les divers bâtiments, lézardés de la base au faite, montraient leurs toitures crevassées et les châssis dégingandés de leurs fenêtres où personne n'avait jamais vu de carreaux.

Il n'y avait point de vaches à l'étable, point de brebis à la bergerie; l'écurie seule était habitée : le grand Rostan aimait les chevaux.

L'écurie et le chenil. Les créanciers du grand Rostan l'accusaient d'entretenir une vingtaine de chiens courants, plus féroces que des loups. Cela coûte cher à nourrir, et le hobereau eût mieux fait de payer ses dettes.

Au milieu de ces masures qui allaient se ruinant chaque jour davantage, un corps de logis un peu moins délabré servait à l'habitation de François Rostan et de sa famille. Le premier étage de ce corps de logis avait été abandonné comme le reste. Le rez-de-chaussée, composé originairement d'une salle et d'une étable, avait été divisé en quatre pièces oblongues. La première était occupée par Victoire et avait sa sortie sur le jardin; la seconde contenait le lit des époux Rostan ; la troisième était pour les enfants et la vieille Renotte ; la quatrième, où se trouvait l'immense cheminée à manteau, servait de cuisine.

Nous disons à dessein les enfants, bien qu'Irène fût jusqu'alors fille unique. Madeleine *attendait* en effet depuis plusieurs jours, et le second berceau était déjà préparé auprès du petit lit d'Irène. Renotte, seule et dernière servante que Rostan eût conservée, avait sa paillasse par terre dans un coin.

La chambre de Victoire avait une petite fenêtre sur le jardin, au-delà duquel était la falaise, puis la mer. Les autres pièces étaient éclairées sur la cour, grand préau boueux et partout défoncé, qui n'avait plus de portail depuis un hiver rude où François Rostan avait eu besoin de bois à brûler.

Après la cour, où caquetaient les jolies poules de Victoire, venait un bas chemin, creusé à la profondeur de quinze pieds par le passage des charrettes. Des deux côtés s'élevait un talus à pic, couronné de ronces gigantesques. A une demi-portée de fusil commençait la futaie de Maurepar.

Il était dix heures à l'horloge qui grondait dans son armoire de vieux chêne. Rarement le grand Rostan rentrait avant minuit. D'ordinaire, la veillée se faisait entre Victoire, Madeleine et le petit pâtour Sulpice, qui venait bercer Irène. La vieille Renotte filait dans la cuisine, sous le manteau de la cheminée en chantant des refrains du temps passé. Victoire brodait ou rêvait ; Madeleine, la belle, rallongeait les robes de sa fillette qui allait grandissant ; le pâtour racontait quelque naïve histoire, et la petite Irène s'endormait souriante, fermant à regret ses paupières frangées de cils soyeux.

Elle aimait Sulpice mieux que sa jolie tante Victoire et presque autant que sa mère. Quand ses yeux s'étaient fermés le soir, sous le regard protecteur de Sulpice, elle avait bon sommeil. Quand le pâtour lui manquait par hasard, elle s'agitait dans sa couchette jusqu'au matin C'était une nuit de fièvre. Les refrains de la vieille Renotte ne savaient point la calmer.

Renotte était dans la maison depuis bien longtemps. Elle avait servi Rostan le père. Quand le grand Rostan rentrait ivre, il maltraitait parfois Renotte, mais celle-ci ne lui gardait point rancune : elle lui avait donné son lait. Dans les bons jours, François Rostan l'appelait *nourrice*, et alors la vieille servante, toute fière, le nommait son *petit fieu* (fils) . Renotte avait des gages, mais on ne les lui payait point.

Ce soir, madame Madeleine avait veillé seule. Il n'y avait personne dans la chambre de Victoire. Dès la tombée de la nuit, madame Madeleine était rentrée avec les premières douleurs de l'enfantement. Elle avait envoyé un petit gars chercher le reboutoux Jean Touril, en l'absence de tout autre médecin. Mais Jean Touril avait, cette nuit, de la besogne plus importante.

Madeleine s'était jetée sur son lit en arrivant. Jusqu'à neuf heures, elle appela Victoire, sa sœur, qui ne pouvait, hélas! l'entendre. A neuf heures, le découragement la prit : elle se sentit abandonnée.

Irène, la pauvre enfant, avait pleuré tout le jour, parce qu'elle n'avait vu ni sa tante Victoire, ni sa mère, ni le pâtour Sulpice, son ami. A force de pleurer, elle s'était endormie. Le sommeil des enfants est difficile à troubler. Irène n'entendait pas les cris de sa mère.

Quant à la vieille Renotte, elle était sourde comme un canon depuis vingt ans. Elle tournait la manivelle de son rouet d'un mouvement régulier et lent, elle mouillait son fil à une petite éponge passée à sa quenouille comme une bague au doigt, et sa voix chevrottante accompagnait fidèlement le cri sourd de la roue grinçant contre son axe. Pendant que Madeleine appelait, Renotte chantait la complainte de Jouvente, qui a cent soixante-neuf couplets.

Elle attendait la fin pour se mettre au lit.

Le feu couvait sous les cendres amoncelées. Rien ne pendait à la crémaillère, mais on voyait à la lueur de la résine allumée sous le manteau de longs morceaux de lard et des langues de bœuf qui fumaient. Le pot de cidre de la vieille chauffait tout doucement entre les landiers de fer. De temps en temps, elle avançait sa main ridée et portait le pot à ses lèvres. Cela lui donnait du cœur.

Le vent soufflait au dehors avec violence. Les châssis mal joints des fenêtres pleuraient. Le bruit de la mer venait par le tuyau de la cheminée. Plus d'une fois, depuis la tombée de la nuit, des coups de feu avaient sonné au loin.

Renotte n'entendait rien de tout cela. Elle n'entendit même pas le cri de détresse suprême que poussait Madeleine, sa dame, quand elle comprit que la crise allait la saisir seule et sans secours.

Elle achevait le soixante-troisième couplet de la chanson Jouvente, lequel dit que le bon cidre et l'amour vrai sont doux.

Victoire! où était Victoire! et Sulpice? Madeleine avait trop attendu : elle ne pouvait plus se lever de couche. Elle appela Irène, mais sa voix s'affaiblissait déjà ; elle appela Renotte et les passants que Dieu favorable eût pu conduire dans le chemin. Elle appela jusqu'à son mari, François Rostan.

Elle appela en vain. La lampe, qui était à bout et hors de sa portée, ne jetait plus que des lueurs intermittentes. Madeleine essaya de dire sa prière, car l'idée lui vint qu'elle allait mourir. Cette obscurité menaçante la glaçait de terreur. Elle fit un dernier effort pour descendre de son lit, mais tout son pauvre corps se tordit et un râle déchirant s'étouffa dans sa poitrine.

La lampe rendit un grand jet de lumière, puis s'éteignit. On n'entendit plus dans la chambre de Madeleine que des plaintes confuses.

Un homme traversait en ce moment à grands pas la futaie de Maurepar. Malgré les ténèbres profondes, il allait sans hésiter, choisissant d'instinct en quelque sorte parmi les nombreux petits sentiers qui se croisaient sous le couvert. Il portait la veste de marin et le chapeau de cuir ciré.

En arrivant à la grande sente qui débouchait dans le chemin creux et conduisait tout droit à la maison, il s'arrêta un instant pour essuyer ses tempes en sueur. Au bout du chemin, on voyait luire faiblement la fenêtre de la cuisine.

— Victoire est là! pensa tout haut l'inconnu, qui mit la main sur son cœur.

Antoine Rostan, marquis de Maurepar, reprit sa course et fut, en quelques enjambées, au bout de la futaie. Il franchit le chemin creux d'un pied léger; ses yeux devinaient déjà le cher profil de Victoire à travers les carreaux enfumés et rapiécés.

Quand il entra dans la cour, le chenil hurla. Antoine chercha derrière le portail où il n'y avait plus de battant une petite loge en maçonnerie qui servait d'écurie à Biquette, la belle chèvre. La loge était là, mais vide. Antoine s'y attendait presque.

— Où peut-elle avoir mis l'enfant? se demandait-il en prenant le chemin de la cuisine.

La vieille Renotte disait en tournant la manivelle de son rouet, qui grinçait discrètement :

> Jouvente crut voir deux tours
> Au lieu d'une que toujours
> On trouvait en l'avenue :
> Faut se méfier des tours
> Que le vin joue à la vue !

La complainte de Jouvente contient un grand nombre de préceptes aussi sages que celui-là,

Renotte n'entendit point le jeune marquis Antoine qui frappait à la porte de la cuisine. Celui-ci prêta l'oreille un instant pour voir s'il ne saisirait point une voix connue à travers les ais branlants de l'huis; il n'eut point ce qu'il espérait, mais non plus ce qu'il pouvait craindre : ni la voix de Victoire, ni la voix du grand Rostan. Antoine tira le loquet et entra.

— Est-ce vous, François? demanda la vieille, qui releva la tête, parce que le vent du dehors agitait la résine ; on dit que c'est votre dernière bonne nuit ; vous voulez la dormir en paix...

Elle s'interrompit et mit sa main au-dessus de ses yeux.

— Vous n'êtes pas Rostan! reprit-elle en colère déjà, c'est heure indue pour entrer dans les maisons, l'homme !

Antoine n'avait déjà plus besoin de s'informer si son cousin était au logis. Il repoussa la porte, qui se referma lourdement, et marcha droit à Renotte.

— Si fait, je suis Rostan, ma vieille amie, dit-il; ne me reconnais-tu point?

Renotte voyait le mouvement de ses lèvres qui parlaient, c'était tout. Dans ses souvenirs, le marquis Antoine était un tout jeune homme, frais, rose, souriant, avec du poil follet autour des lèvres. Elle avait devant les yeux un homme fait, pâli par la fatigue. Sa mémoire, qui n'était point aidée par le son de la voix ni par les paroles, fit défaut.

— Un marin ! grommela-t-elle ; ce n'est pas ici une auberge !

Antoine se souvint qu'elle était sourde.

— Où est Victoire! cria-t-il, incapable de retenir plus longtemps ce nom qui lui emplissait le cœur.

— Boire ! fit la vieille femme ; oh ! oh ! ce n'est pas l'embarras, ils ont toujours soif, ceux-là !

Elle versa un peu de cidre tiède au fond d'une écuelle car elle aurait eu remords de manquer aux lois de l'hospitalité.

— Avale, reprit elle, et décampe!

— Victoire! Victoire! répéta Antoine, en repoussant l'écuelle..

La vieille n'y était plus. Antoine, voyant qu'elle ne comprenait pas, lui saisit les deux mains avec violence et lui cria dans son oreille :

— Victoire et Madeleine !

— M'appelles-tu chienne ! fit Renotte, qui se dégagea indignée; le cidre n'est pas assez bon pour toi, n'est-ce pas? Il te faudrait du vin ! Attends que le maître soit revenu ; il ira peut-être à la cave !

Elle secouait sa tête grise, et son sourire était plein de menace.

Un cri faible se fit entendre à l'intérieur de la maison. Antoine resta immobile et prêta l'oreille. Comme la vieille allait parler de nouveau, il lui ferma la bouche de force et saisit la résine que pinçait la baguette fendue, fichée dans la maçonnerie de l'âtre.

Renotte le considéra, étonnée. Il sembla qu'elle l'apercevait pour la première fois. Son œil atone se ralluma tout à coup en un éclair sauvage.

— Ah ! fit-elle ; Rostan est jaloux de toi ! je me souviens bien. Tu ne verras pas Madeleine !

Antoine écoutait toujours. Un autre cri plus faible arriva jusqu'à lui.

Renotte, sans quitter sa quenouille qu'elle brandissait comme une javeline, était allée se planter devant la porte des enfants. Il fallait traverser cette chambre pour arriver chez Madeleine.

— C'est une voix de femme ! dit Antoine ; laisse-moi passer, la vieille !

Il s'élança, car un troisième gémissement avait retenti de l'autre côté de la cloison ; Renotte lui donna vaillamment de sa quenouille sur la tête. Antoine voulut l'écarter pour aller outre, elle le saisit à bras le corps, et ses doigts crochus déchirèrent le pan de la veste de matelot comme les griffes d'un grapin écorchent le sable des grèves.

— Mon *fieu* m'a dit que tu aimais sa femme! répétait-elle; ah! ah! te voilà revenu! Rostan a son fusil : vous allez causer ensemble tous deux tout à l'heure!

Antoine parvint à ouvrir la porte. Une plainte semblable à un râle venait de la troisième chambre. Antoine terrassa la vieille Renotte et lui mit le pied sur la gorge. Mais Renotte enfonça ses six doigts dans la chair de sa jambe.

— Rostan! mon fieu! cria-t-elle; celui-là veut me tuer pour emmener ta femme!

Ce n'était plus la réflexion qui poussait le jeune marquis, c'était une sorte d'instinct. Il comprenait qu'il ne s'agissait point de Victoire, et cependant la pensée de Victoire restait en lui obstinément. A tout le moins, Victoire devait être mêlée à ce drame, quel qu'il fut.

Quel était-il ce drame? que se passait-il, ou que s'était-il passé dans ce logis solitaire? La vieille avait parlé comme si François Rostan était absent, mais elle avait pu mentir. Loin de tout secours, par cette noire nuit d'orage, deux femmes contre un homme...

Antoine n'en était pas à savoir le grand Rostan capable de tout. A cette heure suprême de sa ruine, que ne pouvait-il pas exiger de Madeleine et de Victoire?

L'idée d'un meurtre passa comme un souffle dans l'esprit d'Antoine de Maurepar. Rien ne devait arrêter le grand Rostan, qui n'avait plus rien à perdre. Un meurtre double, peut-être. Et laquelle survivait de Victoire ou de Madeleine?

Rostan était-il là encore?

Le jeune marquis avança la tête dans la deuxième chambre et leva la résine. Il vit le petit berceau où Irène, blonde et jolie comme un ange, dormait paisiblement.

C'était un enfant frêle et dont la beauté ne semblait point faite pour ce monde.

Renotte, étouffée, appela par deux fois.

— Rostan ! Rostan !

Le jeune marquis lui serra sa cravatte sur la bouche et arracha la corde de boyau qui servait au rouet. En un clin d'œil, Renotte fut garottée des quatre membres et attachée à l'anneau de la huche. Antoine reprit la chandelle de résine et s'élança vers la troisième chambre.

Il vit Madeleine étendue sur le lit, et, auprès d'elle, un enfant nouveau-né du sexe masculin.

La chambre de Victoire était vide. Son livre d'heures restait ouvert sur la table de nuit, à la page où elle avait lu sa prière du matin. Auprès du livre, il y avait une lettre cachetée.

Entre les deux flambeaux de cuivre qui ornaient la cheminée, un petit globe de verre abritait un bouquet de fleurs des champs, desséchées et flétries.

Antoine avait au front une pâleur mortelle. Il prit la lettre et la tint un instant entre ses doigts.

Madeleine rouvrit les yeux. Antoine laissa tomber la lettre................,..........................
..................................

— Ma sœur Victoire fait comme cela des absences depuis quelque temps, dit Madeleine, qui s'était assise sur son lit et berçait son petit enfant dans ses bras.

— Ne craignez-vous point qu'il lui soit arrivé malheur ? demanda le jeune marquis.

Madeleine secoua la tête lentement.

— Malheur ! répéta-t-elle avec un sourire découragé ; peut-il arriver ici autre chose que des malheurs ?

— Je revenais la chercher, dit Antoine.

Le regard de Madeleine brilla puis s'éteignit.

— Je veux bien être seule à souffrir! murmura-t-elle.

Elle allait perdre encore une consolation, la pauvre âme brisée!

— Victoire n'a pas eu confiance en moi, reprit-elle avec fatigue et d'une voix qui n'avait point d'inflexion, mon mari lui a pris tout ce qu'elle avait : peut-être me garde-t-elle rancune.

Une larme se balança aux cils de sa paupière.

— Alors demanda le jeune marquis, après un silence, vous ne savez rien d'elle ni de son enfant?

Madeleine répéta comme une personne qui a mal entendu :

— De son enfant?

Elle passa le revers de sa main sur son front à plusieurs reprises.

— Ah! fit-elle enfin: vous voilà bien riche, c'est vrai! vous épouserez ma sœur.... j'y ai pensé plus d'une fois. Mais que parlez-vous d'enfant?

Un instant, le cœur d'Antoine s'était mépris. Il avait eu envie d'étreindre le nouveau-né contre sa poitrine.

— C'est moi qui ai un enfant reprit Madeleine en baissant la tête; deux enfants. Avez-vous entendu parler de nous, mon cousin? Demain, nous n'aurons plus d'asile.

Antoine revint vers elle et lui prit les deux mains.

— N'êtes-vous pas ma sœur, Madeleine? dit-il; que vous ai-je fait pour que vous doutiez de moi?

— Vous détestez mon mari, répliqua Madeleine, et vous le méprisez.

— Je vous en prie! s'écria Antoine, qui se mit à genoux près du lit, parlez-moi de Victoire. A quelle heure rentre-t-elle? Où puis-je la trouver? Ce retard me fait mourir!

Madeleine rêvait.

— Si j'avais su que ma petite sœur avait un enfant... commença-t-elle; mais elle a bien fait de ne rien dire. Je suis la femme de François Rostan ; pourquoi aurait-on confiance en moi? Je la voyais sortir et rester bien longtemps loin de la maison. Je pensais : elle est lasse de me voir pleurer toujours...

— Ah ! interrompit-elle tout à coup pendant qu'une larme roulait sous sa paupière, ma sœur est bien heureuse! Tant mieux, seigneur Jésus! Je ne suis pas jalouse. A-t-elle eu peur que je lui reproche sa faute ! Il y a des gens trop bas tombés pour juger autrui.

Elle s'arrêta, et ses yeux restèrent fixés dans le vide. Antoine la contemplait, si changée par la souffrance et pourtant si admirablement belle encore. Dans ce cadre que faisaient à son visage pâle les masses éparses de ses cheveux, Antoine cherchait involontairement les traits jeunes et souriants de sa Victoire. Antoine avait aimé la cadette après l'aînée, nous dirions presque pour l'aînée ; le premier battement de son cœur avait été pour Madeleine. Ce n'était pas seulement de la pitié que lui inspirait cette pauvre femme : elle avait sa part dans la tendresse profonde et chevaleresque qu'il portait à Victoire.

— Ecoutez ! fit-elle ; voilà que je me souviens. Mais comment voulez-vous que je pense aux autres, grand Dieu! Je me souviens qu'elle m'a parlé d'une jeune fille des anciens Bretons qui nourrissait son enfant avec le lait de chèvre, Il y a une caverne là-bas, de l'autre côté du cap Fréhel...

— Le Trou-aux-Mauves, interrompit Antoine.

— Oui, le Trou-aux-Mauves. L'idée m'est venue d'aller l'y chercher aujourd'hui. mais le pauvre monteur m'a dit: Elle vous attend à la maison. J'avais grand'peine à marcher. Avez-vous vu Irène en passant? Dortelle? Le pâtour n'est pas venu parce qu'il aura su qu'on va nous chasser de chez nous. Irène pourra coucher sur la lande, mais l'enfant...

Un sanglot lui déchira la poitrine. Antoine voulut parler; elle lui ferma la bouche d'un geste et continua rapidement :

— C'est là que vous la trouveriez... ou peut-être à la paroisse de Saint-Cast, car elle est bien pieuse, et, depuis qu'elle est mère, elle doit prier encore plus. Quelle heure est-il? Elle rentre toujours une heure avant François.

Antoine tira sa montre.

— Toujours! répéta Madeleine, qui fondait en larmes maintenant; hélas! mon Dieu! il ne rentrera plus! nous étions encore une famille. Je souffrais, mais l'enfant avait un berceau et du pain.

— Madeleine, dit Antoine, ma chère Madeleine! Il est onze heures passées, rentre-t-elle parfois si tard que cela?

— J'en ai vu, murmura la jeune femme qui croisa ses deux mains sur sa couverture, j'en ai vu de ces pauvres mères qui allaient le long des routes avec des petits enfants maigres et nus...

Le nouveau-né jeta un cri plaintif; elle l'attira passionnément contre son cœur.

Antoine, qui s'était levé, retomba sur ses genoux auprès du lit.

— Au nom de Dieu! ma sœur Madeleine, s'écria-t-il, ne craignez rien pour ceux qui vous sont chers. Il n'y avait personne au Trou-aux-Mauves. J'ai peur... son mouchoir était tout trempé de larmes!

Madeleine prêta l'oreille. Un bruit léger venait du dehors. Antoine s'élança vers la fenêtre et l'ouvrit.

— C'est le vent, dit Madeleine.

Antoine répéta :

— C'est le vent.

Le vent plaignait en effet dans les grands arbres de la futaie.

Antoine vint s'asseoir sur le pied du lit. La lueur de la résine frappait en plein son visage.

— Ma sœur, reprit-il doucement, voulez-vous venir avec nous? Vos enfants seront les nôtres, et vous oublierez ce que vous avez souffert.

— Je suis la femme de François Rostan, répondit Madeleine d'un air sombre; mes enfants sont ses enfants.

— Restez donc, si c'est votre devoir, ma sœur; François Rostan est mon cousin; ce que j'ai contre lui peut être oublié. Je suis assez riche pour racheter votre maison et vous la rendre.

Madeleine le regarda comme si les paroles prononcées n'eussent point eu de sens pour elle.

Antoine lui souriait. Antoine allongea sa main vers l'enfant. Madeleine éleva le petit garçon dans ses bras et le lui tendit en pleurant.

— Je ne sais... je ne sais! balbutia-t-elle; j'ai peur de me tromper quand on me parle de bonheur.

Au moment où le jeune marquis allait prendre l'enfant pour consacrer sa promesse, un coup de feu retentit dans la direction de la futaie de Maurepar. Antoine bondit en avant et chancela en portant la main à sa poitrine. L'enfant tomba sur les couvertures. Madeleine sauta hors de son lit.

— Je suis blessé, dit Antoine, dont la face devenait livide.

— Ah! ah! fit une voix dans la cour, mon petit *fieu* n'a pas manqué son coup!

## XIV

LE SOUPER DU PATOUR.

La vieille Renotte avait rompu sa laisse. Ce mariage du grand Rostan avec Madeleine avait fait, dans le temps, jaser tout le pays. Personne n'ignorait les jeunes amours du marquis Antoine et de Madeleine Rostan du Boscq, fille du feu comte. La Morgatte n'avait rien inventé pour piquer la jalousie du hobereau : elle n'avait fait qu'envenimer la morsure du bavardage public.

Renotte était plus jalouse que son maître. Elle n'aimait point Madeleine, parce qu'avant l'arrivée de Madeleine, elle gouvernait la maison.

Il y avait pour Renotte quelque chose d'odieux et comme un raffinement d'outrage dans la venue du marquis, à la veille de l'accouchement, à la veille de la ruine.

Elle était geôlière, non pas par l'ordre précis du hobereau, mais de son consentement tacite.

Comme la porte de la chambre d'Irène était fermée en dehors, Renotte sortit dès qu'elle eut rompu le lien qui la tenait captive. C'était l'heure : elle savait que son maître ne pouvait être loin. Autant que ses vieilles jambes pouvaient courir, elle pressa le pas, glissant sur le sol humide de la cour et s'embourbant dans la fange qui emplissait le chemin creux.

Elle se retourna bien des fois avant d'arriver à la futaie : elle voyait toujours à travers les carreaux Antoine agenouillé auprès du lit de Madeleine. Elle ne savait pas l'existence de l'enfant.

Quand elle eut passé les premiers arbres du bois, elle commença d'appeler tout doucement Rostan par son nom. Elle le connaissait bien. Depuis que François Rostan avait du malheur, la solitude l'accablait. Rien que pour revenir tout seul du cabaret après la nuit tombée, les idées noires le prenaient. Il s'asseyait parfois au pied d'un arbre, son fusil entre les jambes, et il restait là, immobile comme une pierre plantée.

Tout en marchant, la vieille Renotte regardait au pied des arbres.

Mais, ce soir, François Rostan ne s'était point assis en chemin. Nous savons qu'il avait eu assez d'autre besogne. Il entendit la voix de la vieille Renotte, alors qu'il quittait la lande pour entrer sous le couvert. Il avait un bon moment : il songeait à sa femme et à l'avenir. Ce qui lui restait de cœur essayait de réagir contre l'obsession de la Morgatte.

— Holà ! l'ancienne ! cria-t-il presque gaiement, viens-tu me dire que Madeleine a un fils ?

Renotte n'entendit point, mais elle aperçut la grande silhouette de son maître qui se détachait confusément dans l'ombre. Elle ne fit qu'un saut vers lui : ses jambes n'avaient plus que vingt-cinq ans.

— Il est temps! il est temps! dit-elle avec volubilité ; croyais-tu que j'aurais pu rompre la corde de mon rouet, notre monsieur ? Je ne l'ai pas reconnu tout de suite... ah! ah! si j'avais eu la force, je ne serais pas venue vous chercher, François !

— Que diable me chantes-tu, sorcière? grommela le hobereau, qui comprenait à demi déjà.

Car Astrée lui avait dit de couler une balle dans le canon droit de son fusil, à l'intention de l'homme qu'il trouverait, cette nuit, près de sa femme.

Le nom d'Antoine était sur ses lèvres.

— Il m'a jeté de côté comme un battant de porte, continua Renotte ; mais marchons en parlant, *petit fieu* ; il ne faut pas qu'il s'échappe. Si vous avez envie de le savoir, il est déguisé en marin... Ils ont fermé la porte en dedans.

Le grand Rostan pressa le pas. Renotte s'attacha à sa blouse pour le suivre. Elle allait courbée en deux et buttant, mais elle parlait toujours.

— Beau gars comme autrefois. Plus pâle et la moustache épaisse. La marquise est-elle morte là-haut? Voilà qu'il a de quoi enlever des femmes. J'ai vu le temps où tu étais jaloux, notre monsieur...

Elle essaya de le regarder pour juger l'effet produit. Rostan marchait trop vite. Le pied de la vieille tourna dans une ornière ; elle culbuta. Le hobereau ne s'arrêta point.

— A la bonne heure, petit fieu! s'écria-t-elle par derrière ; va toujours! je te reconnais!

Elle se releva et le rejoignit par un effort désespéré. Ils arrivaient à l'avenue principale. Au bout du chemin creux, la lumière qui était dans la chambre de Madeleine brillait comme une étoile. Antoine venait en effet d'ouvrir la fenêtre.

Le grand Rostan s'arrêta court. Son œil de chasseur distinguait déjà Madeleine couchée, le jeune marquis, assis au pied du lit et la forme vague du petit enfant, demi-caché dans les bras de sa mère.

Son cœur se serra. Une sueur froide inonda ses tempes.

Renotte avait pris les devants. Elle se croyait suivie. Elle perdait haleine à continuer son bavardage accusateur.

Le grand Rostan voulut armer son fusil, mais sa main tremblait trop. Au moment suprême, il chercha des excuses pour sa femme, car il aimait sa femme. La pensée de Victoire lui traversa l'esprit encore une fois. Si Victoire se fût montrée à cette heure dans la chambre de Madeleine, c'en eût été fait de tous les plans de la Morgatte. Mais la Morgatte avait paré à cela.

Et l'enfant? un garçon peut-être? Le grand Rostan avait tant désiré un garçon!

Il attendit, pensant toujours que la porte de Victoire allait s'ouvrir. Quand le jeune marquis prit les deux mains de Madeleine il se mit à marcher.

— Je voudrais voir si l'enfant me ressemble! pensait-il.

Ce fut au moment où Madeleine élevait le petit garçon dans ses bras, pour l'offrir à Antoine, que le vertige saisit François Rostan. Il lui semblait que Madeleine disait:

— Prends-le; il est à toi.

Il arma son fusil d'un temps, épaula visa et tira.

La portée était bonne, mais le grand Rostan ne brûlait jamais sa poudre en vain. La vieille Renotte, qui vit Antoine bondir sur le coup, puis chanceler en touchant sa poitrine, crut que François avait tiré de près, derrière elle, et pour ainsi dire par-dessus son épaule. Elle se retourna en poussant ce cri de triomphe que nous avons entendu, mais elle ne vit personne. Le grand Rostan était tout au bout du chemin creux, au plus épais des ténèbres qui tombaient des arbres de la futaie. Il était immobile, appuyé sur son fusil. Un voile était maintenant au devant de ses yeux.

La petite Irène, éveillée en sursaut, s'était élancée dans la chambre de sa mère. Madeleine se traîna, tenant le nouveau-né dans ses bras jusqu'à la chambre à coucher de Victoire.

— Il va venir et nous tuer tous! dit-elle.

— Arrivez! arrivez! criait Renotte dans la cour; le chouan n'est que blessé! Arrive, mon petit fieu! Tu as bien commencé, finis bien!

Une ombre se détacha d'un gros tronc de chêne qui croissait dans le talus, à quelques pas du hobereau. C'était une femme, vêtue d'une mante brune. Elle vint jusqu'au milieu du chemin creux et se fit un garde-vue de sa main. Elle regarda pendant une longue minute la chambre toujours éclairée où le jeune marquis restait seul, un genou en terre et les mains appuyées contre sa poitrine.

— Tu étais-là! murmura le grand Rostan; as-tu vu qu'elle a élevé l'enfant vers lui?

Astrée se retourna.

— Tu n'as que le temps de courir à la lande, dit-elle au lieu de répondre; Sulpice va passer: ne le manque pas!

François se frappa le front violemment, comme s'il eût voulu faire jaillir une pensée de sa cervelle engourdie. La Morgatte lui mit la main sur l'épaule.

— Tu t'es vengé, prononça-t-elle à son oreille; va gagner ta fortune!

— Ne viens-tu pas avec moi?

— Moi, répliqua la Morgatte d'un ton calme. Je ne sais pas si cet homme est mort. Je reste.

Rostan rechargea son fusil et partit pour la lande. Comme il s'éloignait, Astrée vit le jeune marquis Antoine se relever péniblement et emjamber l'appui de la croisée. Elle mit le pistolet à la main et appela tout bas :

— Mon oncle !

Le rebouteux Jean Touril, les poches gonflées et portant toujours sur l'épaule son paquet noué dans une serviette, se laissa glisser le long du talus. Il grelottait et semblait aller à contre-cœur.

— Prends cela, dit la Morgatte en lui tendant l'autre pistolet.

Les dents de Jean Touril claquèrent. Cependant il repartit :

— La mère reste et les deux enfants grandiront. Tout ça n'est pas régularisé !

Les douaniers du cap Fréhel avaient opéré une capture véritablement importante. Ils avaient manqué les denteliers, et les fraudeurs de Jersey, mais ils avaient pris le pâtour Sulpice : un homme dangereux. En outre, Toto Gicquel, le monteur, était en leur pouvoir. Les douaniers du cap pouvaient se vanter d'avoir fait une bonne campagne.

Sulpice le pâtour et Toto Gicquel avaient été signalés, on s'en souvient, par l'honnête Jean Touril, lors de sa visite au poste, comme deux ennemis de la paix publique. Aucun autre témoignage ne militait contre eux ; mais Toto Gicquel était bien pauvre, et le pâtour avait pour père un proscrit. D'ailleurs, à quoi bon patrouiller, si on ne ramasse pas quelque chose ?

C'était l'escouade du brigadier Rouaix qui avait eu la

chance de capturer le pâtour. Un pareil fait d'armes pose un employé. Le brigadier remonta au poste pour rédiger son rapport et laissa le préposé Pierre Gaudeau à la tête de l'escouade. Il ne s'agit pas seulement de vaincre, comme l'ont dit plusieurs historiens célèbres, il faut encore profiter de la victoire. Rédiger un rapport, c'est profiter de la victoire,

Là poésie a trop négligé de chanter ces pacifiques guerriers qui gardent nos côtes et surveillent nos frontières. La lyre a fait bien plus pour leurs ennemis naturels, les contrebandiers. Aux yeux séduits des dramaturges et des producteurs de romances, le contrebandier a cette auréole qui brille au front du klephte, du brigand calabrais, du pirate uscoque et du bandolero catalan. Le douanier partage, en face des albums de chant, l'humble posture du gendarme. Depuis le commencement du monde, toutes les guitares, fussent-elles bien en cour, vivent d'opposition.

Quelque jour on rendra justice aux gendarmes. Qu'il nous soit permis de constater ici que les militaires de la douane sont l'ornement des localités qui les possèdent.

Dans la douane comme ailleurs, un rapport est une lettre de change tirée sur la fortune administrative. N'a pas qui veut l'occasion de rédiger un rapport. Un rapport bien rédigé vaut un sonnet sans défauts. Le dieu qui préside au personnel lit quelquefois les rapports. On a vu des rapports allumer le flambeau d'hyménée et changer un surnuméraire en gendre d'armateur.

Le brigadier Rouaix prit une feuille de papier à tête imprimée, alluma sa pipe et trempa sa plume dans l'encre épaisse. Le vent qui soufflait par les meurtrières de la tour et ces grands bruits profonds qui viennent du large donnaient de l'élévation à ses pensées. Il écrivit :

« Monsieur le directeur,

« Au moment où l'horizon politique semble se couvrir d'un nuage, il est du devoir de tout homme de cœur de consacrer au service du pays, toute sa force, toute son intelligence, et toute sa volonté. »

Le brigadier Rouaix s'arrêta ici pour se frotter les mains avec orgueil. Il trouvait le début marqué au bon coin. Il avait raison.

« Chef de service au poste de Fréhel, continua-t-il d'écrire, je me suis trouvé tout à coup, ce soir, dans des conjectures telles que j'ai dû les croire au-dessus de mon âge et de mes capacités. Je n'ai en effet que trente-deux ans, monsieur le directeur, dont quinze années de service avec des notes toujours excellentes et l'estime de mes commandants.

« Voici quelles sont les circonstances difficiles en question ci-dessus et que j'ai surmontées avec un certain succès... »

En cet endroit, le brigadier traça un tableau vif et bien senti de l'état de la contrée. Il dessina même un petit paysage de style où l'on voyait la tour de Fréhel, perchée au sommet de ce roc incessamment battu par la tempête et ayant le triple talent de supporter un télégraphe, de faire tourner un phare et de loger un poste de douaniers.

La contrebande, fomentée par les gens du pays, prenait des proportions formidables. Un vieux levain d'hostilité politique couvait. La côte entière vivait de fraude, et il ne fallait attendre aucun secours des paysans, attachés de cœur ou de routine à la branche aînée des Bourbons. Contrebande permanente, conspiration chronique.

Or, les deux fléaux avaient choisi, pour sévir, le moment où le brigadier Rouaix commandait le poste de Fréhel. Bataille rangée contre les denteliers de Jersey débarqués à Roche-Guyotte, tentative inexpliquée des fraudeurs, qui avaient hélé la patache sous le cap, arrivée de deux personnages mystérieux qu'on supposait être des proscrits de 1832.

Nuit pleine de piéges et de dangers, comme le disait le brigadier Rouaix dans son rapport qui continuait ainsi :

« ... J'avais depuis longtemps, monsieur le directeur, des renseignements suspects sur deux mauvais garnements de ce canton, qui me semblaient être les suppôts du désordre et les correspondants de la contrebande jersiaise sur nos côtes. J'ai dû hésiter, car, au premier aspect, la position modeste de ces deux individus les garde contre le soupçon. Mais, cette nuit, mon hésitation a pris fin. J'ai vu de mes yeux, et les deux coupables sont sous la main de l'autorité.

« Un honnête citoyen du bourg de Plouësnon, M. Touril, est venu vers la tombée de la nuit faire une déclaration importante. Il m'a signalé, entre autres personnes dangereuses, les deux individus dont est cas. Le premier, jeune gars à peine sorti de l'enfance, mais dont la perversité a devancé les années, a nom Sulpice et occupe la place de pâtour ou berger à la bergerie du Tréguz ; c'est un caractère résolu, intelligent. Son père suit en qualité de complice le fameux marquis Antoine de Maurepar, condamné à mort par contumace lors de la petite-Vendée. Le second est une pauvre créature (du moins, en apparence) comme notre Bretagne en offre encore des échantillons assez rares, un sauvage, presque un idiot : il gagne sa vie à un métier de gueux. Ces deux êtres ont passé la nuit hors de leurs domiciles respectifs.

Après avoir opéré chez le dernier une visite sans résultat, mais qui nous avait laissé quelques doutes, nous l'avons retrouvé, où? dans la cabane du premier. Le complot a-t-il besoin d'autres preuves?

« Quant au premier, monsieur le directeur, nous avions formé une embuscade à la Croix-le Comte, entre le château de Maurepar et Plouësnon. C'était la route que devaient suivre nécessairement les denteliers. Contre toute attente, ils ne l'ont pas suivie. Vous allez voir, néanmoins, que l'embuscade, loin de manquer son effet, a eu un excellent résultat.

« D'abord, vers dix heures de nuit, nous avons vu passer en grand désordre un jeune prêtre, neveu du curé de Plouësnon. Le caractère de cet ecclésiastique me ferme la bouche, mais il ne peut être défendu de faire observer que les tendances du clergé sont presque généralement légitimistes. La douane n'est pas la police, Dieu merci !

« Vers dix heures et demie, le nommé Sulpice s'est jeté dans nos rangs comme un fou ; interrogé sur-le-champ, il a balbutié et répondu des paroles incohérentes, nous suppliant de le laisser libre et nous affirmant qu'il s'agissait de vie et de mort.

« Pressé par moi, l'enfant a tout à fait perdu contenance. Il a fondu en larmes, et le nom de son père est tombé de ses lèvres. J'ai dû m'assurer de sa personne.

« Il résulte des faits précipités, monsieur le directeur, que les deux principaux instruments de la fraude étrangère sont entre nos mains présentement. Quant au nommé Sulpice le père, patron de barque, votre sagesse appréciera l'usage qui doit être fait du renseignement positif que je vous donne : Cet homme est dans le pays.

« Je termine en constatant que tous mes hommes ont fait leur devoir, et je me permets de signaler particulièrement à votre bienveillance éclairée le préposé Pierre Gandeau, qui s'est plongé jusqu'à la ceinture dans un bas-fond sous le Tréguz, afin d'éclairer les roches et dont l'humeur gaie, soutient les camarades dans les moments graves.

« J'ai l'honneur d'être, avec le plus profond respect, monsieur le directeur, etc. »

Ayant érigé ce monument, le brigadier Rouaix ralluma sa pipe éteinte, et mit ses pieds au poêle, Il rêva ce paradis des malheureux du service actif : l'administration, le bureau, — le café de l'Industrie, — le théâtre — et la demoiselle d'en face qu'on épouse, à force de se raser à l'heure exacte où elle arrose son pot de réséda.

Pendant cela, Pierre Gandeau, le préposé et ses hommes bivouaquaient au Tréguz, car on avait donné au pauvre petit pâtour Sulpice sa propre demeure pour prison. Sulpice et son compagnon de captivité Toto Gicquel étaient garottés solidement et couchés dans un coin. Pierre Gandeau et les camarades mangeaient la soupe préparée pour le patron Sulpice.

Or, c'était là un immense crève-cœur pour le triste Toto Gicquel. Pendant une heure que Toto était resté seul dans la cabane, il avait eu pour le moins soixante fois la tentation d'emplir une écuelle de soupe et de la dévorer. Toto Gicquel n'était jamais sans avoir faim, et la marmite sentait si bon !

Au bout d'une demi-heure, Toto avait mis, selon la consigne, laissée par le pâtour, le morceau de lard brun dans le bouillon avec une maîtresse poignée de gros sel. Quand le sel fut fondu, l'odeur devint plus appétissante encore ; Toto eut besoin de toute sa vertu pour résister. Il y avait là tout ce qu'il fallait pour tourner la tête d'un affamé : le pain, le cidre, l'eau-de-vie, et la tuile brûlante où Toto aurait très-bien pu se faire une demi-douzaine de crêpes.

Mais tout cela était pour le patron Sulpice : Toto ne trempa même pas son doigt dans la marmite.

Et maintenant, au lieu du patron, c'étaient les gabelous qui étaient venus, ramenant le pâtour en laisse. Toto Gicquel avait jeûné pour Fricandeau et sa clique ! Il regrettait sa vertu ; il contemplait d'un air sombre le bel appétit de l'escouade, qui mangeait à la gamelle gaiement et buvait à même le piché en se moquant de son hôte.

— C'est haut comme ma botte et ça ment déjà mieux qu'un homme ! dit Pierre Gandeau en lampant une fière gorgée de cidre ; et c'est du bon qu'il a acheté, c'est certain. Où prends-tu ça, petiot?

Le pâtour ne répondit point. Il avait la tête penchée sur sa poitrine et restait immobile comme une statue. Toto Gicquel s'adossait à la muraille derrière lui.

— Oser soutenir qu'il n'attendait personne cette nuit ! reprit le préposé en haussant les épaules ; Petiot, est-ce que tu soupes comme cela tous les soirs?

Même silence.

La respiration du pâtour s'embarrassait dans sa poitrine. Il était si pâle qu'il ressemblait à un mort.

Les douaniers se remirent à manger, causant de chose et d'autre.

— Es-tu lié bien fort? demanda tout bas Sulpice qui se retourna à demi vers son compagnon.

— La corde m'entre dans la chair, répliqua le monteur.

— Tu ne peux pas bouger?

— Non.

— Brrr ! fit Gandeau en soufflant dans ses doigts; il

gèle ici ! va me chercher un de ces moutons-là, Etienne, pour me servir de chaufferette.

Les six moutons favoris dormaient, les cols en croix, mêlant leur laine blanche et molle. Etienne en traîna un, puis deux, tout le monde en voulut avoir ; chaque paire de gros pieds crottés se fourra dans la toison charmante, et les bonnes bêtes, à demi éveillées, reprirent leur somme sous la table, sans souci aucun de l'outrage.

Le pâtour avait des gouttes de sueur aux tempes. Il prêtait l'oreille avidement au silence du dehors. Parmi les grands murmures des grèves, il semblait démêler des bruits mystérieux.

Gandeau, qui ne se réchauffait pas assez vite, fit des yeux l'inventaire de la loge.

— Où mets-tu ton bois, petiot ? demanda-t-il.

— Je n'ai pas de bois, répondit Sulpice.

Puis se ravisant, car une idée venait de lui traverser l'esprit, il ajouta :

— Me laisserez-vous me chauffer ? J'ai froid.

— Nous ne sommes pas des païens, ma poule, on te laissera te chauffer.

— Eh bien ! dit le pâtour, il y a de bons fagots bien secs derrière la huche.

Deux douaniers allèrent au lieu indiqué. L'instant d'après, un feu vif et clair pétillait dans l'âtre. Gandeau bourra sa pipe en homme sensuel qui a obtenu tous les aises de la vie.

— Voilà ce que j'appelle une nuit qui peut compter ! reprit-il en se renversant sur son escabelle le dos au mur, demain, il fera jour, et on trouvera peut-être plus d'un corps mort dans les roches. Le peloton du sous-brigadier a tiré comme un diable là-bas, devers Roche-Guyotte.

— Et sous le Trou-aux-Mauves, donc! ajouta Eustache.

— Les fraudeurs ont dû riposter, fit Etienne; c'est l'équipage du grand chasse-marée d'Aurigny.

— Ou l'équipage du *Flambard*, qui courait des bordées pendant le grain. Quant au maraudeur que nous avons descendu sur la lande, en face du poste, il doit avoir du plomb dans l'aile ; on verra ça demain!

Le pâtour Sulpice se leva de son haut, malgré ses liens. Un coup de feu venait de retentir au loin vers l'ouest.

Tous les douaniers restèrent bouche béante.

— C'est du côté de la maison du grand Rostan! grommela Pierre Gandeau.

Deux larmes avaient jailli des yeux du pâtour. Son cœur soulevé s'écrasait dans sa poitrine. C'était l'heure où son père devait passer sur la lande.

Nous savons, nous, que le premier coup de fusil du grand Rostan n'avait pas été pour le patron Sulpice.

Tout était rentré dans le silence au dehors.

— Vous m'aviez promis que je me chaufferais, dit le pâtour, dont la voix tremblait.

— Chauffe-toi si tu veux, répliqua Pierre Gandeau.

— Je ne peux pas marcher.

— C'est juste. Approche-le du foyer, Etienne : il grelotte, cet enfant-là.

Etienne prit le pâtour à bras le corps et l'étendit par terre au devant des chenêts. Sulpice dit merci.

Puis on se remit à boire. On commenta, ma foi! les dernières circulaires de l'administration, qui, vu l'état du pays et le développement anormal de la contrebande, ordonnaient aux douaniers de faire usage de leurs armes en divers cas donnés, le jour et la nuit, en toutes circonstances critiques, suivant le libre arbitre des chefs.

— Est-ce que tu te grilles, enfant? demanda tout à coup le caporal Gandeau, cela sent le roussi?

Les douaniers se retournèrent. Une odeur de chair brûlée montait dans la chambre, et le dos du pâtour fumait. Il s'était approché du foyer par un mouvement insensible. La corde qui liait ses poignets par derrière flambait et lui brûlait la chair.

Pas une plainte ne tombait de sa bouche.

Toto Gicquel, tout pâle, détournait la tête.

Comme les douaniers se levaient tous ensemble, un second coup de fusil sonna sur la lande, et le chien Randonneau poussa un long hurlement.

Le pâtour se dressa sur ses pieds, saisit un tison dans l'âtre et le brandit comme une arme. Ses poignets étaient noirs et sanglants, mais il n'avait plus d'entraves. Il sauta tête baissée au milieu des douaniers, qui s'écartèrent, franchit d'un bond l'appui de la fenêtre et disparut.

On entendit Randonneau, qui avait rompu sa laisse, courir après lui en aboyant comme un chien de chasse au bois.

## XV

LE SECOND COUP DE FUSIL.

Le pâtour traversa le chemin comme une flèche et franchit le talus d'un saut. Randonneau, joyeux et affairé, gambadait devant lui. Les douaniers restèrent à s'entre-regarder dans la bergerie : le préposé Gaudeau faisait la plus piteuse grimace du monde. Hélas! justement à cette heure, le brigadier Rouaix écrivait la maîtresse phrase de son rapport : celle où il se félicitait d'avoir opéré l'importante capture que nous savons.

— Il faut courir après! dit Gaudeau.

L'escouade tout entière prit les armes et sortit dans le chemin, laissant Toto Gicquel à la garde de ses liens. La fuite du petit pâtour et cette stoïque façon de rompre sa chaîne l'avaient tout à coup grandi à la taille d'un géant. Qu'importait maintenant le pauvre monteur?

Les douaniers, Gaudeau en tête, franchirent à leur tour le talus. Les aboiements de Randonneau se faisaient encore entendre dans le lointain. Gandeau et ses hommes prirent leur course dans la direction du bruit.

Le bruit les guidait vers le bas de la falaise, à l'endroit nommé Roche-Guyotte..

C'était là en effet que le pâtour avait descendu, non point pour gagner la mer, mais pour prendre la grève et tourner vers la maison du grand Rostan, qu'il voulait visiter à tout prix.

La mer commençait à monter; le flot brisait au plus loin sur la grève, où les récifs dessinaient en noir leurs chaînes capricieuses. La brise était forte encore, mais régulière, et le ciel nettoyé chargeait d'étoiles innombrables son azur profond. Du firmament, tombaient ces lueurs trompeuses des nuits claires et sans lune qui donnent à tous les objets une apparence fantastique.

Chaque douanier vit le fugitif dans un coin de la grève : aucun ne le vit au même endroit. Autant de récifs noirs, isolés et détachés sur le sable, autant de pâtours immobiles.

— Le voici! s'écria Gandeau. Eparpillez-vous et tâchons de le tourner!

— Le voilà! riposta Etienne; à trente pas *su-sur-ouâs* (sud-sud-ouest), vous allez voir quand le phare va tourner.

— C'est une roche, répliqua Eustache en haussant les épaules; faut pas avoir inventé la poudre pour prendre une pierre pour un petit gars.., A gauche, là, regardez voir!

— Non pas! interrompit Moreau, à droite! ici!

— Tout devant vous! trancha Georget; le méchant mioche est debout et son chien est auprès!

On n'avait pas pensé au chien. Gandeau, Etienne, Eustache et Moreau durent se rendre à l'avis de Georget. Le phare tourna cependant, et le groupe, composé du pâtour et de son chien, reçut de vagues lueurs. Les douaniers reconnurent un petit récif à deux têtes, où plus d'un bateau avait touché, et qui portait là, depuis la naissance du monde, son manteau luisant de goëmons, semés de coquillages.

Ils dirent en chœur et d'un accent convaincu :

— C'est drôle comme la nuit trompe !

La lumière du phare s'en alla, et tous tant qu'ils étaient, les douaniers se prirent à revoir le pâtour et son chien à droite, à gauche, devant, derrière, partout.

— Ecoutez ! fit Gandeau, qui pencha son oreille vers la terre.

Le chien du pâtour était sans doute ventriloque, car chacun crut l'entendre aboyer à un demi-quart de lieue de là dans les terres.

En même temps, la brise du large apporta un chant lointain et bizarrement cadencé :

>     Qui veut ouïr l'histoire,
>         Malonlanla,
>         La tour larira,
>     Qui veut ouïr l'histoire
>     D'un gros gras couturier ?

— Je donnerais un petit écu pour un rayon de lune ! s'écria le préposé Gandeau.

Ainsi Ajax défiait l'Olympe pour un rayon de soleil.

— Battons la plage, opina Etienne.

— Tournons le Tréguz, dit Eustache : la voix du chien venait par là.

Les autres proposèrent différentes opinions : Il y eut une opinion par tête. Personne n'apercevait la barque où notre ami Roblot fumait voluptueusement sa pipe en chantant des chansons sans queue ni tête.

Toutes les incertitudes s'évanouirent quand revint la

lueur du phare. Gaudeau, Etienne, Eustache, etc., distinguèrent parfaitement un mouvement dans les récifs qui forment le groupe de Roche-Guyotte. Il n'y avait plus à s'y tromper ; ce n'était pas, cette fois, une forme vague, empruntant je ne sais quelle fantastique mobilité aux mensonges de la nuit, c'était un être humain, marchant sur des jambes vivantes et même attaquant le galet d'un pied assez ingambe. Pierre Gaudeau et ses subordonnés furent unanimes pour penser que ce personnage ne pouvait être là dans de bonnes intentions. Il n'était plus heure de se promener, et le moment semblait mal choisi pour pêcher aux langoustes.

Ce devait être encore là une capture importante. Pour la première fois de sa vie, Pierre Gaudeau entrevit l'occasion de rédiger un rapport.

Justement, il savait un peu écrire. L'orthographe seule manquait. Mais qui sert bien son pays, a dit Voltaire, n'a pas plus besoin d'orthographe que d'aïeux!

Un rapport signé Gaudeau (Pierre)! Un rapport sur papier à tête avec un numéro d'ordre et le timbre du bureau. Un rapport détaillé, plein de couleur, effet de nuit, marée montante...

— Mes biribis, dit le préposé d'un ton caressant, avons-nous du cœur au ventre?

— Un peu! répondirent tous ces mâles esprits.

— Et pas froid aux yeux?

— Aux pieds, je ne dis pas, répliqua Eustache.

— Nous allons réchauffer ça. J'ai une idée. Elle est cocasse. De deux choses l'une : ou le coquin qui vient de disparaître sous la Roche-Guyot, est seul ou ils sont plusieurs. S'il est seul, nous le pincerons en passant, et voilà. S'il a des camarades, c'est qu'on a débarqué des marchandises. Marchons en avant avec prudence et valeur en nous glissant à plat ventre. Le succès couronnera nos efforts ; nous aurons du boni, indépendamment que la patrie saura nous décerner des récompenses !

Ayant ainsi parlé, Pierre Gandeau se mit à quatre pattes. Etienne, Eustache, Moreau, Georget et les autres l'imitèrent. Une grande émotion régnait parmi cette troupe d'élite. Chacun était déterminé à faire son devoir. Pierre Gandeau avait moins de mérite que les autres, parce que le commandement en chef exalte l'âme. Quel guerrier ne sent doubler sa vaillance quand il se voit tout à coup au premier rang ?

Gandeau rampait, mais avec fierté. Il traversa la petite grève qui sépare la falaise des brisants. De temps en temps, il se retournait pour adresser à ses compagnons quelques paroles fermes et nobles. En arrivant dans les roches, les douaniers ralentirent leur marche. Gandeau conseilla à sa troupe de se servir surtout de l'arme blanche et de faire le plus de prisonniers possible. Ce furent ses dernières paroles. Le plus profond silence était désormais nécessaire. Au bout de deux ou trois minutes, Eustache, qui formait l'aile gauche de l'escouade poussa un cri étouffé. Etienne répondit à ce cri par un juron. L'escouade entière cessa de ramper et se dressa comme un seul homme. L'ennemi venait de se démasquer. Gandeau avait affaire à une armée égale en nombre à la sienne.

Ce rocher solitaire vit alors une mêlée qui mériterait d'être racontée avec les plus grands détails. Gandeau se précipita sur le chef ennemi, et il y eut entre ces deux capitaines un combat désespéré. Les ténèbres jalouses cachèrent de très-remarquables faits d'armes. Etienne et Eustache se montrèrent dignes de l'uniforme qu'ils portaient ; Georget fit honneur à ses parents ; Moreau, un tout jeune homme, déploya une solidité au-dessus de son âge.

Le résultat de cette lutte ne peut être exprimé qu'avec des précautions infinies. A Dieu ne plaise qu'il entre dans notre pensée de jeter un ridicule sur l'administration française! L'intention, d'ailleurs, fut toujours réputée pour le fait, et la conduite de Don Quichotte en face des moulins à vent inspire un sentiment d'admiration à ceux que les lectures sceptiques n'ont point gâtés jusqu'à la moelle. La forme de récit qui nous semble ici le plus convenable est le style historique, simple, grave et dépourvu d'ornements. Nous nous bornerons donc à dire qu'après une assez grande quantité de bourrades échangées, les soldats des armées ennemies, imitant l'exemple donné par leurs capitaines, se prirent mutuellement au collet et s'entraînèrent les uns les autres vers la tour du cap Fréhel.

Arrivés au haut de la falaise, la lumière du phare les éclaira. Ils se reconnurent. La douane avait battu la douane. Gandeau et son sous-brigadier s'étaient réciproquement frottés d'importance. Il y avait du déchet dans les uniformes et des noirs sur les figures où les horions avaient plu. Quelques larmes s'échappèrent des yeux de Gandeau; le sous-brigadier qui était d'un caractère plus mâle et natif d'Auvergne, jura *fichtrra* énergiquement. On se prit bras dessus bras dessous avec mélancolie; on convint de jeter un voile sur ce malentendu, afin que les populations n'en fissent point de gorges chaudes, et la rédaction du fameux rapport fut indéfiniment ajournée.

Le sentier où Toto Gicquel avait surpris l'entretien nocturne du grand Rostan et de la Morgatte allait au travers des taillis de Maurepar et débouchait sur la lande. Il conduisait du Tréguz à la ville de Matignon, en passant par le gros bourg de Plouësnon. C'était l'extrême frontière des domaines de feu la marquise ; on comptait un bon quart de lieue de pays entre l'*échalier* du Moué et le château, en prenant au plus court. L'échalier du Moué était une vieille barrière posée dans une brèche du talus et qui donnait entrée au bois. Il y avait eu là autrefois une querelle de chasse entre un Rostan de Maurepar et un baron de Langourlas, riverain de la Rance, qui était venu courre la chevrette jusqu'à Fréhel. Une croix marquait la place où Rostan avait mis le Langourlas par terre.

Derrière l'échalier du Moué, le bois commence par un taillis revenu sur grosses souches qui va descendant brusquement au fond d'un petit ravin. Le sentier, qui menait de la maison à Matignon, passait par le ravin et rejoignait le chemin du Tréguz à l'échalier.

C'était un site sauvage. En sortant de la lande aride et triste, le chemin se perdait tortueusement sous le couvert. Les douaniers de Fréhel avaient tendu là plus d'une embuscade aux fraudeurs débarquant leurs marchandises à Roche-Guyotte. Ce soir même, l'escouade du sous-brigadier s'était blottie derrière le talus, mais en pure perte. Il y avait déjà du temps que le sous-brigadier et ses hommes avaient regagné la plage.

Un peu avant minuit, un homme traversa le ravin en venant de la Maison. Vous eussiez eu de la peine à reconnaître le grand Rostan, ce marcheur intrépide, tant son pas était pénible et lourd. Il avait la tête pendante et portait son fusil double sous le bras.

Il s'arrêtait de temps en temps pour écouter. Quand le vent agitait les feuilles desséchées des chênes, le grand Rostan frissonnait.

Il franchit l'échalier pour entrer en lande. A cet endroit, un pli du terrain masquait la tour du phare. Rien ne combattait les ténèbres profondes.

Le grand Rostan fit quelques pas sur la lande. On entendit durant deux ou trois secondes le bruit de ses bottes ferrées, puis tout à coup le bruit cessa. La nuit était si noire, qu'un homme debout sur l'échalier n'aurait point su dire si Rostan s'était éloigné dans la direction de la mer, ou s'il était assis sur l'herbe entre deux touffes d'ajoncs.

Un quart d'heure se passa. Dans le sentier couvert, à la place même où le grand Rostan venait de traverser le ravin, deux ombres se glissaient : un homme qui allait tout doucement et semblait gêné dans ses habits ; une femme au pas gracieux et décidé.

— Je suis sûre de l'avoir vu enjamber la fenêtre, dit la femme.

— Puisqu'il y avait du sang dessous! répliqua l'homme ; mais ça ne nous dit pas où il s'est caché. D'ailleurs, Madeleine reste avec les deux enfants.

La Morgatte haussa les épaules.

— Madeleine, les deux enfants et le petit diable de pâtour, ajouta Touril, qui s'arrêta pour changer son paquet de place. Ça fait quatre.

— Qu'avez-vous là-dedans, mon oncle? demanda la Morgatte.

Au lieu de répondre, le reboutoux grommela :

— Et M. Antoine qui n'a que du plomb dans l'aile! et ce scélérat de Sulpice qui se porte comme un charme... Ah! coquinette! coquinette! si nous avions vendu pour sept cent mille francs de peaux d'ours!

— Hein? fit Astrée, qui s'arrêta brusquement à son tour.

— Tu ne connais pas les fables de Lafontaine, reprit Jean Touril en soupirant ; il y avait un chasseur qui avait vendu d'avance la peau d'un ours...

La Morgatte lui serra le bras. Ils étaient à quelques

pas seulement de l'échalier de Moué. Jean Touril prêta l'oreille. Dans le chemin de Matignon, le pas d'un cheval se faisait entendre.

— Ecoute ! dit Astrée.

— Pourvu que ton Rostan soit à son poste ! murmura le reboutoux.

Astrée répéta d'un accent contenu et inquiet :

— Ecoute !

Jean Touril se tut. Outre le pas fatigué et irrégulier du cheval, un autre bruit se faisait ouïr du côté de la route. Une voix plaintive criait :

— Sulpice ! Sulpice !

C'était bien le patron Sulpice qui revenait du presbytère de Plouësnou et qui regagnait la grève. Il était un peu en retard par la faute de Bijou, le pauvre animal, qui avait jeté tout son feu en allant et qui n'en pouvait plus. Sulpice songeait. Il lui fallait annoncer à son jeune maître la mort de sa grand'mère. Certes, la triste nouvelle était attendue, mais Sulpice avait le cœur gros, parce que le sang de Maurepar lui était aussi cher que son propre sang.

Il avait sur lui les sept cent mille francs de l'héritage. Le curé le connaissait ; il lui avait tout confié. La vieille dame qui était morte eût fait de même.

Sulpice se disait : Le voilà riche. La fille du comte est sa femme devant Dieu. Encore une fois, le vieil arbre va se couvrir de jeunes rameaux !

Il s'arrêta à deux ou trois cents pas de l'échalier pour laisser souffler Bijou et réfléchir un peu. Antoine ne devait plus être au Trou-aux-Mauves à cette heure. Roblot attendait sans doute au vent de Roche-Guyotte. Le chemin le plus court était de prendre par le Tréguz.

Et comme le cœur du patron Sulpice l'appelait de ce côté ! Le pâtour, le cher enfant : sa famille tout entière !

Maintenant que le jeune marquis Antoine était riche et que Victoire allait quitter le pays, le pâtour pouvait bien laisser sa loge et ses moutons. Il est vrai que Madeleine restait; mais ce qui allait se passer, le patron Sulpice n'en savait rien. Une catastrophe menaçait la maison du grand Rostan : Sulpice pensait à sauver Madeleine, qui était la fille aînée de son maître. Le reste lui importait peu.

Un beau rêve réalisé, c'eût été Madeleine fuyant avec sa sœur : Victoire heureuse, Madeleine tranquille avec ses deux enfants, et le petit pâtour pour les servir.

Bijou broutait l'herbe du chemin. Le patron Sulpice lui donna du licou sur les oreilles, et la pauvre bête se reprit à boiter mélancoliquement. Au moment où son pas inégal recommençait à frapper les cailloux du chemin, une plainte vague arriva jusqu'à Sulpice.

C'était la voix du taillis. Jean Touril et la Morgatte, qui s'étaient rapprochés à pas de loup, l'entendaient maintenant distinctement. La voix répétait :

— Sulpice! Sulpice!

— Il est bien bas, grommela le reboutoux.

— Etes-vous sûr que ce soit lui? demanda Astrée.

Puis elle ajouta, pendant qu'un court frisson lui passait par les veines :

— Moi, je ne reconnais pas sa voix.

— C'est que la voix change bien, à l'heure de mourir, dit le reboutoux.

Le pas du cheval sonnait plus fort sur la route.

— Sulpice! ami Sulpice! fit la voix qui semblait se ranimer. Tourne bride! Il y a un assassin sur la lande!

Astrée cherchait dans l'ombre la main de Jean Touril.

— Le vois-tu? demanda-t-elle.

— Oui, le voici là, au revers du talus.

Antoine avait essayé de se guider jusqu'à la haie, mais sa faiblesse croissante le clouait à la terre humide.

— Tu as le pistolet que je t'ai donné? reprit la Morgatte.

— Jean Touril fit un signe affirmatif.

La Morgatte acheva d'une voix qui ne tremblait pas :

— Tâche de tirer à bout portant.

Ils n'étaient pas à plus de dix toises du marquis Antoine, mais une brousse les masquait, et le pauvre blessé ne pouvait les entendre à cause des efforts qu'il faisait pour mettre sa tête au niveau du talus.

Jean Touril, sans abandonner son paquet, se mit à ramper dans l'herbe. Il lâcha le pistolet en chemin et prit dans la poche de sa veste une énorme trousse en cuir graisseux. Cette trousse renfermait, entre autres outils bienfaisants, un de ces grands bistouris à l'aide desquels les reboutoux de Basse-Bretagne sabrent les articulations des épileptiques et des femmes sujettes aux affections hystériques. Ce traitement vigoureux ne guérit jamais, estropie toujours, et passe naturellement pour infaillible.

Ce fut avec cela que Jean Touril poignarda le jeune marquis Antoine par derrière.

— Y a-t-il quelqu'un là? demanda Sulpice de l'autre côté du talus.

Car il passait juste au moment où son maître exhalait sa dernière plainte.

Personne ne répondit. Le patron Sulpice continua son chemin.

La Morgatte ramassa le pistolet. Jean Touril essuya son scapel aux feuilles des ronces.

— Venez, mon oncle, dit-elle ; vous avez eu raison de ne point faire de bruit.

Comme elle franchissait l'échalier, elle entendit le patron Sulpice qui disait en fouettant son cheval :

— Allons, Bijou ! nous voici au but de notre course !

C'était la vérité. Une traînée de feu illumina les ajoncs. Cheval et cavalier tombèrent. Le pauvre Bijou ne devait plus se relever. Il était au but de sa dernière course.

Sulpice, au contraire, se dressa sur ses pieds sans blessure. Le cheval seul avait été touché. Sulpice était brave comme un lion, et sa vie s'était passée dans le péril ; Sulpice portait sur lui la fortune de Maurepar : il mit le pistolet à la main, prêt à combattre et à mourir. Le coup de fusil était parti de la lande ; Sulpice attendait l'ennemi de ce côté. Mais ce fut vers l'échalier du Moué qu'il entendit le premier bruit de pas.

Deux formes humaines apparurent vaguement dans la nuit. Sulpice s'apprêtait à soutenir cette nouvelle attaque, lorsqu'il reçut un violent coup de crosse sur le crâne, puis un autre qui lui cassa le bras droit. Le grand Rostan se jeta sur lui et tâcha de l'étouffer. Mais pour que le grand Rostan eût ainsi manqué son coup à quinze pas tout à l'heure, il fallait que sa main tremblât bien fort. Il était lourd et mou comme un homme ivre. Le patron Sulpice, tout étourdi qu'il était et privé de l'usage d'un bras, le mit sous lui dans la lutte ; s'il avait pu dégager son bras gauche, qui tenait le pistolet, les sept cent mille francs allaient s'envoler en Angleterre, malgré tant de besogne faite.

Astrée et Jean Touril arrivaient. Jean avait son grand outil de reboutoux. Rostan et Sulpice, enlacés et roulant l'un sur l'autre, ne formaient qu'une seule masse, agitée de convulsifs tressaillements. Rostan se plaignait. Jean Touril se pencha, cherchant où frapper. Astrée, plus prompte, se jeta à genoux, appuya le canon de son pistolet sur l'épaule de Rostan et fracassa la tête du patron à bout portant.

Rostan se mit sur ses genoux et tamponna sa joue souillée de sang. Jean Touril se précipita sur le mort comme un chacal : Astrée le repoussa de sa belle main, forte comme la main d'un homme.

— Il m'a fallu m'en mêler, dit-elle froidement ; c'est moi qui ai gagné la bataille !

En un tour de main, elle eut ouvert les habits du patron. Le portefeuille gonflé la jeta dans une sorte de folie.

— Paris ! Paris ! Paris ! s'écria-t-elle par trois fois ; j'ai fini mon purgatoire : je monte au paradis !

Jean Touril s'était emparé du cadavre abandonné. Il fouillait les poches et glanait en conscience.

Le grand Rostan restait immobile et muet.

Un instant le silence profond mais plein d'étranges murmures qui règne la nuit au bord de la mer couvrit la lande. La touffe d'ajoncs où Rostan s'était caché s'agita.

— Les douaniers ont fait feu à Roche-Guyotte et au Trou-aux-Mauves, dit Astrée ; nous sommes plus près du Trou-aux-Mauves : il faut traîner les corps jusque-là.

— Les corps ? répéta machinalement François Rostan.

— Ton cousin Antoine est là au revers du talus, dans la taille, reprit Astrée ; tu n'avais pas la main sûre, cette nuit.

— Mon cousin Antoine ! répéta encore le grand Rostan.

Puis il prit sa poitrine à deux mains et prononça tout bas :

— Madeleine ! Madeleine, ma femme !

Astrée le secoua rudement.

— A la besogne ! commanda-t-elle.

Jean Touril et Rostan prirent le corps du patron chacun par une jambe, et commencèrent à le traîner vers la falaise. Astrée les suivit.

Une ombre se glissa entre les ajoncs jusqu'à l'endroit où le cheval Bijou était étendu mort. Toto Gicquel tâta le pauvre animal, qui gardait encore sa chaleur. Il le baisa entre les deux yeux et pleura. Quand Astrée revint, précédant ses deux complices, le monteur se perdit dans les bruyères.

— A l'autre ! dit la Morgatte en franchissant l'échalier du Moué.

Le corps du jeune marquis Antoine fut traîné au travers de la lande comme celui de son fidèle serviteur. A droite du phare, il y avait un lieu où la falaise cédait. Vous eussiez dit une terrasse sans balustrade, penchée au-dessus des sables. Les deux cadavres furent lancés de là sur la grève, et la Morgatte dit :

— Les douaniers vont faire les fiers, quand ils verront cela !

— Va prendre trois chevaux à l'écurie, ajouta-t-elle en s'adressant à Jean Touril.

Quand elle fut seule avec le grand Rostan, elle lui mit les deux mains sur les épaules.

— J'ai ma dot de marquise, prononça-t-elle lentement ; je n'ai plus besoin de toi. Si tu veux venir, viens ; si tu veux rester, reste. Ta femme est sage et ne t'a jamais trompé.

Un râle s'échappa de la poitrine du hobereau.

— Les deux enfants sont bien à toi, reprit Astrée, qui se mit à sourire. Antoine était là pour Victoire.

Rostan fit un mouvement pour l'écraser dans ses bras. Elle posa ses lèvres sur sa bouche. Les muscles du gentillâtre se détendirent.

Astrée se dégagea folâtre. Elle lui jeta son écharpe autour du cou et l'entraîna subjugué.

Une demi-heure après, Astrée, Jean Touril et le grand Rostan chevauchaient sur le chemin de Dinan qui mène à Paris.

Sur la lande maintenant déserte, un chien de berger quêtait, fourrant son museau dans l'herbe et poussant des aboiements sourds. Derrière le chien venait un enfant tout essoufflé, la sueur au front, des larmes dans les yeux. Le chien tomba sur le cadavre de Bijou ; l'enfant, le voyant arrêté, s'approcha. Tous ses membres se prirent à trembler.

— Sainte Vierge ! sainte Vierge ! murmura-t-il, faites que je retrouve mon père !

Le chien mit son museau dans l'herbe et repartit, suivant évidemment une trace. L'enfant reprit sa marche derrière lui. C'était Sulpice le pâtour, avec son fidèle Randonneau. Sulpice venait de la Maison où il avait trouvé les quatre chambres ouvertes et vides, sauf la cuisine, où la vieille Renotte dormait, les pieds dans les cendres éteintes.

Sur le plancher de la chambre de Madeleine et à l'appui de la croisée, le pâtour avait remarqué des taches de sang.

La trace suivie par Randonneau était la foulure opérée sur l'herbe et la bruyère par le passage des deux cadavres traînés à la falaise. Randonneau arriva ainsi à l'endroit où les deux corps avaient été précipités. Il tourna sur lui-même, flairant et aboyant. Son instinct ne le servait plus.

Le pâtour jeta un coup d'œil au-dessous de lui. Le phare éclairait. Il aperçut vaguement deux objets qui semblaient avoir forme humaine, deux corps couchés l'un près de l'autre. La mer touchait à son plein. La lame agitait ces corps et les reposait, en se retirant, sur le sable. A deux ou trois toises du bord, une troisième forme qui ressemblait à une femme habillée de blanc étaient ballottée par le flot.

Ce fut comme une vision. Le phare tourna : le pâtour n'apercevait plus rien. Il s'élança dans le sentier qui descendait à la plage et où nous avons rencontré la pauvre Victoire pour la première fois. Il se mit à l'eau pour passer le Trou-aux-Mauves et arriva bientôt à la petite anse que le feu tournant éclairait naguère. La nuit était revenue profonde. La mer laissait trois corps à découvert : deux hommes et une femme.

La femme dont les vêtements trempés dessinaient la taille toute gracieuse et toute jeune, avait été portée par le flot sur l'un des cadavres masculins.

Le pâtour s'agenouilla; la respiration lui manquait, il essaya de voir les figures; ce fut en vain. La lumière du phare revenait éclairant les objets de proche en proche. Le feu tourne en quelques minutes. Sulpice attendit un siècle.

Son cœur cessa de battre quand la lumière toucha les cheveux de la femme noyée. La lueur marcha; le visage de Victoire sortit de l'ombre, pauvre visage pâle et si changé!

Puis les traits sanglants du jeune marquis Antoine de Maurepar, — puis la figure calme et brave encore du patron Sulpice.

— Mon père! mon père! cria le pâtour en se jetant sur le corps.

— Ils étaient trois pour le tuer, dit Toto Gicquel, qui descendait de roche en roche : Jean Touril, François Rostan et la Morgatte.

# XVI

## CHIFFON ET LORIOT.

Par une soirée d'automne, pluvieuse et triste, Chiffon et Loriot s'en allaient bien fatigués sur la grande route. La diligence de Rennes à Paris rencontre plus d'une fois en chemin de ces pauvres petits voyageurs qui sont partis sans mesurer le chemin et qui regardent devant eux, en pleurant, la route interminable. La diligence passe au grand trot de ses chevaux affolés par l'avoine; les enfants errants contemplent d'en bas ces heureux dont les pieds ne saignent point. Quand la lourde voiture tourne au loin le coude du chemin, les petits voyageurs s'arrêtent, soupirant gros et tout à coup découragés.

Chiffon était une fillette de seize à dix-sept ans. Loriot, son ami, paraissait un peu plus jeune : les petits gars ne portent pas si bien leur âge que les jeunes filles.

Chiffon et Loriot étaient mouillés à faire pitié, mais

ils marchaient d'un pas alerte et courageux. Leurs pieds nus trempaient dans la boue, tandis que la paire de sabots, héroïquement ménagée, pendait au bout du bâton qui servait à porter les bagages. Les sabots, traités ainsi, durent lontemps. Ceux de Chiffon, la coquette, auraient pu servir à une petite bretonne d'opéra comique : la pluie leur rendait la belle couleur rose du neuf, et rien qu'à les voir on eût donné raison à la chansonnette qui dit :

> C'est au pays de Bretagne
> Qu'on fait les jolis sabots...

Hélas ! la pluie n'était pas si bonne à la coiffe de toile dont les barbes tombaient, molles et ruisselantes, le long des joues inondées ; la jupe lourde se collait aux jambes ; le pauvre fichu ressemblait à un lambeau de taffetas ciré. Je ne sais pas comment Chiffon faisait pour être jolie envers et contre tous les désastres de sa toilette. Elle riait à l'averse, secouant son minois mutin qui lançait des gouttes d'eau comme un goupillon de paroisse ; elle franchissait d'un saut les marres trop profondes et trouvait encore la force d'encourager son ami Loriot, qui avait, lui, grande envie de pleurer.

Celui-là était beau comme les petits mendiants de Murillo. Sa figure rose, pleine et naïvement timide, eût porté la coiffe aussi bien que le bonnet de laine bleue. Il vous avait une perruque blonde à tous crins, que l'ondée frisait en belles boucles larges et balancées ; ses grands yeux d'un bleu sombre, fendus à la Circassienne, étaient frangés de cils si noirs, que vous eussiez dit cette ligne tracée au pinceau qui donne tant de profondeur au regard des femmes arabes. Sa bouche, plus brillante qu'une cerise, faisait honte aux lèvres fraîches de sa compagne. Il n'y avait pas deux Loriot en ce monde ; Chiffon, qui avait déjà vu du pays, le savait bien ; aussi Chiffon aimait son Loriot, il fallait voir !

Elle était brune : sa taille avait cette grâce svelte et forte des filles de combat qui parviennent malgré tous obstacles et qui montent tout naturellement à l'échelle de la vie sociale par une mystérieuse loi de contre-gravitation. Ses membres, un peu grêles dans leur charmante harmonie, accusaient la race. Sa main rougie par l'averse, son pied gonflé par l'attaque du macadam, fussent entrés sans efforts dans les gants et dans les bottines d'une fillette du faubourg Saint-Germain.

Mon Dieu, oui. Et pourquoi non ? C'est notre terre de bruyère, la rude terre de nos landes sauvages qui fait croître la plus civilisée de toute les fleurs : vos camellias candides ou sanglants. Rien de ce que vous aimez ne naît chez vous, ô bourgeois athéniens ! Paris, infécond, ne vous donne ni vos huîtres, ni vos poëtes, ni vos truffes ; Paris ne produit rien, sinon de la poussière, des gilets de flanelle, des tabatières à musique et des vaudevilles. Ce sont les vaudevilles fanfarons qui donnent à Paris le monopole des jolies petites mains et des pieds mignons.

Chiffon avait la plus jolie des petites mains ; Chiffon avait un adorable petit pied ; Chiffon demandait son pain par les routes en vendant des balais de genêt et des paniers de chèvrefeuille.

Ses yeux n'étaient pas si grands ni si voluptueusement fendus que ceux de son Loriot ; mais quel diamant noir que sa prunelle ! Quand elle souriait, c'était comme ces jeux du gai soleil qui va caressant les douces rides du lac. Une fois, Loriot l'avait vue en colère ; il se souvenait d'un éclair tranchant qui lui avait passé au travers du cœur.

Une fois, ce n'est pas trop, D'ordinaire, Chiffon riait toujours, et sa bouche aux dents perlées semblait faite exprès pour cela. On lui donnait volontiers des sous dans les foires pour les chansons qu'elle chantait si bien et la bourrée de Lamballe qu'elle dansait à miracle. Loriot aussi chantait et dansait; de plus, il faisait la roue.

Loriot pleurait souvent. Il eût aimé à bien vivre. Au lieu de se moquer de lui comme elle en avait, certes, le droit, Chiffon le consolait. Voyez si c'était une bonne âme!

Loriot eût aimé bon gîte, le soir; le matin, gras sommeil. Il se serait fait tout de suite à la robe de chambre et aux pantoufles. Chiffon ne se dissimulait point qu'il était un petit peu paresseux et gourmand, mais elle lui passait tout pour son excellent cœur. Du côté du cœur, Loriot valait presque Chiffon.

Ils étaient associés depuis un temps immémorial. Dans la loge du vieux douanier-guetteur qu'ils avaient d'abord appelé leur père, ils avaient partagé le même berceau. Un jour, le vieux douanier, veuf, s'était remarié; la femme qui vint les trouva de trop dans la maison. Ils apprirent, ce jour-là, que le vieillard n'était point leur père et qu'ils n'étaient pas frère et sœur... On leur donna du pain dans leur bissac, et ils s'en allèrent à la garde de Dieu.

Ils avaient alors huit à dix ans.

La Bretagne est pauvre, mais on n'y meurt pas de faim comme à Paris, la riche ville. En Bretagne, l'indigent trouve toujours à manger. Il y a place sous le grand manteau des cheminées de ferme, et ceux qui n'ont point d'asile dorment bien dans la paille chaude de la grange. Chiffon et Loriot ne pleurèrent qu'un jour. Dès le premier soir, Chiffon fit de beaux rêves. Loriot ne rêvait guère lui-même, mais il croyait aux beaux songes de Chiffon.

Mendier, c'est le pis-aller : on travaille, même à dix ans. Il y a des fourches plus légères et des rateaux d'enfants : ne vous souvenez-vous plus des troupes de petits faneurs qui retournent le foin en riant tout le long de la prairie? Les enfants peuvent sarcler le blé noir, lier la gerbe, hotter les pommes. L'hiver, à la veillée, on taille la cuiller de bois : on tresse les chapeaux de paille.

Il faut vous dire que les rêves de Chiffon avaient leur raison d'être. Chiffon était de celles que la destinée marque au front; elle avait son étoile; Loriot aussi. Les étoiles de Chiffon et de Loriot brillaient toutes deux au firmament de l'astrologie bretonne. C'étaient deux astres jumeaux, et nous savons leur nom. Chiffon avait l'étoile des filles du grand chêne de Saint-Cast; Loriot avait l'étoile des pâtours du Tréguz!

C'étaient les successeurs de la Morgatte et de Sulpice, le fils du patron. Chiffon avait été recueillie sous l'image de la vierge, devant l'*échalier* du cimetière; Loriot avait gardé pendant un an les moutons de la grande bergerie. D'ordinaire, et nous en avons pu voir un exemple au début de ce récit, l'étoile de la fille du grand chêne combattait avec acharnement l'astre du pâtour du Tréguz. Pour la première fois, l'astre et l'étoile allaient se rencontrer et se marier au ciel. C'était un événement. Que faut-il de plus pour motiver une épopée?

Depuis Chiffon, plus d'une belle petite fille avait sans doute été trouvée sous le grand chêne de Saint-Cast; depuis Loriot, plus d'un joli garçonnet avait gardé les moutons du Tréguz, mais cela ne vous importe plus : nous nous bornons à deux générations d'étoiles.

Il y avait bien une demi-douzaine d'années que Chiffon et Loriot avaient quitté les environs du cap Fréhel. Ils avaient pris, le cœur bien gros et se tenant tous deux par la main, le chemin qui mène à la ville. Depuis lors, ils n'avaient jamais revu ni la tour massive où tourne le phare, ni le clocher du bourg, ni les vieilles girouettes du château de Maurepar. Ils avaient vécu au jour le jour, avec la ferme croyance que la fortune viendrait. La fortune n'était pas encore venue. Et pourtant, outre les travaux sérieux, Chiffon et Loriot avaient leurs chansons, la roue et la bourrée de Lamballe. A quoi pensait donc la fortune?

Un matin, en se levant, Chiffon trouva que la fortune tardait bien. Loriot, consulté, réfléchit et fut du même avis. On n'avait rien récolté à la foire de Chantepie, qui est cependant une bonne foire, à deux lieues de Rennes, sur la route d'Angers. On avait couché sous le hangar ouvert; on ne savait comment déjeuner; on n'était pas de bonne humeur.

Chiffon dit (et où avait-elle appris cela):

— La Bretagne est un pays de gueux; c'est à Paris qu'on fait fortune.

Loriot avait le même âge que Chiffon, mais ce n'était qu'un garçon. Loriot n'avait pas d'idées bien nettes sur Paris; c'était pour lui le point le plus éloigné du globe, voilà tout.

Il regarda Chiffon avec inquiétude.

— Est-ce que tu aurais peur d'aller à Paris, toi? demanda-t-elle en fermant son petit poing qu'elle mit sur sa hanche d'un air crâne.

— Dam!... fit Loriot, qui baissa les yeux.

Chiffon haussa les épaules. Loriot eut honte et ajouta en manière d'excuse :

— Je ne sais pas la route.

— Eh bien! dit Chiffon en lui caressant la joue d'un

revers de main protecteur, je t'y mènerai, mon pauvre petit Loriot!

Ceci se passait vers la fin de septembre, en l'année 1852. Dix-sept ans s'étaient écoulés depuis les premières scènes de notre drame. Il y avait bien une quinzaine de jours que Chiffon et Loriot étaient en route pour Paris. Le voyage s'était fait petit à petit, par étapes inégales, selon les chances et le cœur qu'on avait. Nous pourrions citer des traites de dix lieues, faites les bons jours, les jours où l'on rencontrait des carrioles complaisantes. D'autres fois, quand Chiffon et son Loriot ne rencontraient que des charrettes revêches, il fallait bien borner son vol : en quinze jours, nos deux jolis aventuriers n'avaient guère fait que soixante-dix à quatre-vingts lieues.

Et Loriot était bien las!

Cette petite Chiffon avait le diable au corps. La fatigue semblait n'avoir aucune prise sur elle. Son pas était leste et bondissant comme au départ ; elle s'en allait sous la triste pluie, souriant, le nez au vent, narguant l'interminable ruban de route qui se déroulait au devant d'elle à l'horizon.

— Donne-moi la main, mon Loriot, dit-elle, voyant qu'il restait en arrière ; nous n'en avons plus désormais que pour une demi-heure au plus.

Loriot darda au loin son regard découragé.

— Voilà deux heures que tu me dis cela! soupira-t-il ; nous marchons toujours et je n'aperçois pas seulement un clocher.

— Patience! On ne voit rien par cette pluie. Le clocher doit être derrière ces arbres : on nous a dit que la ville est au milieu d'une forêt.

— Et la brune tombe! reprit Loriot, dont l'accent devenait de plus en plus piteux ; et nous allons traverser la forêt à la nuit !

Chiffon éclata de rire.

— As-tu peur d'être dévalisé par les voleurs, mon Loriot? demanda-t-elle.

Le petit gars n'était pas en humeur de plaisanter.

— Tu n'as pas besoin de me rappeler que nous n'avons rien, dit-il en fronçant le sourcil. En Bretagne, au moins, nous trouvions à manger.

— Sommes-nous morts de faim depuis que nous avons quitté la Bretagne? interrompit l'intrépide Chiffon.

— Ah! fit Loriot, qui tâta ses bras dodus, nous avons fameusement maigri!

Un paysan à cheval passait avec sa toile cirée et son chapeau tromblon protégé par un mouchoir de coton à carreaux.

— L'homme! cria Chiffon, combien avons-nous encore jusqu'à Maintenon?

— Il y a ce qu'il y a, répondit le rustre sans se retourner; et tu pourrais bien m'appeler monsieur, petite guenuche!

Chiffon lui montra le poing. Loriot dit:

— On n'est pas méchant comme ça par chez nous!

Le rustre s'éloignait au trot de son bidet. On voyait ses bas bleus sous sa toile cirée qui flottait et son bâton pendant jusqu'à terre.

— Tu verras! tu verras! dit Chiffon, quand nous serons à Paris!

— Je verrai, je verrai! répéta Loriot; qu'est-ce que je verrai?

— N'as-tu plus confiance en moi, mon Loriot?

— Si bien! repartit vivement le petit gars; mais tu ne sais pas toi-même ce que nous verrons!

Chiffon eut un sourire malicieux, et dit en regardant son compagnon par dessus l'épaule :

— Puisque c'est le paradis des femmes !

A quoi Loriot répondit :

— Je ne suis pas une femme.

— Ma foi, dit Chiffon, moitié riant, moitié sérieuse, tu n'es pas un homme non plus.

— Pourquoi ça ?

— Si tu étais un homme, tu aurais battu celui-là qui m'a appelée guenuche !

Loriot devint rouge comme un homard. Il ferma les poings et fit mine de prendre sa course pour rejoindre le rustre qu'on apercevait encore au loin. Chiffon l'arrêta.

— Tu es un homme, mon chéri, murmura-t-elle, tandis que son regard guilleret s'alanguissait soudain à son insu ; il faut bien mettre des hommes dans le paradis des femmes. On s'y ennuierait trop sans cela. Moi, d'abord, je ne voudrais pas d'un paradis où tu ne serais pas.

Elle se retourna vers Loriot et le baisa. Loriot fut aussitôt consolé. Il était bien aise d'ailleurs de comprendre que les hommes n'étaient point déplacés dans le paradis des femmes.

— Tiens ! tiens ! s'écria-t-il en regardant derrière lui, en voilà un régiment de voitures !

L'horizon s'éclaircissait du côté de l'ouest. On eût dit que les nuages, retroussés à la ronde, allaient découvrir une bande de ciel tranchée régulièrement et mieux qu'au pinceau. On sentait le soleil se coucher derrière les vapeurs amincies. Cette bordure lumineuse, qui s'arrondissait sous le gris mat des nuées, avait des teintes roses et verdâtres que la palette ne sait point rendre. L'orange éclatant et qui blesse l'œil s'y mêlait au violet, cette puissante et profonde couleur où la vue se baigne reposée.

Et ces clartés du soir allaient gagnant, jetant aux

objets une lumière fausse et bizarre. Des tons de cuivre rouge montaient sous le lourd épiderme des nuées. Les arbres, mouillés, avaient au bout de chaque feuille de sombres étincelles.

La route courait sur un plateau. Du côté du couchant, on la voyait reluire comme un canal étroit qui eût reflété un incendie. Les ornières rayaient ce long ruban de pourpre, au bout duquel l'horizon fermait son rideau ardent.

Sur ce fond, une demi-douzaine de voitures se détachaient en noir avec leurs attelages, dont l'allure avait quelque chose de vraiment fantastique. Les pieds des chevaux clapotaient dans le feu liquide, et la lumière oblique, passant à travers leurs jambes, découpait violemment ces silhouettes mobiles.

Chiffon et Loriot s'arrêtèrent pour voir passer ce cortège. La pluie ne pouvait plus rien contre leurs hardes inondées ; ils se firent de la main des abat-jour et attendirent.

La première voiture qui galopait à une cinquantaine de pas en avant des autres était la diligence du Mans : une pauvre embarcation frétée pour le commerce des poules. On voyait dans le coupé la figure d'un voyageur du commerce, en tête à tête avec une femme d'un certain âge, qui semblait appartenir au militaire. A la portière de l'intérieur, deux ou trois minois espiègles souriaient. Du Mans, il en vient encore par douzaines.

La rotonde était remplie de gens sans prétention, parmi lesquels on remarquait un marin de bonne mine et de bonne humeur, qui chantait trop, et un pauvre garçon à figure hétéroclite, qui s'obstinait à tricoter un bout de jarretière, malgré les cahots de la patache. Le marin portait aux oreilles de beaux petits poignards qui pendaient sur le collet de sa chemise bleue. Les autres habitants de la rotonde s'occupaient beaucoup de cet ornement.

Derrière la diligence du Mans, venait la malle de Brest, fermée discrètement pour cacher l'absence de recette ; derrière la malle-poste, un superbe attelage allongeait en mesure, traînant une berline confortable et grave. A vingt-cinq pas de nos deux petits voyageurs, la malle-poste dépassa la diligence qui pourtant avait mis ses rosses au galop. La berline suivait la malle-poste qu'elle gagnait à vue d'œil. Toutes les têtes de la diligence étaient aux portières.

La rotonde, peuple sans façon, l'intérieur tout plein d'ambitions mignonnes, de caquets, de cervelas, de sourires, le coupé où le représentant de la maison Potel et Gambard causait littérature, philosophie et musique savante avec madame de Sailloux, veuve d'un commandant du génie : tout cela regardait.

— Les hôtels n'y sont pas plus chers qu'ailleurs, disait le voyageur du commerce ; on peut avoir un beau melon pour un franc vingt-cinq, dans la saison.

— Avec sept ou huit mille francs de revenus, répliquait madame de Sailloux, on peut y tenir maison et fréquenter le monde comme il faut.

— Mais certainement, mais certainement... quoiqu'on vive mieux avec vingt mille livres de rentes.

— Si vous le prenez par là, les millionnaires sont encore plus à leur aise, dit madame de Sailloux avec finesse.

— Oui et non, quand on est tout à fait de la haute, il y a des frais. J'ai connu des millions bien gênés !

— Sans doute, sans doute ! quand il faut avoir voiture, chevaux...

— Maison de ville, maison à la campagne...

— Intendant, maître d'hôtel...

— Et les dîners...

— Et les bals...

Ce genre de conversation intéresse au dernier des points le représentant de la maison Potel et Gambard. Madame de Sailloux, la veuve du major, y trouve également beaucoup de charmes. On peut causer ainsi plusieurs jours de suite sans jamais attaquer l'édifice social ni les grands corps de l'État.

— A Paris, disait dans l'intérieur un des trois minois chiffonnés, on fait ce qu'on veut, quoi! Personne n'est là pour savoir si je mange des poulets à la Marengo ou deux sous de charcuterie!

Les deux autres nez retroussés demandèrent ce que c'était qu'un poulet à la Marengo. Ceci prouvait que, sur les trois, une seule avait approfondi les études morales de M. Paul de Kock.

Elle s'appelait Virginie. Des lectures romantiques avaient exalté sa jeune âme. Pauline et Georgette, ses compagnes, ne savaient pas lire, mais elles aimaient la danse et la pâtisserie.

— Quant à manger deux sous de charcuterie, dit Pauline répondant aux dernières paroles de Virginie, autant rester chez nous.

— Tout le monde sait bien, ajouta Georgette, qu'il y a des restaurants à 90 centimes, où on a la soupe, deux plats de viande, un plat de légumes, un dessert, un carafon de vin et du café sucré.

— Avec pain à discrétion, compléta Pauline.

Virginie les regarda en pitié.

— Est-ce donc pour cela que vous venez à Paris! murmura-t-elle.

Dans la rotonde, le marin aux boucles d'oreilles dissertait en homme qui sait son affaire :

— Quant à ce qui est de ça, voilà : les sectateurs des

pays de l'Orient et des échelles du Levant, que l'on nomme la religion musulmane, dont Mahomet sert de prophète et que vous n'êtes pas sans avoir entendu parler de ce citoyen-là, ont des femmes légitimes à bouche que veux-tu, permises par l'autorité de ces contrées : comme quoi, s'étant amusés de leur vivant et plongés avec volupté dans tous les plaisirs, ils veulent encore folâtrer postérieurement à leur décès, dans la tombe, moyennant qu'ils croient que le paradis est composé, censé, de femmes dodues sur du gazon toujours vert, émaillé de toutes les fleurs, où il y a des pipes, du tabac et des fontaines qui versent la goutte à perpétuité dans des bassins d'albâtre avec poissons rouges, cygnes et sirènes de la fable. Pas vrai, Toto?

— Oui, mon cousin, répondit le pauvre diable, qui tricotait assidûment son bout de jarretière.

La rotonde écoutait. Le matelot reprit :

— N'y a donc rien d'étonnant à ce qu'on appelle la capitale le Paradis des Femmes, à cause qu'il procure aux marins et aux étrangers tous les agréments divers par rapport aux plaisirs de l'amour, pas chers et à ma portée, selon les rangs que je peux occuper, depuis matelot jusqu'à commandant et au-dessus, qu'on y vient balancer sa paie et que les rendez-vous s'y donnent des quatre parties du monde, en plus l'Océanie, devant le café de la Rotonde, au Palais-Royal. Pas vrai, Toto?

— Oui, mon cousin.

Le matelot allait continuer, mais il resta tout à coup bouche béante et les yeux démesurément ouverts. La malle-poste venait de passer. La berline, lancée dans les mêmes ornières, montrait sa caisse élégante où quatre personnages s'étendaient commodément.

— Regarde-moi ça, Toto! s'écria le marin, qui secoua vigoureusement le bras du tricoteur.

Le visage de celui-ci exprima un étonnement profond. La jarretière commencée s'échappa de ses mains.

— Dis-moi bien vite que je n'ai pas la berlue! fit le marin en se frottant les yeux.

— Mon cousin, répliqua le docile Toto, vous n'avez pas la berlue.

— C'est bien elle?

— Et c'est bien lui!

— Oh! oh! faisait en ce moment le représentant de la maison Potel et Gambard; voyez, madame, voyez, quand on parle de millions... voici le roi Truffe qui s'en revient à son château de Maintenon.

Madame de Sailloux baissa vivement la glace de la portière pour mieux voir le roi Truffe.

— Est-ce celui-là dont on raconte de si singulières choses? demanda-t-elle.

— Celui-là même.

— Le général californien?

— Ou mexicain... on ne sait pas au juste où il a gagné ses batailles.

— Enfin, le fameux duc de Rostan?

— Le pape de la Maison d'Or, le czar des *Drinkers*, le roi Truffe enfin, le plus riche viveur des deux mondes!

La veuve du major dévorait des yeux un gros homme bouffi et pâle, couché au fond de la berline.

— On dit, murmura-t-elle en baissant les yeux, que ce duc de Rostan a une conduite profondément déréglée.

Puis elle ajouta, essayant en vain de retenir le cri de son expérience :

— Il en a vraiment bien l'air!

La berline gagnait. Au rebord de la route et tout près du fossé, Chiffon et Loriot s'étaient rangés pour faire place. Loriot tira son bonnet de laine ; Chiffon baisa le petit bout de ses doigts et tendit la main vers la berline.

La glace s'ouvrit. Une main blanche et obèse, dont le doigt annulaire était orné d'un énorme diamant, se montra hors de la portière. Une large pièce d'or tomba aux pieds de la petite Chiffon, qui dit merci et se mit à rire, croyant que c'était un sou neuf.

— Est-ce son épouse qui est auprès de lui? demandait en ce moment madame de Sailloux.

— C'est sa belle cousine, la marquise Astrée, une gaillarde qui fait parler d'elle!

— Ah! fit la veuve avec une intonation singulière, elle s'appelle Astrée, cette marquise-là? Et le grand bel homme, vis à vis?

— C'est le mari de la marquise.

Madame de Sailloux adressa un sourire militaire, mais inutile, au mari de la marquise. Il y avait des années qu'elle n'avait contemplé une aussi notable carrure.

M. Durand, le représentant de la maison Potel et Gambard, poursuivait :

— Monsieur le marquis de Rostan est en effet un très bel homme. Il a cinq pieds sept pouces et demi, sans semelles. Il est *pitcher-lord* en anglais, *lord cruche* en français. Le roi Truffe seul, qui porte le titre de Drinker I$^{er}$, est au-dessus de lui : c'est Drinker II, madame!

— Ah! fit encore la veuve du major ; j'ai connu dans le temps...

Mais elle s'interrompit pour demander :

— Et cette ravissante jeune femme assise en face de la marquise Astrée?

Le commis voyageur eut un sourire discret.

— Avez-vous entendu parler du docteur Sulpice?... commença-t-il au lieu de répondre.

— Oh! hé! petiots, cria en ce moment la voix retentissante du marin de la rotonde ; ce qu'on vous a donné là vaut quarante francs, n'allez pas le vendre pour dix sous!

Chiffon et Loriot suivaient la berline en courant. Ils s'arrêtèrent comme foudroyés.

— Quarante francs! répéta madame de Sailloux ; il leur a jeté quarante francs!

Le voyageur du commerce mit le lorgnon à l'œil.

— La petite est mignonne... dit-il en ricanant.

L'idée des quarante francs, cette fortune, eut peine à entrer dans le cerveau des deux enfants; une fois qu'elle y fut entrée, ils devinrent ivres et se mirent à danser dans la boue en chantant follement. La route du vrai paradis est semée de ronces et d'épines... quelle différence! Ici, pour faire mentir le proverbe, on trouvait l'opulence sous les pieds des chevaux.

— Vois-tu que j'avais raison! dit Chiffon essoufflée.

Loriot lança son bonnet de laine en l'air, après quoi il fit la roue à tour de bras.

— Et encore, reprit la petite fille, nous ne sommes que sur la route. C'est les bagatelles de la porte. Tu verras quand nous allons être à Paris!

## XVII

EN DILIGENCE.

Chiffon et Loriot avaient envié le sort de ce rustre à guêtres bleues et à bâton, pendant qu'il s'en allait commodément sur son bidet ; le rustre avait jalousé les gens assis dans la rotonde de la vilaine diligence du Mans ; la rotonde se trouvait trop serrée en comparaison de l'intérieur qui nourrissait de mauvais sentiments contre le coupé. Le coupé bourgeois avait regardé de travers la malle-poste fashionable. Si la malle-poste n'eût pas été vide, elle eût fermé les yeux pour ne point voir la berline aristocratique. — *Vie, envie,* dit la vieille rime picarde.

La berline n'était pas seule. Deux ou trois autres voitures la suivaient. Le roi Truffe, comme M. Durand, représentant de la maison Potel et Gambard, avait appelé le duc Rostan, marchait rarement sans sa cour.

Il ne faut pas prendre M. Durand pour un commis voyageur à la douzaine. C'était l'ami du baron Potel, chef de la maison Potel et Gambard, article-Paris, commission, banque et recouvrements. M. Durand avait de la tournure, de l'acquis et de la gravité. La veuve du major regrettait un peu de n'avoir à lui reprocher aucune inconvenance. M^me de Sailloux, au temps où son commandant n'était que lieutenant, avait eu en voyage des aventures très-attachantes. Elle s'en souvenait avec plaisir et s'étonnait de trouver maintenant des mœurs dans les coupés de toutes les diligences.

M. Durand pouvait avoir quarante-cinq ans. Sa casquette était noire et sa chemise blanche. Il portait des gants. Il ne fumait pas. Sa chaîne d'or seule indiquait le caprice hardi du collègue de l'illustre Gaudissart : sa chaîne d'or était faite de couleuvres entrelacées et reliées par des lézards émaillés. Joli travail. Il avait pour breloques un melon cantaloup, véritable objet d'art, qui était creux et contenait une mèche du baron Potel, une petite bouteille de champagne, signe distinctif de la confrérie des *drinkers*, et une dent arrachée au neveu d'Abd-el-Kader, au château d'Amboise, en octobre 1830, par un élève de M. Désirabode.

On tient à ces choses-là quand on a su les acquérir. La date était sur la dent.

M. Durand était marié. Il avait épousé la sœur de M. P. J. Gridaine, surnommé Tout-pour-les-Dames, second vice-président de la société des *drinkers*, ou Drinker III, pour employer le langage hiérarchique de cette aimable confrérie. Drinker IV était le baron Potel, de la maison Potel et Gambard. On voit que M. Durand avait d'étroites accointances avec l'état-major du *Drinking*.

Pourquoi nos viveurs s'amusent-ils ainsi en anglais de cuisine? C'est un mystère d'autant plus étrange que les vrais Anglais ne s'amusent pas du tout. L'esprit français, vieux et malingre, s'est sans doute retiré des affaires. Notre champagne pétillant et notre clair bordeaux ont pris un arrière-goût de *porter*. Nous folâtrons comme dans le Strand, et nos charmants écervelés courent après ces coq-à-l'âne enrhumés qui font du rire britannique la chose la plus lugubre du monde.

Notre jeunesse se dédore ; le bout d'oreille bourgeois se montre sous la frisure de nos gentilshommes. Don Juan a mis son épée au Mont-de-Piété ; il porte la plume, j'entends derrière l'oreille, ou même l'aune qui n'est plus qu'un mètre. Tout dégénère. Nous sommes si bas percés que nous empruntons à nos voisins jusqu'au moule de nos sottises !

Quoiqu'il en soit, nous aurons à parler très-amplement de cette association, qui contribue si puissamment à faire de Paris le Paradis des Femmes. Le roi Truffe est sans contredit une des plus éclatantes figures de ce temps-ci. Lord Cruche, M. Gridaine (Tout-pour-les-dames!) Sensitive, le poëte, le baron Potel et tant d'autres drinkers célèbres parmi les garçons de restaurant, voilà des figures historiques ! Les dames *drinkeresses* occuperont également une place honorable et digne d'elles dans notre récit.

M. Durand voyageait en province pour Drinker III et pour Drinker IV. Pour Drinker III, le baron Potel, il plaçait les articles-Paris, tout en tâtant le terrain pour savoir dans quel pays le baron trouverait, à juste prix, des sympathies électorales. Il nous est moins facile de dire comme cela, sans façons, ce que M. Durand faisait pour M. P.-J. Gridaine (Drinker IV). L'industrie de M. P.-J. Gridaine était complexe et touchait aux matières les plus délicates. Ce galant homme prenait au sérieux sa devise : « Tout pour les dames et par les dames. » Il était un peu le saint Pierre du paradis parisien, mais il était encore autre chose. Sa femme, madame Gridaine de Saint-Roch (confiance et discrétion), connue par vingt-cinq ans de succès, établissait des mariages.

M. Durand n'était pas étranger à l'émigration des trois nez à la Roxelane qui embellissaient l'intérieur de la diligence du Mans. Virginie, Pauline et Georgette avaient toutes les trois dans leur poche l'adresse de M. P.-J. Gridaine, agent de placement.

La malle-poste, la berline et son cortége avaient dépassé la diligence depuis longtemps. Le jour tombait ; le ciel s'éclaircissait, mais la pluie redoublait comme il arrive à la fin des ondées. La diligence ralentit le pas de ses rosses, parce que l'allure de ses victorieuses rivales ne lui faisait plus honte.

— Papa, dit le conducteur à un pauvre vieux qui se pelotonnait sur la banquette, en voilà qui m'ont l'air plus riches que nous !

— Oui, oui, répondit le bonhomme ; prêtez-moi une pipe de tabac ; cela fera trois. Je vous les rendrai à Paris.

Le conducteur complaisant lui tendit sa blague en peau de veau marin. Le bonhomme y introduisit ses doigts noirs. Quand il eut bourré sa pipe, il saisit un moment où le conducteur veillait les chevaux et fit tomber une bonne pincée de tabac dans la poche béante de son gilet. Il y en avait déjà une certaine quantité, parce que le conducteur lui avait prêté trois ou quatre fois sa blague.

Le conducteur ne s'avançait vraiment pas trop en disant que les gens de la berline étaient plus riches que le vieil homme de la banquette. L'accoutrement de celui-ci n'annonçait absolument pas l'opulence. Il portait un bonnet de soie noire rabattu sur les oreilles, une redingote grisâtre dont le collet luisait, un gilet rapiécé en vingt endroits et un pantalon fendu sur la cheville, marqué à chaque genou par une belle pièce carrée. Ses souliers, noués avec des ficelles passées au cirage, avaient des semelles de bois. Il fourrait de temps en temps ses mains grelottantes dans des haillons en tricot vert qui avaient été des gants de cocher de fiacre.

C'était un homme d'assez robuste apparence. Ses cheveux grisonnants se hérissaient sur un front bossu, aux tons neutres et terreux ; ses sourcils touffus recouvraient presque entièrement ses yeux, qui souriaient volontiers, et dont l'expression ordinaire était une bonhomie timide. Son nez, brusquement recourbé, son menton proéminent et les lignes fouillées de sa bouche accusaient, au contraire, l'entêtement rusé, la volonté patiente et obstinée. Ces vieux coquins de normands qui vivent d'usure et meurent d'économie ont un peu cette physionomie-là. Vous lui eussiez donné de cinquante à soixante ans.

Pendant que le conducteur bourrait, lui aussi, sa pipe, notre homme tira de sa poche un petit briquet, une pierre à fusil et un morceau d'amadou large comme une pièce de vingt centimes. Il battit le briquet longtemps, parce que son pouce cachait l'amadou trop étroit. Une fois sa pipe allumée, il remit ses gants verts et s'étendit avec volupté dans son coin.

— Avez-vous du feu? demanda le conducteur.

— Non, répondit notre homme.

Le conducteur le regarda en souriant et frotta une allumette chimique contre le cuir de la bâche.

— Vous, monsieur Bistouri, dit-il gaiement, vous êtes comme la fourmi.

— Comment est-elle la fourmi?

— Pas prêteuse, répliqua le conducteur.

— Vous vous trompez, je suis prêteur, mon garçon, repartit M. Bistouri sur le même ton d'aimable gaieté.

Et il ajouta à part lui :

— Sur gages.

— Voici trois fois que je vous demande du feu, reprit le conducteur ; vous me répondez toujours que vous n'en avez pas, et vous allumez toujours votre pipe.

M. Bistouri lui frappa sur l'épaule.

— Si la vendange n'était pas faite, dit-il, voilà une pluie qui ferait diablement monter le vin. Comment l'appelez-vous donc cette espèce de matelot qui a parlé aux deux petits mendiants ?

— Le matelot de la rotonde ?

— Oui ça me fait rire de voir ces nigauds avec leurs boucles d'oreilles... je pense bien que c'est du doublé.

Le conducteur avait ouvert son livre.

— Roblot, dit-il.

— Ah! fit M. Bistouri, qui devint sérieux ; Roblot !

Puis il ajouta :

— Pendant que vous y êtes, dites-moi, s'il vous plaît, le nom du monsieur qui est dans le coupé.

— M. Durand, lut encore le conducteur.

— Oh! oh! dit cette fois le bonhomme ; M. Durand!... Etes-vous bien sûr ?

— Mais les noms ne me font rien, se reprit-il en riant dans sa barbe ; vous avez tout de même trois jolis brins de fillettes dans l'intérieur.

— Vous avez vu ça, vous ? dit le conducteur, qui referma son livre en riant.

— Elles viennent voir s'il pleut à Paris des alouettes toutes rôties, continua M. Bistouri ; c'est de leur âge... un double louis à des mendiants ! ça n'a pas de bon sens, ma parole d'honneur !

I.

— Si ce duc de Rostan est aussi riche qu'on le prétend... commença le conducteur.

— Rostan! répéta M. Bistouri, qui se dressa et ôta sa pipe de sa bouche : il s'appelle Rostan, celui-là?

— Vous connaissez ce nom?

Le bonhomme garda le silence et tomba dans la rêverie.

— Mon Dieu! disait M. Durand à madame de Sailloux, vous êtes jeune encore, madame, et tous les âges, d'ailleurs, participent aux joies de ce paradis.

— Je ne vis plus que pour mon enfant, monsieur, murmura la veuve, dont le regard chatoyant démentait un peu l'héroïsme de cette réplique.

— Est-ce une demoiselle demanda M. Durand.

— Non, monsieur, c'est un garçon.

— C'est moins avantageux. Je veux dire par là qu'une fille tient plus fidèlement compagnie à sa mère. Quel âge a monsieur votre fils!

— Dans les vingt ans. Je me suis mariée si jeune!

— J'allais vous faire cette observation, madame. Quant à connaître particulièrement cet original de roi Truffe, je vais énormément dans le grand monde, voilà tout. Ma position fait que je rencontre le duc de Rostan comme je rencontre beaucoup d'autres ducs. Il a une fortune considérable : c'est le fait certain. Quant à la source de cette fortune, les uns disent qu'il a mené la vie d'aventurier dans la Sonora, les autres qu'il était aubergiste à San-Francisco, les autres enfin qu'il tenait un grand magasin de thés à Londres. Personne ne sait au juste.

— Mais ce titre de duc?

— Il l'a acheté.

— En France?

— Non... quelque part où c'est à bon compte. Si monsieur votre fils veut se lancer un peu, je pourrais lui ouvrir quelques salons.

— Ah! monsieur, s'écria la veuve du major, je vous serais bien obligée si c'était un enfant ordinaire, mais il ne se lance que trop tout seul, Dieu merci! C'est un homme de lettres : il fait des articles dans les journaux d'esprit.

— Peste! grommela M. Durand.

— J'aurais voulu lui voir une carrière plus profitable, mais ses succès me rendent bien heureuse.

— Il y a de quoi, madame!

— Monsieur, reprit la veuve avec une certaine hésitation, permettez que je revienne sur ce duc de Rostan.... j'ai connu des Rostan là-bas en Bretagne.

Le commis voyageur la regarda en dessous. Il se disait depuis une demi-heure :

— Où diable ai-je donc vu cette vieille figure?

— Les Rostan de Maurepar, poursuivit madame de Sailloux.

— Qui demeuraient en la paroisse de Plouësnon, acheva M. Durand.

— Tenez, fit la veuve avec abandon, il doit y avoir longtemps de cela, mais j'ai certainement eu le plaisir de vous rencontrer quelque part.

— Ce n'est pas impossible, madame, répliqua M. Durand, qui se tint sur la réserve.

On arrivait au relai de Maintenon, sur l'ancienne route, à un demi-quart de lieue du chemin de fer. Le commis voyageur offrit la main à madame de Sailloux pour descendre. Comme ils mettaient pied à terre, le vieil homme de l'impériale descendait, lui aussi, cahin caha, prenant de minutieuses précautions pour ne point endommager sa toilette.

— Tiens! dit-il en les regardant tour à tour, nous

voici en pays de connaissance! Bonjour Lapierre! comment vous en va?

— Lapierre! s'écria madame de Sailloux, qui recula d'un pas.

Le bonhomme poursuivit en s'adressant à elle :

— Serviteur, madame Rio! la santé paraît bonne?

La veuve du major du génie et le représentant de la maison Potel et Gambard se regardèrent avec étonnement, mais sans rire. M. Durand avait un lorgnon; il le mit à cheval sur son nez et toisa l'insolent qui l'appelait Lapierre tout court. Le bonhomme ricanait; ses petits yeux clignotaient sous les touffes épaisses de ses sourcils.

— Comme on se rencontre, dit-il en époussetant proprement les revers de sa houppelande. J'ai déjà retrouvé Nieul, le tourne-broche : il est à Brest, où il fait dix ans pour escalade. Loupin a une auberge à Châtillon. Loiseau-pour-décrotter est singe à l'Hippodrome... Vous vous souvenez bien de Louison Clanchel, le cordon bleu? Elle a épousé le sauvage du café des Aveugles. Et Suzette, la Cancalaise? Ah! ah! vous en teniez pour celle-là mons Lapierre! Suzette coupe les petits chats à la barrière de Rochechouart. Elle porte chapeau. Rien qu'à sevrer les chiens, elle gagne autant qu'un législatif. Le petit marmiton que vous éduquiez, madame Rio, est devenu gendarme : ça vous ferait plaisir de le revoir.

— Est-ce que vous connaissez ce pauvre homme, madame? demanda M. Durand d'un air superbe.

— Pas le moins du monde; assurément, répliqua la veuve du major avec dédain.

— Allons! allons! s'écria le vieillard, dont le sourire devenait plus narquois, donnez l'obole à Bélisaire. Je n'ai pas d'enfant dans les bras et je ne suis pas aveugle, mais j'accepte tout de même les petits cadeaux. Vous savez, mes vieux amis, on vit comme on peut : je crois que j'ai des cousins dans la police.

M. Durand et madame de Sailloux tirèrent à la fois leur bourse.

— On peut bien faire l'aumône à un fou! grommela M. Durand.

Et la veuve du major ajouta :

— La charité est un plaisir bien doux.

— Quand on a des clous... interrompit le bonhomme en s'emparant des deux offrandes.

Il fit une pirouette et montra le dos rapiécé de sa houpelande.

— C'est ce vieux coquin de Jean Touril, dit le commis à la veuve.

— Il n'a pas fait fortune, répondit celle-ci.

L'intérieur et la rotonde avaient imité le coupé. Tous les voyageurs piétinaient dans la boue. La pluie faisait trêve. Georgette et Pauline demandèrent de la bière mousseuse; Virginie, forte de ses lectures, leur recommanda les échaudés. Pour son compte, elle préféra une carafe d'orgeat qu'on lui prépara aussitôt avec de la farine, du lait, du sucre et de la fleur d'oranger.

— J'ai lu un ouvrage en quatre volumes, dit-elle, intitulé : *Zéliska, ou l'Orpheline abandonnée par sa tante*, c'est bien intéressant. On voit comme cela un jeune garçon et une jeune vierge qui viennent à pied des montagnes du Cantal jusqu'à Paris. La jeune vierge est séduite par un seigneur...

Georgette soupira.

— On dit qu'il n'y a presque plus de seigneurs! murmura-t-elle.

— Bah! fit Pauline, en cherchant bien... Et puis les bourgeois remplacent les seigneurs.

Virginie continuait en savourant son eau farinée :

— Au fond d'un bois de cytises, Zéliska met au monde une faible créature. L'ermite la baptise et les bergers jouent de la flûte autour de son berceau. Le chef des brigands enlève Zéliska, qui est vendue comme esclave en Turquie...

— Deux coups de sec! commanda la voix timbrée du marin de la rotonde.

— C'est bon, la bière mousseuse, dit Georgette, qui éclata de rire pour montrer ses trente-deux dents blanches au matelot.

— Moi, j'aime mieux le cidre doux, fit observer Pauline ; que demanderas-tu à ton premier, une robe ou un châle?

— Une robe de soie bleue et un châle Ternaux.

— Un jeune chrétien, poursuivait la sensible Virginie, s'introduit dans le sérail à l'aide d'une échelle de soie. Il tue les eunuques noirs et rend la liberté à Zéliska.

— C'est pas l'embarras, dit le matelot en touchant le rebord de son chapeau ciré. A votre santé, mesdemoiselles et la compagnie!

Second éclat de rire de Georgette et de Pauline. Soixante-quatre dents d'ivoire rangées en batteries qui donnèrent en plein dans l'œil de notre marin ; Virginie prit une pose et agita la petite cuiller d'étain dans sa liqueur blanchâtre.

— Ça a dix-sept ou dix-huit ans, ces fillettes, dit la veuve du major au représentant de la maison Potel et Gambard, et ça vient se perdre à Paris.

— N'est-ce pas qu'elles sont gentilles? demanda M. Durand. Il y en aura une au moins qui fera son affaire... Remontons et causons.

Le matelot avait bu rubis sur l'ongle. Toto regardait Virginie avec ses gros yeux malheureux.

— Redouble ! ordonna le matelot en tendant son verre.

— Est-ce que nous ne boirons pas la goutte ensemble aujourd'hui, cousin Roblot? dit derrière lui une voix pateline.

Le marin se retourna vivement et se trouva en face du vieillard de l'impériale, qui souriait en regardant la bouteille.

— Jean Touril ! s'écria le pauvre Toto en tremblant.

— Tiens ! tiens ! fit le bonhomme, je ne t'avais pas reconnu, toi, mon fils ; voilà dix-sept ans que tu me dois une pièce de six livres pour le mois courant, plus le prix de mon cheval Bijou.

— Eh bien ! père Bistouri, repartit Roblot, dans dix-sept ans nous reparlerons de ça.

Le bonhomme fit la grimace.

— N'est-ce pas, Toto? ajouta le marin, qui but son second verre d'un trait.

— Oui, mon cousin, répliqua Toto en tremblant.

Toto avait encore peur de son ancien maître.

— La barque les attendait sur le rivage, reprenait Virginie ; Manfredi coupe le câble et la barque glisse sur les flots agités. Pendant la tempête, ils se jurent un amour éternel. En arrivant à Marseille, on découvre que Zéliska s'appelle Amenaïde et qu'elle est fille de la princesse...

— Est-ce que tu aimerais un homme comme ça, toi, Pauline? demanda Georgette.

Il s'agissait de notre ami le marin.

— Dam ! fit Pauline, s'il n'y en avait pas d'autres.

— C'est souvent sous les habits grossiers, ajouta Virginie, qu'on sent battre les nobles cœurs !

— Que je suis étourdie ! interrompit-elle précipitamment ; j'avais oublié de vous dire que le jeune chrétien, qui pénétra dans le sérail, à l'aide d'une échelle de corde, pour délivrer Zéliska, était précisément le petit garçon venu à pied des montagnes du Cantal. Ce nom de Manfredi n'était pas le sien ; il s'appelait Gaëtano ; sa mère, la duchesse de Padoue, l'avait mis au monde au fond d'un torrent desséché.

— En voiture, messieurs et mesdames ! cria le conducteur.

Dans le mouvement qui se fit, la porte-cochère de l'auberge fut un instant bouchée. Deux chevaux, lancés à fond de train, arrivaient simultanément des deux côtés de la route.

Georgette et Pauline, qui regardaient à droite, s'écrièrent :

— Le beau cavalier !

Virginie regardait à gauche. Elle joignit les mains en disant :

— Le charmant jeune homme !

Les deux chevaux s'arrêtèrent tout court devant la porte de l'auberge. Celui qui venait par la droite, c'est-à-dire de Paris, était monté par un élégant lionceau à la chevelure noire comme du jais, aux moustaches fines et légèrement retroussées. Il paraissait avoir vingt-trois ou vingt-quatre ans. Son visage pâle et fatigué portait déjà la trace de ses succès. L'autre arrivait du côté de Chartres. Il était plus jeune ; ses cheveux blonds tombaient en boucles humides sur ses joues délicates comme des joues de femmes.

— Encore vous ! dit le lionceau, qui rougit et fronça le sourcil.

Le jeune homme aux soyeux cheveux blonds fronça le sourcil aussi et devint tout pâle. Sa bouche rose s'entr'ouvrit et lança ce mot, qui semblait trop gros pour passer entre ses lèvres :

— Que le diable vous emporte !

# XVIII

### FABRIQUE D'HÉRITIERS.

— Messieurs et mesdames, répéta le conducteur avec impatience, en voiture, s'il vous plaît !

Notre beau brun et notre joli blond venaient de mettre pied à terre devant la porte de l'auberge. Chacun d'eux tenait la bride de son cheval, et ils se parlaient tout bas avec vivacité.

Il n'y avait encore dans la voiture que M. Durand de Lapierre et M<sup>me</sup> veuve Rio ou de Sailloux, comme on voudra la nommer. M. Lapierre dit :

— Regardez bien ce joli garçon.
— Lequel ? Le brun ou le blond ?
— Le blond.
— Je ne le connais pas.
— Je vous promets que vous ferez sa connaissance.
— Ah ! soupirait Virginie, si on était au temps des

mousquetaires, ils se seraient déjà donné bien des coups d'épée !

Georgette et Pauline auraient sacrifié quelque chose de bon pour savoir ce que le blond et le brun se disaient à l'oreille. Elles tenaient pour le brun, qui avait des moustaches, — et cependant le blondin était bien mignon ; Pauline et Georgette en convenaient de bon cœur.

Tous les compartiments de la diligence du Maine mettaient une lenteur calculée à quitter la porte-cochère de l'auberge. Le conducteur piétinait dans la boue en pure perte. Il est certain que chaque invention a porté coup à quelque institution respectable. L'imprimerie a fait chanceler plus d'un trône ; la poudre à canon a mis la chevalerie au tombeau ; la vapeur a sapé dans sa base l'antique pouvoir des conducteurs.

La diligence du Maine désobéissait à son maître !

Pourquoi respecter encore cette tyrannie agonisante ? La diligence était vieille : on ne la remplaçait point. Peut-être qu'elle faisait son dernier voyage.

— Il va-t-y avoir une bûchée ici Toto, dit le marin d'un ton magistral ; je connais la chose : ça sent la chamaille-toi-tous-deux à plein nez !

— Oui, mon cousin, répliqua Toto ; remontons dans la rotonde.

— Quand ça sera fini, décida Roblot, qui s'assit tranquillement sur une borne.

Les deux jeunes gens s'animaient de plus en plus. Tout à coup le beau brun jeta un regard autour de lui.

— Parbleu ! s'écria-t-il, nous donnons la comédie à ces braves gens !

Le blondin sembla s'éveiller. Ses yeux pétillèrent de courroux quand il se vit l'objet de l'attention générale. Son compagnon lui frappa rondement sur l'épaule ; ils se regardèrent un instant d'un air indécis, puis ils éclatèrent de rire à l'unisson.

Une poignée de main fut échangée au sincère désappointement de Roblot, qui avait espéré une régalade à bras raccourcis. Georgette, Pauline et Virginie furent au contraire enchantées. Toto ne fut ni content ni fâché.

— Ce sont sans doute deux frères, dit Virginie, qui se retrouvent dans des circonstances difficiles après une longue séparation, comme dans l'*Héritière de la montagne*.

— Ils ne se ressemblent guère pour être si près parents, fit observer Georgette.

— Justement, dans l'*Héritière de la montagne*, Fabio est le fils de Gitana, et Stephen doit le jour à lady Effie Walsingham, que le comte rencontra un soir sur le lac : l'un a le teint brun des Orientaux des pays chauds, l'autre jouit de cette peau blanche et transparente qui est l'apanage des habitants du Septentrion...

— Toto! dit le marin à son inséparable, en voilà une qui *blagotte* aussi mignonnement qu'un lieutenant de vaisseau fourni par l'école polytechnique!

Toto regarda Virginie. Le matelot lui donna sur les doigts pour le châtier de cette hardiesse.

On remontait en diligence. Nos deux jeunes gens s'étaient pris bras-dessus bras-dessous ; ils entraient dans la cour en tenant leurs chevaux par la bride.

— Allons! allons! grondait le conducteur, si je suis en retard, ce n'est pas vous qui paierez l'amende!

C'était précisément pour cela qu'on ne se pressait pas. Le vieux Bistouri, qui était un homme d'expérience, en fit l'observation à son ami le conducteur quand ils furent tous deux sous la capote du deuxième étage.

— Ah! vous êtes madame Rio! disait M. Durand derrière les portières fermées du coupé.

— Ah ! vous êtes monsieur Lapierre ! répliquait madame de Sailloux en souriant.

— Aussi je cherchais...

— J'étais là me creusant la tête...

— Bonjour, madame Rio !

— Bonjour, monsieur Lapierre !

Et tous deux de rire en échangeant une accolade. Ils ne s'étaient pas vu depuis cette nuit où la valetaille de Maurepar, ivre et folle, avait chanté, en l'honneur de la marquise morte, ce *libera* diabolique.

— C'est beau, savez-vous, reprit l'ancien valet de chambre, ce nom de Sailloux !

— C'était le nom du major, fit la veuve en baissant les yeux.

— Et vous étiez sa femme ?

— Devant Dieu seulement... mais ce nom de Durand me semble bien bourgeois pour un homme aussi comme il faut que vous.

— Durand de la Pierre ! vous êtes difficile !

— Au fait, vous avez raison, ça sonne assez gentiment : Durand de la Pierre !

— Attention ! interrompit celui-ci, regardez sur votre droite. Voici, au bout de l'avenue, le château de Maintenon que le roi Truffe vient d'acheter à Drinker V, comte de Morges, surnommé le vidame de Pomard et l'un des plus capables buveurs des temps modernes. Le roi Truffe a payé le château un prix fou à cause de la comtesse de Morges, dont il a quasi adopté la fille... Voyez-moi ça !

Madame Rio se pencha. Son œil plongea tout au fond de l'avenue.

— C'est grand, dit-elle.

— Le roi Truffe a cent mille livres de rente autour du château.

Madame Rio leva les yeux aux ciel.

— Si j'avais seulement mille écus ou même cent louis de revenus ! soupira-t-elle.

— Le roi Truffe, reprit M. Lapierre, a en outre acheté l'ancien domaine de Rostan, là-bas, chez nous.

— Et Maurepar aussi ?

— Et la Maison, et le Boscq, et tout ce que la famille de Rostan avait possédé au temps jadis. C'est évalué à cinquante mille écus de rente.

— Ah ! seigneur Dieu, fit la veuve ; je ne m'étonne plus si la Morgatte et le grand Rostan sont autour de lui !

— Il y en a bien d'autres que la Morgatte et le grand Rostan.

— Et vous voyez véritablement ce monde-là ?

— Pourquoi non ? demanda M. Durand de la Pierre, un peu offensé.

— Pour rien... Astrée et le Rostan ne vous ont donc pas reconnu ?

— Au contraire.

Il y eut un silence ; madame Rio reprit à voix basse :

— Et savez-vous à fond l'histoire de la nuit du 6 mars, à présent ?

— Non. Je sais que le roi Truffe, avec sa demi-douzaine de millions, n'a pas l'ombre d'héritier.

— Quel rapport ?...

— Je sais que la belle jeune femme que vous avez remarquée dans la berline a nom madame Sulpice.

— Ah ! fit la veuve, qui ne comprenait pas du tout.

— Ce nom n'éveille-t-il en vous aucun souvenir ? demanda Lapierre.

— Aucun.

— Et celui d'Irène ?

Madame Rio ouvrit de grands yeux.

— Irène répéta-t-elle, la fille de Madeleine et de François Rostan!... Ah! ah! c'est que Madeleine était bien belle!... sa sœur Victoire aussi.

Elle passa le revers de sa main sur son front, comme si un flux de souvenirs eût inondé tout à coup son cerveau.

— Il y a dix-sept ans de cela! murmura-t-elle.

— C'est long, dit M. Lapierre, mais il n'y paraît pas sur le visage de la Morgatte.

— Le grand François a vieilli, fit observer la veuve.

— C'est qu'il a essayé de lutter. La Morgatte l'a laissé vivre : elle a toujours eu un faible pour lui.

— Et qu'est devenue Madeleine?

— Elle est morte ou bien elle s'est cachée, car je n'ai pas su la trouver.

— François a épousé Astrée?

— Il y en a qui croient cela.

— Et vous?

— Moi, dit M. Lapierre, si je savais tout ce que je veux savoir, je ne voyagerais plus qu'en berline. Mais, patience! Je ne mets pas tous mes œufs dans le même panier. Voyons, ma chère camarade, ces choses-là peuvent valoir beaucoup d'argent un jour ou l'autre; j'aime à en parler, cela rafraîchit ma mémoire... Cherchez bien... Ne vous souvenez-vous plus du temps où vous étiez pour le linge à Maurepar? Nous nous doutions bien que mademoiselle Victoire était enceinte... Et nous nous disions : Personne ne fréquente la Maison, hormis le pâtour du Tréguz...

— Et le petit Sulpice n'avait qu'onze ans, ajouta la veuve en riant.

— Vous voyez bien que ce nom de Sulpice ne vous est pas étranger, dit Lapierre.

La veuve releva sur lui son regard plein d'étonnement.

— C'est juste... c'est juste! fit-elle ; la petite fille ne pouvait dormir quand il ne venait pas la bercer. Vous avez dit qu'Irène s'appelle madame Sulpice! Comment le grand Rostan a-t-il pu donner sa fille à un garçon pareil?

— Oh! interrompit Lapierre, le grand Rostan n'est pour rien là-dedans. En voici donc deux qui savent cette histoire dont vous parliez ; l'histoire de la nuit du 6 mars 1835 : le docteur Sulpice et sa femme.

— Comment! s'écria madame Rio, le petit pâtour est docteur?

— Et docteur en renom. Outre le docteur et sa femme, il y a naturellement le grand Rostan et la marquise.

— Ah ça! interrompit encore madame Rio, a-t-elle aussi acheté son marquisat dans les pays où ça se vend à bon compte?

— Non, répondit M. Lapierre, elle a volé le titre avec le nom, purement et simplement.

— C'est chanceux cela!

— Pas trop. Ça a été bien fait. D'ailleurs une usurpation de dix-sept ans ressemble au bon droit comme deux gouttes d'eau. Outre ces quatre personnes, il y avait sur la lande, cette nuit-là un pauvre diable qui montait les Anglaises au phare.

— Toto Gicquel!

— Il a dû mourir dans quelque coin, je ne me rappelle pas sa figure.

— Ni moi, dit madame Rio.

— Je n'en vois pas d'autres...

— Et ce vieux Jean Touril, qui vient de nous apparaître comme un fantôme? interrompit madame Rio.

— Bah! fit Lapierre, il a l'air d'un mendiant.

— Méfiez-vous! c'était un rusé compère.

— Cela fait six si vous voulez, mais Jean Touril et le grand Rostan ne comptent guère ; Toto ne compte pas ; reste à trois. Astrée d'un côté, Sulpice et sa petite femme de l'autre. Avez-vous beaucoup de rentes sur l'Etat, vous, madame Rio?

La veuve illégitime du major darda ses regards au ciel.

— Mon Léonard m'a coûté les yeux de la tête! soupira-t-elle.

— C'est comme ça que s'appelle votre petit? Vous donne-t-il pas mal?

— Des dettes à payer, hélas!

— Et les payez-vous?

— Plus souvent! s'écria madame Rio indignée.

Lapierre se rapprocha d'elle.

— Alors une bonne petite affaire ne vous serait pas indifférente? dit-il.

— Je vais à Paris pour tâcher de m'occuper.

— Touchez là, ma douce amie. Je suis dans une machinette où je pourrai vous faire entrer. Votre Léonard peut-il encore se faire passer pour un garçon de dix-sept ans!

Madame Rio secoua la tête négativement. Son Léonard était *dans les vingt ans* depuis neuf ans et onze mois.

— Bon! bon! fit Lapierre, nous en avons un autre tout prêt. Quel âge donneriez-vous au petit blond qui est descendu de cheval là-bas, et qui a manqué de se battre avec le beau brun?

— J'ai remarqué surtout le beau brun. J'aimais les bruns... Le petit blond paraît de dix-huit à dix-neuf ans.

— On pourrait descendre à dix-sept!

— A la rigueur.

— Eh bien! ma chère bonne amie, poursuivit M. Lapierre en prenant un ton sérieux, veuillez m'écouter attentivement, je vais vous expliquer la machinette....

— Quel nom voudrais-tu, toi? demandait en ce moment Georgette à Pauline; voudrais-tu Alfred !

— C'est gentil, Alfred, répondait Pauline; le blond s'apelle peut-être Alfred...

— Ou Adolphe?

— Oh! c'est mignon tout plein. Edmond aussi.

— J'ai idée, dit Georgette, que le brun s'appelle Adolphe. Il a un air !

— Le plus joli nom, c'est Arthur !

— Oui, pour un grand maigre avec des favoris et un lorgnon.

— Ou un petit bien mis, pantalon de nankin, escarpins et bas blancs.

— Et Jules ?

— Et Théodore ?

— Dire que tous ces noms-là sont à Paris, murmura Georgette, rêveuse : en chair et en os, avec des gants paille et des breloques! et qu'on n'a qu'à se baisser...

— Pour être prise, malheureuse enfant! interrompit Virginie; les hommes sont trompeurs et légers, soit que des boucles d'ébène entourent leur front, soit qu'ils aient une chevelure d'or pour la livrer à la brise.

— Bah! fit Pauline, quand on se tient sur ses gardes...

— Et puis, ajouta Georgette d'un air capable, on voit tout de suite si un homme a bon genre.

— Je peux bien vous dire le fin mot, continua Virginie; ceux qui se font un jeu de tromper les pauvres filles, sont aisés à reconnaître. Ils ont le col de chemise rabattu, le teint pâle et même jaune. Dans les vignettes en tête des volumes, je leur ai presque toujours vu les genoux en dedans. Ils sont chauves de bonne heure. Leurs lèvres se contractent souvent en un sourire sceptique...

— Savez-vous où est la Chaumière, vous? demanda tout à coup Georgette.

— Dans le quartier des étudiants, répondit Virginie.

— Ah! les étudiants! les étudiants! firent à l'unisson les deux fillettes non lettrées.

Et Georgette reprit :

— Le brun doit être étudiant.

— Le blond aussi! réclama Pauline.

— Mon beau Jules!

— Mon joli Théodore!

— Jules m'a remarquée, va!

— J'ai bien vu que Théodore me souriait.

Virginie pensait.

— C'est moi qu'ils ont remarquée, et c'est à moi qu'ils ont souri tous les deux!

— Si j'avais à donner un nom au jeune inconnu dont les cheveux noirs inondent les épaules, dit-elle, je l'appellerais Don Sanche, comme dans *Mercedès ou la Mantille de dentelles*. Quant à l'étranger qui porte une couronne de cheveux blonds, le nom d'Oscar lui conviendrait à merveille. L'amant d'Ethélinde, dans les *Trois filles du Suédois*, s'appelait Oscar et tirait sur le cendré.

— Je suis tout de même bien contente qu'ils ne se soient pas battus, reprit Pauline.

— Et moi donc! s'écria Georgette.

Virginie était occupée à faire cette réflexion :

— Je n'ai pas lu un seul livre où on s'enchaîne deux de la même couleur. Pauline, qui est brune, se sent attirée vers l'inconnu blond ; Georgette, qui est blonde, éprouve un commencement de sentiment tendre pour l'inconnu brun. C'est drôle!... moi, ils me plaisent bien tous les deux parce que je suis châtain. Mystères du cœur!

— Et vous croyez, fit-elle tout à coup, répondant aux dernières paroles de ses compagnes, que ça va finir comme cela?

— Pourquoi pas? demanda Georgette.

— Puisqu'ils se sont donné une poignée de main...

— Et que nous les avons vus entrer à l'auberge bras dessus bras dessous.

Virginie haussa les épaules.

— Je suis effrayée, dit-elle, de vous voir affronter les dangers de Paris avec une si complète inexpérience. Il faut tout vous apprendre. Les manœuvres ou gens de peine, les domestiques, les soldats non gradés et généralement toutes les personnes qui n'ont pas reçu d'éducation, font seules du bruit dans ces circonstances. Entre cavaliers comme il faut, il suffit d'un signe. A la fin de l'*Avoué par amour*, il y a une affaire semblable. « Le fils du général et Léon Kerner sont tous deux amoureux de Kettly. C'est le soir, au bord du lac de Genève. L'astre des nuits vogue au firmament parmi les nuages argentés.

« — Monsieur!... dit le fils du général.

« — Monsieur, interrompt le jeune Léon, aussi calme que vaillant, parlez moins haut, on nous observe.

« Et, en effet, la mère de Léon, qui est sur la terrasse avec Valentine et le juge, ne les perdent pas de vue

« — Vous avez raison, monsieur, reprend le fils du général, et je vous remercie de votre observation. Donnez-moi, je vous prie, une poignée de main, on croira que nous sommes bons amis... »

Georgette et Pauline se regardèrent avec inquiétude.

« — Ils échangèrent une poignée de main, continua Virginie, absolument comme nos deux inconnus, et le fils du général reprit :

« — Nous nous battrons demain.

« — Au pistolet, à dix pas, ajouta Léon.

« Et ils remontèrent sur la terrasse en se tenant par le bras et le sourire aux lèvres... »

— Et le lendemain? s'écrièrent à la fois les deux fillettes.

« — Le lendemain, le ciel était sombre. Un orage grondait au lointain. Le duel eut lieu dans la forêt. Le fils du général porta toute sa vie un œil de verre, et Léon une jambe de bois. Kettly épousa son cousin Max, l'avoué, qui ne se battait jamais en duel et qui avait ses deux yeux avec ses deux jambes. »

— Si c'est possible! dit Georgette.

— Et on voit tout cela dans les livres! appuya Pauline.

— Je t'invite, déclamait notre ami Roblot en s'adressant à son cousin Toto, je t'invite à me prêter tes oreilles pour savoir de moi le truc de la conduite à tenir dans la capitale. Tu n'as pas d'astuce, pas vrai?

— Non mon cousin.

— La paix! quand je parle, je préférerais qu'on ne me la coupe pas pour répondre des incohérences. Ça me fait perdre le fil, et puis va-t'en voir! Je disais donc : Tu n'as point d'astuce ni de défense; comme l'on dit de celui qui est trop bon enfant et bécasse. Paris est loin de la mer et plein de filous qui l'empoisonnent en l'infestant pour guetter le pigeon, à cette fin de le manger en fricassée ou autre, par quoi tu dois veiller en te méfiant du tiers et du quart, sans cesser d'ouvrir l'œil devant, derrière, à bâbord, à tribord et le reste. Si tu t'endors un instant, tu cours le risque périlleux de te perdre corps et biens. Tu sais la chanson.

Il est plus dangereux de glisser
Sur le gazon que sur la glace!...

Quand l'ami Roblot faisait des citations lyriques, c'était pour lui un prétexte de chanter à tue-tête.

Toto savait la chanson.

— Eh bien ! reprit l'éloquent matelot en balançant avec gravité les poignards qui pendaient à ses oreilles, il y a quelque chose de plus satané que le gazon, c'est le calme en pleine mer avec tiers de ration et l'embêtamini de ne pas savoir quand on pourra s'en aller de là. Il y a quelque chose de plus taquinominieux que le calme, c'est un grain par le travers du cap, là-bas, quand on a un endormi pour capitaine et un vaut-pas-cher pour second. J'ai vu ça. Mais le gazon, le calme et la bourrasque, c'est de la Saint-Jean, ou autrement dit de la gnognotte auprès de Paris ! Tu y trouves toutes les bayadères les plus requinquées, bien mises, sur le trente-et-un. Chapeaux de velours, bas blancs, qui fument la cigarette et lèvent le coude à te rendre fou. Ferme les yeux et file ton nœud sans tourner la tête à droite ou à gauche. As-tu faim ?

— Oui, mon cousin, interrompit Toto.

— Nom de nom de nom ! s'écria Roblot en colère ; je ne te parle pas du moment actuel d'à-présent ! Il s'agit de Paris, ousque tu vois partout de la viande et du saucisson derrière les vitres. Y a des endroits où ça te coûte trente-deux sous pour boire et manger comme un prince ; y en a d'autres où tu paies cent sous et six francs pour avaler de la drogue sans moutarde dont les sauvages cracheraient dessus. As-tu envie d'aller au spectacle ?

— Oh ! oui, mon cousin....

— Tonnerre du ciel ! tricote en silence ou gare à toi ! Les spectacles sont comme les gargottes : en choisissant, tu peux en avoir un bon pour trente centimes, tout en haut, bien à ton aise, avec le lustre à ta portée et de bons enfants qui mangent des pommes avec leurs dames, qu'est parfois de jolies petites mères, tandis qu'à l'opposite, si tu entres à l'hasard, comme un étourneau, dans les théâtres à colonnes, tu es fait de quatre francs cinquante, et tu n'as rien de propre. Là, c'est les colonnes, les escaliers et les lumières qu'on paie. On n'y mange même pas de pommes, et toute la sainte soirée de grands feignants viennent hurler en ouvrant la bouche comme un four : *cara miha, ha, ha, ha, mi perdona, ah, ah, ah, amor miho, ho, ho, ho!* pendant que la musique fait *ron, ron, ron*, à ne pas s'entendre ! Et toutes les dames, vertes et blettes, ont des éventails pour bâiller derrière en marmottant : Baravo ! barava ! Et ça sent l'eau de Cologne ! Et si on se mouche, on vous dit : *chu-u-ut !* Si on éternue, on est mis à la porte ! Aimes-tu jouer aux cartes ?

Toto, rendu prudent par expérience, ne répondit point.

Son cousin, qui était en face de lui, lui donna un grand coup de pied dans le devant des jambes et reprit :

— Nous recauserons de cela plus à fond. Souviens-toi que nous n'allons pas à Paris pour des prunes. Nous sommes payés d'avance, et la besogne doit être faite. Attrape à dormir un somme, si tu veux.

L'ancien monteur plia son tricot lestement. L'instant d'après, il ronflait comme un canon.

Madame veuve Rio et M. Durand de la Pierre en arrivaient, eux aussi, à la conclusion de leur entretien.

— Mais, disait la veuve, qui semblait hésiter encore, malgré son désir évident de faire une affaire, ce douanier guetteur ?

— Nicolas Merruel ?

— Oui, Nicolas Merruel.

— Il est mort et enterré.

— Sa femme ?

— Morte et enterrée avant lui.

— Et personne ne sait ?...

— Personne au monde !

Pendant que la veuve réfléchissait, indécise, M. Lapierre poursuivait :

— Pas le moindre danger, affaire sûre. On choisit une de nos trois fillettes de l'intérieur la première venue...

— Si elles connaissent leurs parents ?.... objecta madame Rio.

Lapierre éclata de rire.

— Elles sont nées sous trois choux !

— Et le jeune homme ?

— Le jeune homme est dans la machinette. Comme vous venez de le voir vous-même, il peut passer pour un enfant de dix-sept ans. La souffrance vieillit : l'enfant dont nous parlons a dû souffrir. Fernand ignore sa naissance, il pourrait presque être de bonne foi : c'est précieux.

Oui, dit la veuve, c'est précieux. Il s'appelle Fernand tout court ce blond-là ?

— Tout court.

— Le fait est que ça se trouve bien.

— Et puis songez donc ! continua Lapierre en s'animant : deux cordes à notre arc ! deux filons à exploiter : Sulpice et Astrée... des vaches grasses, ma bonne amie ! Et quelles excellentes conditions ! Vous étiez au château en ce moment ; vous avez pu tout voir ; on ne sait pas ce que vous êtes devenue depuis. Vous avez pu suivre les enfants et ne jamais les perdre de vue.

— Sans doute, dit Madame Rio à demi persuadée ; j'ai été poussée par un sentiment d'humanité...

— Qui vous honore ! acheva Lapierre en souriant...

— Allons ! allons ! s'écria la veuve ; je ne m'intéresse pas beaucoup à ces trois péronnelles de l'intérieur, mais ce garçon-là est gentil : touchez-là ! je consens !

# XIX

L'AUBERGE DU LION-D'OR.

Chiffon et son ami Loriot arrivèrent à l'auberge de Maintenon sur les sept heures du soir. Sous le rapport de la mise et de la propreté, ils n'étaient pas dans un état très-satisfaisant. Chiffon avait approché de trop près la fameuse berline : elle avait de la boue jusqu'aux yeux. Loriot, crotté par-dessus l'échine, mouillé, trempé, roulé, avait l'air d'une ébauche en terre glaise qui n'aurait pas eu le temps de sécher. La coiffe de Chiffon tombait piteusement en longues oreilles de chien ; la mèche du bonnet de Loriot avait perdu toute sa crânerie. Évidemment, ce n'étaient pas là des voyageurs à mettre en l'air une batterie de cuisine.

Et pourtant il y avait en eux je ne sais quelle fierté nouvelle. Ils ne sautillaient plus en marchant dans la boue, mais leur pas était ferme, grave, presque important.

S'il eût été possible de les lancer tous deux tels qu'ils étaient, os, chair et loques, sans danger pour leur santé, dans une cuve à lessive, on eût obtenu un beau résultat. En attendant, et malgré le lamentable état de leur équipage, on pouvait bien voir qu'ils avaient grandi depuis quelques heures. La conscience de leur valeur était née en eux. Ils marchaient encore pieds nus, mais ce n'étaient plus que des va-nu-pieds.

Loriot, tout en portant la tête beaucoup plus haut, avait toujours néanmoins son air débonnaire. Chiffon toisait la nature d'un œil dédaigneux et provoquant. Elle ne touchait plus terre. On eût dit que l'horizon n'était pas assez large pour clore le parc du château en Espagne qui se bâtissait dans son imagination.

C'était Chiffon qui avait le louis d'or dans sa poche, le double-louis, les *quarante francs*. Certes, il lui restait bien un doute. Comment une si petite pièce pouvait-elle valoir une si énorme somme?

Pour Chiffon, nous disons cela au risque de révolter la vraisemblance parisienne, pour Chiffon, quarante francs se présentaient sous l'aspect d'une sacoche difficile à soulever et contenant huit cents pièces de billon effacées, rongées et couvertes de noir vert-de-gris.

Ce qui la rassurait, c'était l'honnête figure du marin sortant de la portière de la rotonde pour lui dire : Ceci vaut quarante francs.

Un trésor! toutes les joies de la vie! la porte grande ouverte du ciel! Quarante francs! Des souliers, des robes, une veste neuve pour Loriot, du pain frais, du lait chaud, du cidre doux. Sait-on ce qu'il y a dans quarante francs bien employés?

Ils étaient dans sa poche. Elle les tâtait deux ou trois fois par minute, pour se bien assurer qu'ils ne s'étaient point envolés. La chanson de Tréguier dit justement que les louis d'or ont des ailes. Chiffon ne connaissait pas assez les louis d'or pour savoir si la chanson raillait ou parlait bien.

Loriot s'arrêta devant la porte de l'auberge. La rue était déserte et noire.

— Est-ce qu'il y en a la moitié pour moi? demanda-t-il tout doucement.

— Non, répondit Chiffon.

— Ah! fit le petit gars avec tristesse, mais sans réclamer.

Chiffon était derrière lui. Elle le prit par la taille et lui embrassa le cou.

— C'est tout à nous deux, ajouta-t-elle.

— Ah! fit encore Loriot consolé, tu as raison : ça vaut mieux de même.

Ils restèrent un instant sous la porte-cochère, qui tout à l'heure était encombrée par les voyageurs de la diligence du Mans. Il n'y avait plus personne. Les vitres de la salle commune, enfumées et jaunâtres, brillaient sourdement au fond de la cour.

Chacun de nous mord à la pomme de science une fois en sa vie. Nous savons tous par expérience comme notre mère Ève fut émue en voyant sa nudité. C'est bien souvent l'amour, le grand et magique révélateur, c'est quelquefois l'argent ; — plus rarement, c'est l'intelligence brusquement éveillée, l'ambition naissant dans un coup de foudre ou le sentiment de l'art faisant violemment explosion.

Un moment avant de s'écrier : *Anch'io son'pittore*, Corrège dormait sur l'oreiller de son ignorance, comme Ève sommeillait une seconde avant de porter la pomme à ses lèvres, dans les langes bienheureux de sa candeur céleste.

L'heure sonne, la lumière se fait.

Certes, Antoine Corrège et l'épouse d'Adam ne devaient point s'attendre à venir, réunis, à la porte d'une guinguette de la Beauce, porter témoignage en faveur de nos imaginations. Mais il est certain que Chiffon et Loriot grignottèrent la pomme symbolique sous la voûte du *Lion-d'Or*.

Si toutefois l'auberge de Maintenon n'avait point un cheval blanc pour enseigne : détail à vérifier.

Chiffon et Loriot se regardèrent aux lueurs ternes du réverbère allumé au devant de la voûte. Voyez ce que peut un louis d'or indivis ! Chiffon dit à Loriot :

— Tu as tout de même pris trop de boue en chemin, mon chéri !

Loriot se mit à rire.

— Je n'en ai pas pris tant seulement assez, ma cocotte, pour sûr et pour vrai, puisque t'en as encore à revendre.

Chiffon rougit de dépit et tâcha de se voir.

— Est-ce que j'en ai autant que toi ? demanda-t-elle.

— Je t'en trouve bien plus qu'à moi, répondit le petit gars.

— Tourne-toi, tu en as jusque sur ton bonnet !

— Tourne-toi itout ! Tu en as par-dessus ta coiffe !

Les bras de Chiffon tombèrent.

— Comment que nous allons faire ? dit-elle.

— Bonne foi ! s'écria Loriot, nous voilà bien embarrassés ! Nous n'avons donc jamais été saucés par les chemins ?

— Si bien, repartit Chiffon, mais...

— Mais quoi !

La petite fille réfléchit et répondit en baissant les yeux.

— Est-ce que je sais, moi ?

C'était le louis d'or. En sa qualité de femme, Chiffon mordait la première à la pomme.

Loriot allait bientôt croquer le trognon, en sa qualité d'homme.

Pendant que Chiffon relevait d'un air confus et désolé les plis de sa jupe mouillée, Loriot ôta son bonnet de laine. Il avait fait la roue dans les ornières. Ses doigts marquèrent sur le tricot.

— Ah! dame! fit-il avec conviction, nous ne sommes tout de même point propres!

— Et faut être si reluisant, ajouta Chiffon, pour faire fortune à Paris?

Elle soupira. Loriot dit:

— Voilà un auge pour faire boire les chevaux. Nous pourrions bien ôter le plus gros.

Chiffon s'élança vers l'auge. Une fenêtre s'ouvrit au premier étage de l'auberge. Deux élégantes silhouettes de jeunes gens se dessinèrent sur le blanc sale du plafond. Ils riaient et causaient gaiement.

Chiffon avait déjà son pauvre joli minois sur l'auge pleine d'eau fraîche. Elle eut honte et se retira. C'était le louis d'or.

— Bête! lui dit Loriot, qui se débarbouillait déjà en grand; il fait jour chez eux, il fait nuit ici: on ne peut pas te voir.

— Quelle tournure ça a! grommela Chiffon humiliée; faire sa toilette dans un auge où viennent boire les chevaux!

— Eh! repartit Loriot, tu l'as bien faite ce matin à la mare où barbottaient les oies, ta toilette!

Certes, mais ce matin, Chiffon n'avait pas de fortune.

On raconte, et c'est encore là une histoire de la pomme d'Adam, qu'un pauvre conscrit était en train de manger la soupe avec plaisir. A la deuxième cuillerée, on vint lui annoncer qu'il lui était sorti un quine à la loterie. C'était du temps de la loterie et des quines. Le conscrit avait gagné du coup cinquante mille livres de rente. Les quines n'en faisaient pas d'autres. Il jeta par la fenêtre sa mauvaise soupe qu'il trouvait délicieuse et se fit servir un perdreau truffé qu'il ne put pas manger. Les heureux deviennent difficiles.

Chiffon fut sur le point de se fâcher pour tout de bon quand on lui parla de la mare. L'idée de la cuvette lui venait. Un pas encore, et Chiffon allait déviner la baignoire.

Nos deux jeunes élégants causaient entre haut et bas à leur fenêtre.

— Vous, disait le blondin d'une voix douce et légèrement ironique, vous vous appelez monsieur de Galleran ; cela sent son manteau de cour. Vous avez mangé huit ou dix mille livres de rente : vous pouvez parler des terres que vous avez vendues. Moi je n'ai qu'un pauvre nom de baptême.

— Est-ce que vous n'êtes pas né quelque part, Fernand, mon ami? demanda M. de Gallerand.

— Si fait, du moins, je suis fondé à le croire.

— Où êtes-vous né?

— Je n'en sais rien.

— Cela vaut mieux. On peut choisir. Je regarde comme très-fâcheux d'avoir vu le jour dans certaines localités : Fernand de Pézénas ou Fernand de Pontoise, cela ne va pas, mais le livre de postes est plein de noms ravissants. Ici, aux environs, nous avons Mereville, Monneville, Angerville, Thiouville, Allainville, Orsonville, Boinville, Hauteville...

Fernand fit un geste d'impatience.

— Vous trouvez cela trop commun? interrompit M. de Galleran ; il y a quelque chose de plus original, c'est de chercher sur le plan de Paris. Les rues ont aussi des noms qui font illusion. M. de Bailleul, M. de Beaubourg, M. du Bouloy... Hein? Fernand du Bouloy? On jurerait que c'est nature.

— Est-ce que vous avez trouvé votre nom comme cela dans l'almanach, vous, Galleran? demanda le blondin.

— Il ne s'agit pas de moi ; je suis gentilhomme, chacun sait cela.

— Grand bien vous fasse ! Si je prenais un nom, ce serait celui d'un duc ou d'un prince, avec de la puissance autour et des millions dessous. Il fait froid : fermez la fenêtre.

La voix de ce blondin avait dans sa douceur quelque chose d'impérieux et de tranchant.

La fenêtre fut refermée.

— As-tu entendu, toi, mon Loriot ? demanda Chiffon.

— Oui, fit le petit gars.

— As-tu compris?

— Non... voilà que j'ai fini. A ton tour, l'auge !

Chiffon était toute rêveuse.

Fernand et Galleran s'assirent l'un vis-à-vis de l'autre, aux deux coins d'un foyer délabré qui contenait un grand feu de souches. Les bougies étaient sur la cheminée ; leur lumière éclairait d'aplomb le visage des deux jeunes gens. Ils étaient beaux tous deux. Robert de Galleran avait une physionomie rieuse et hardie, de l'esprit dans le sourire, de la vivacité dans le regard. Fernand, au premier aspect, avait vraiment l'air d'un enfant, mais, à le considérer mieux, on découvrait je ne sais quel vouloir sec et implacable dans le brillant azur de ses yeux. Son front était candide comme celui d'une jeune fille, mais, au coin de ses paupières et de sa bouche, il y avait déjà des rides.

Le projet de M. de la Pierre n'était pas pour cela irréalisable. Paris est plein de ces enfants vieillis ; ce sont des Parisiens de Paris. Cependant, ne parlons pas d'eux à la légère ! Ils sont grêles, mais ils ont des muscles d'acier sous leur peau blafarde. Ils peuvent et veulent. Ce qui les empêche de monter très haut, c'est qu'ils ne croient pas. Les aigles de Paris n'ont pas d'ailes.

Fernand était de taille moyenne, élégant dans sa tournure, vif et inquiet dans ses mouvements. Dans un repas, sa main charmante, et qu'il montrait volontiers, tremblait quand il tenait un flacon à bout de bras pour verser à boire. Fernand faisait des armes très-bien, montait mieux à cheval et boxait comme Vigneron ; cette main tremblante devenait ferme dès qu'elle tenait un pistolet ; cet œil, habitué au lorgnon, mettait à deux cents pas le guidon d'une carabine sur la mouche.

Je ne sais pas si Fernand avait été au collège, mais il savait tout ce qu'on apprend au collège et bien d'autres choses encore. Il avait la science infuse de la séduction : les femmes l'aimaient et il aimait les femmes. Figurez-vous que ces petits monstres ont parfois du cœur. Fernand avait fait en sa vie si courte tout ce qui dénote l'absence complète de cœur, mais il était capable d'aimer.

Il était ambitieux et paresseux, brave plus qu'un lion à ses heures et susceptible de reculer au premier choc quand la mollesse le prenait. Le matin, vous l'eussiez trouvé d'humeur à soulever les montagnes ; le soir, il se fût arrêté et découragé devant un talus.

Fernand n'aurait pas pu dire son âge bien au juste. A vue de pays, il se donnait une vingtaine d'années. Peut-être avait-il un peu davantage. C'était un enfant trouvé. Dans ses souvenirs lointains, il se voyait battant le pavé de Paris, gaminant dans les rues et boitant sur la route dépourvue de fleurs qui conduit à la prison des jeunes détenus. Son étoile l'avait conduit de bonne heure dans la rue où passe madame de Warens, ce type éternel, cette excellente et miséricordieuse femme qui fait la charité aux impubères de bonne santé, moyennant retour. Jean-Jacques a insulté madame de Warens, Est-ce de l'ingratitude ? Jean-Jacques était, il est vrai, un ingrat à l'état chronique, mais devait-il quelque chose à sa belle *maman* et ne l'avait-il pas payée ?

Madame de Warens a toujours soin de se payer elle-même. Quand elle tombe sur une nature moins haute et moins perverse que celle de Jean-Jacques, elle reste ordinairement l'amie de ses élèves.

L'institutrice de Fernand fut une comédienne retirée, bonne fille sans préjugés qui prenait son bien où elle le trouvait. Elle décrassa Fernand pour le mettre dans son antichambre ; une fois que Fernand fut décrassé, elle le trouva si mignon qu'elle ne pût le laisser du mauvais côté de la porte.

Mademoiselle Désirée Lenoir était encore assez belle en ce temps-là, le soir, après toilette accomplie. Son salon gardait quelques fidèles. Fernand transformé en neveu de mademoiselle Désirée, ne fut pas trop malheureux. Madame de Warens est quelquefois vieille et laide. En ce cas, le prix qu'elle met à ses bienfaits devient usuraire.

Chez mademoiselle Désirée, Fernand connut des comédiens et des hommes du monde. Le gamin de Paris est un caméléon. En moins d'un mois, Fernand fut un gamin du monde. Pour moins que rien il eût joué la comédie avec autant de talent que ces messieurs. Mais mademoiselle Lenoir mourut, et madame Werther, veuve d'un agent de change, eut besoin d'un neveu. Fernand était dressé : elle le prit.

Fernand apprit dans cette nouvelle condition le ton finances, qui est un bien joli ton. Il fut chassé pour s'être trompé de chemin, une nuit sans chandelle. Madame Werther avait une fille.

Ma foi, Fernand avait de l'acquis et de belles connaissances. Il possédait un costume noir complet, six cravates blanches et ses bottes vernies étaient presque neuves. Il fit le cruel avec deux bourgeoises qui prenaient du neveu : cela lui donna un relief. Sa dernière madame de Warens fut une vraie marquise du vrai faubourg. Celles-là font bien les choses ; Fernand devint un petit seigneur ; on le vit pendant tout un mois dans un grand coquin d'équipage, haut monté sur roues et traîné par des chevaux plus fiers que le suisse de Saint-Thomas-d'Aquin.

Aux heures de loisir, il allait s'encanailler là-haut, du côté de Notre-Dame-de-Lorette. Il avait de l'argent. La bohème mal dorée qui grouille autour de la fontaine Saint-Georges l'accueillit avec distinction dans ses rangs. Il connut les grotesques de la littérature et de l'art, le lansquenet indigent, l'esprit à l'absinthe, la misère frottée de luxe, l'amour affiché, les femmes qui se damnent à vouloir grossir les albums de Gavarni. Cela l'ennuya, mais il s'instruisit. C'était une heureuse nature et qui tirait parti de tout.

Quand Fernand eut décidément un peu de barbe, il se reconnut de lui-même impropre aux fonctions de neveu. Il ne fut pas trop embarrassé ; l'avenir lui apparut couleur de rose. Il se sentait hardi comme un page : jamais pied plus sûr que le sien n'avait foulé le pavé glissant de Paris. En définitive, d'ailleurs, il y a auprès des femmes d'autres positions que celle de neveu. Seulement il faut attendre. L'âge de transition est sans emploi.

Fernand regarda tout autour de lui. L'idée lui vint de se faire vaudevilliste, mais il avait de l'esprit. La carrière des armes ne lui sembla pas séduisante, à cause du fusil de munition qu'il faut porter avant d'être colonel. Pour réussir au barreau et dans la magistrature, on doit préalablement faire son droit : Fernand haussa les épaules à cette seule pensée. Il n'avait d'autre part aucun goût pour le travail manuel. Fi donc !

Un instant il eut la pensée d'être un prédicateur en renom avec de longs cheveux et une soutane originale. Le latin et le grec l'arrêtèrent. En 1832, il eût peut-être créé une religion ; en 1848, il eût inventé un titre de journal. Tout cela s'est fané. Les loteries de bienfaisance elles-mêmes s'en vont : On a de la peine à gagner sa vie.

Homme politique, voilà un sort ! Ce n'était pas l'appétit qui manquait à Fernand, mais il crut entrevoir que sa patrie n'avait pas encore besoin de lui. De tout ce qu'il ne savait point et de tout ce qu'il avait appris, le lansquenet lui parut la chose la plus sérieuse. Il interrogea sa vocation et se sentit de force à entreprendre les études nécessaires.

Les gens à courte vue affectent de croire que le lansquenet est plus facile à apprendre que la chimie ou les sciences mathématiques. Laissons-les dire et qu'ils s'y frottent !

Ce fut au lansquenet que Fernand rencontra pour la première fois Robert de Galleran. Fernand perdait, Galleran gagnait.

Il y avait entre eux quatre ou cinq ans de différence ; Galleran était un homme, Fernand n'était qu'un enfant. Fernand trouva que Galleran était grand comme César au lendemain de Pharsale. Il est des sympathies. Fernand admira Robert pour sa pose, pour sa tournure, pour son habit, pour sa cravate, pour sa façon de battre les cartes, pour deux ou trois mots d'esprit en circulation que Robert lança sans trop de prétention ; Fernand l'admira pour sa moustache noire, son nez aquilin, pour son accent légèrement marseillais, pour son bonheur insolent, pour tout.

Pour tout. Fernand se fit présenter à ce parfait modèle des gentilshommes sans préjugés ; il l'aborda avec une émotion respectueuse ; il le jugea plus accompli encore de près que de loin.

Robert de Galleran menait moyenne vie. Il mangeait je ne sais quelle bouchée de patrimoine. Personne ne pouvait nier qu'il fût noble et de bonne maison. Lui seul l'affirmait ; c'était assez, puisque nul ne savait le contraire. Il avait du monde, il plaisait aux femmes, et la fortune propice faisait durer son maigre héritage.

Fernand porta pendant une année entière l'écu et la lance de ce bon chevalier. Des hommes sérieux et remplis de finesse ont dit : C'est en obéissant qu'on apprend à commander. Fernand était à excellente école. Son ami et professeur Robert le traitait comme un forçat.

Vous souvenez-vous des sincères coups de poing que le reboutoux Jean Touril prodiguait autrefois à la Morgatte, déjà belle comme un diable ? Jean Touril battit son Astrée jusqu'au jour où Astrée commença de le battre. Battez, croyez-moi, soit au figuré, soit au réel, si vous voulez n'être point battu.

C'est la règle entre gens qui s'aiment.

Fernand, sous certains aspects, moins l'ampleur, moins la beauté souveraine, était une Morgatte mâle. Il n'avait pas le même genre de force qu'Astrée, mais il était doué de la même ambition impitoyable. Comme elle, en outre, il avait un cœur sous son enveloppe vicieuse. Fernand était capable d'aimer.

Natures complexes et par cela plus dangereuses. Le mal pur repousse comme le poison qu'on n'a pas pris soin de déguiser. Pour tuer, l'arsenic est obligé de fondre dans le succulent consommé ou dans le vin généreux.

Un jour que M. de Galleran n'avait plus le sou, Fernadd lui rendit son écu et sa lance, afin qu'il les portât désormais lui-même. Le pied d'égalité fut établi. Le lendemain, Fernand était déjà un peu le maître. Entre hommes, on ne se donne pas de coups de poing.

Ils étaient associés. Ils faisaient des affaires. Le lansquenet ne suffisait plus. Fernand, ayant achevé son cours d'obéissance, commandait.

La fenêtre ayant été fermée par M. de Galleran, deux cigares furent allumés. A Paris, comme chez les Natchez, pour tenir conseil on brûle le calumet de sagesse.

— Vous êtes un garçon d'esprit, Robert, dit Fernand entre deux bouffées, et je ne me repens pas le moins du monde d'avoir mêlé avec vous...

— D'autant mieux, interrompit Robert, que votre mise n'a pas été ruineuse.

— J'ai mis ce que j'avais, vous aussi. Mon apport augmente tous les jours, le vôtre diminue.

— Parce que le mien était en argent, n'est-ce-pas? demanda Galleran.

— Précisément.

— Et que le vôtre était en génie?

— Génie, talent, capacité, instinct, le mot importe peu. Je ne suis pas fat. A mesure que votre apport diminue et que le mien augmente, je vous traite, mon cher Robert avec plus de courtoisie et d'affection. Quand tout sera de mon côté, je vous parlerai chapeau bas...

— Pour me dire, continua Galleran, qui fit tomber la cendre de son cigare : « Ruy-Blas, fermez la porte, ouvrez cette fenêtre. »

— Pour vous dire, rectifia Fernand doucement et sérieusement : Mon cher Robert, vous ne jouez pas avec moi cartes sur table. Vous tirez à vous. Si vous trichez, je vous préviens que nous nous fâcherons !

Ses yeux clairs et calmes étaient fixés sur son compagnon qui fronçait le sourcil.

— Ne pourrais-je vous renvoyer la balle? demanda Galleran, faisant effort pour se contenir.

— Essayez! répliqua Fernand, dont la voix devint presque caressante.

Robert connaissait ce symptôme de tempête.

— J'avais promis de me rendre à Nogent, reprit-il avec un certain embarras, c'est vrai...

— Et vous voici à Maintenon.

— Mais, poursuivit M. de Galleran, vous voici également à Maintenon, et vous aviez promis de vous rendre à Paris.

Fernand, à son tour, secoua les cendres blanches de son cigare :

— Les torts seraient égaux, prononça le blondin avec lenteur et en se renversant sur le dos de son vieux fauteuil, si dans toute association il n'y avait un maître.

— Même dans la nôtre?

— Dans la nôtre surtout.

— Et qui est ce maître?

— Très-cher, répondit Fernand, qui baissa les yeux, tandis que son sourire raillait comme un sourire de femme ; c'est le plus fort des deux. Je vous fais juge.

# XX

LE MENU D'UN SOUPER.

— Frappe à la porte, mon Loriot, dit Chiffon, nous avons bien de quoi souper et coucher aujourd'hui.

Le gros de la boue était dans l'auge. Tant pis pour les chevaux altérés. Chiffon et son Loriot avaient la figure nette et les mains rouges, mais propres. Ils pouvaient se présenter à leurs amis et à leurs ennemis.

Devant la porte, il y avait un perron de trois marches. C'était l'entrée particulière de la table d'hôte. Chiffon et Loriot n'avaient pas osé affronter la grande entrée du cabaret qui donnait sur la rue.

Loriot avait le pied sur la première marche. Il ne montait point.

— Allons! dit la petite fille.

Pour gagner du temps, Loriot demanda en regardant l'enseigne.

— Dis, Chiffon, il y a donc des lions qui sont d'or?

La fillette frappa du pied. Loriot monta la première marche.

— Tout de même, grommela-t-il en s'arrêtant, quelle drôle de perruque ça vous a, un lion !

— Tu as peur, petiot, tu as peur, vois-tu ! fit la gamine avec dédain.

— Pourquoi ne frappes-tu pas toi-même, aussi?

— Parce que te voilà grand comme père et mère ; il est temps que tu sois un homme, mon Loriot.

Celui-ci monta la deuxième marche, pendant que Chiffon poursuivait d'un petit ton résolu et dogmatique :

— Quand on a de quoi, la peur, c'est des bêtises. Je demande, je paie, pas vrai? Les marchands sont là pour vendre, les aubergistes pour vous loger, et ça va joliment leur faire plaisir d'en voir arriver deux de plus!

Comment ne pas franchir la troisième marche ? Loriot, réchauffé par cette harangue, arrondit le doigt médium pour faire toc-toc.

Mais justement Chiffon se ravisait.

— Attends! s'écria-t-elle ; voilà qu'il me pousse une idée ! Est-ce qu'on frappe avant d'entrer dans les auberges?

Loriot se mit à rire.

— Je ne sais pas, répondit-il, mais n'y a toujours pas grand mal.

— Pas grand mal! répéta Chiffon scandalisée : tu n'aurais donc pas honte de te conduire comme des petits rien-du-tout?

— Dame! murmura Loriot étonné.

— Tu es comme ça, toi! Sans soin et sans gêne... qu'on dirait : en voilà deux qui ne savent pas seulement comment faire pour entrer dans une auberge !

— Eh bien! riposta Loriot, entrons sans frapper.

— Entrons sans frapper! c'est facile à dire. Je voudrais qu'il arrivât quelqu'un pour savoir si on frappe ou si on ne frappe pas.

Avant d'être riche, cette petite Chiffon n'avait ni loi ni règle. Frapper ou ne pas frapper, je vous jure que cela ne l'eût guère inquiétée. Le louis d'or lui donnait le respect humain et l'envie de faire comme tout le monde, qui est un mode bourgeois du respect humain.

C'est prodigieux, ce qu'il y a dans un louis d'or !

— Redescends, dit Chiffon ; sans moi, tu en aurais fait de belles ! Tu es bien heureux de m'avoir.

— Sans toi, repartit le petit gars, j'aurais poussé la porte.

— Après ?

— Après, j'aurais dit : Bonjour à vous et la compagnie !

— C'est ça ! s'écria Chiffon ; j'en étais sûre !

— Ça n'est donc pas bien ?

— On t'aurait pris pour un petit paysan, voilà tout.

— Dame !... fit encore Loriot.

Cela ne l'humiliait pas comme Chiffon aurait voulu.

— Et après ? demanda-t-elle encore en mettant dans son accent tout ce qu'elle put trouver en elle de mordante ironie.

— Eh ! bien répliqua l'enfant, j'irais me sécher sous la cheminée.

— Ah ! mon pauvre Loriot ! fit la fillette en haussant les épaules.

Si elle avait connu les locutions civilisées, elle lui aurait dit : Comme tu as peu d'usage !

Le sentiment y était. Sorcier de louis d'or !

— Pourquoi que tu m'appelles ton pauvre Loriot ? murmura l'enfant tout interdit.

— Et après ? interrogea Chiffon au lieu de répondre.

Mais Loriot ne voulait plus. Il était susceptible et n'entendait pas qu'on se moquât de lui.

— A la fin, dit-il en colère, comment que tu ferais, toi, la Chiffonnette?

— Moi? Pardine! voilà qui est malin!

Elle se recueillit un instant et reprit, non sans bien peser ses paroles :

— Je frapperais d'abord, si l'habitude est de frapper. On m'ouvrirait, pas vrai? Je ferais une révérence et je dirais : Je viens pour manger et pour coucher, sans vous commander, si c'est un effet de vot' complaisance, madame ou monsieur, selon que c'est le mari ou la femme qui m'ouvrirait... voilà!

Loriot avait la respiration coupée ; l'admiration le mettait mal à l'aise.

— Ah! s'écria-t-il avec une conviction profonde ; les filles, c'est bien plus rusé que les garçons!

Puis il prit sa compagne par la main et ajouta :

— Entre la première, c'est toi qui causeras.

Chiffon s'assit sur la marche.

— Mets-toi là, dit-elle, nous avons le temps. Jamais ne faut se laisser prendre de court. Si on nous demande ce que nous voulons pour notre souper, qu'allons-nous répondre?

Une idée digne de Sardanapale traversa notre Loriot. Il n'osa pas la mettre au jour, tant elle lui sembla folle et entichée de coupable goinfrerie. Il avait songé à demander une omelette au lard.

Non point qu'il eût jamais goûté d'omelette au lard, mais il avait entendu quelques heureux parler avec plaisir des omelettes au lard qu'ils avaient mangées.

— Tu vois bien! reprit l'orgueilleuse Chiffon, tu ne sais pas même ce qu'on peut manger à l'auberge. Moi, je vais demander du rôti, du bouilli, du ragoût, de la soupe et des pommes de terre.

Un éblouissement passa devant les yeux de notre ami Loriot.

— Répète un peu voir! dit-il en retenant son souffle : Du rôti...

— Et du bouilli.

— Du ragoût... Ah! Jésus Dieu! ça doit être fièrement bon, tout de même!

— De la soupe...

— Et des pommes de terre!

Ils avaient mangé des pommes de terre et de la soupe, peut-être du bouilli, car deux ou trois fois l'an les paysans des Côtes-du-Nord jettent un petit morceau de vache au fond de leur marmite ; mais le rôti et surtout le ragoût, voilà l'inconnu et le désirable!

Loriot fut obligé de se tenir à quatre pour ne point faire la roue sur le pavé de la cour.

— Ah! mais, dit-il dans son enthousiasme, si on a tout cela, on peut bien avoir aussi l'omelette au lard!

Chiffon lui tendit la main avec bonté.

— Nous aurons l'omelette au lard, répondit-elle ; as-tu bien faim?

— Je mangerais un pain de six livres!

— Alors offre-moi le bras ; nous allons nous mettre à table.

Ce Loriot avait une peur de s'éveiller! Car ce ne pouvait être qu'un rêve.

Ils montèrent tous deux et ouvrirent la porte sans frapper. Le dîner commun était fini. Les chaises restaient vides autour de la table d'hôte. Loriot tremblait à la vue des magnificences qui s'offraient soudain à son regard. La salle était en effet crépie à neuf : il y avait un papier gris et bleu sur lequel pendaient les gravures célèbres, représentant les scènes principales de la *Tour de Nesle*, Chiffon jeta un coup d'œil à tout cela et ne fut point troublée.

La porte sonnait en s'ouvrant. Une grosse bonne femme vint, toisa les nouveaux arrivants et demanda :

— Qu'est-ce qu'il vous faut ?

— A souper et à coucher, sans vous commander, madame, répondit Chiffon qui fit révérence.

Loriot ôta son bonnet de laine bien poliment et ajouta :

— Voilà !

La grosse femme les regardait tous deux l'un après l'autre. Elle les trouva gentils, car elle se mit à rire bonnement.

— C'est parler ça, dit-elle ; monsieur et madame veulent-ils une chambre à deux lits.

Il y eut un moment d'embarras, pendant lequel la grosse femme riait de tout son cœur. Elle trouvait cela charmant d'avoir appelé les deux pauvres petits monsieur et madame.

— Deux lits ! répéta Loriot ; quelle idée !

Ils couchaient bien l'un près de l'autre sur la paille, dans les granges.

Pourquoi deux lits ?

Un lit était un luxe insensé. Chiffon, cependant, fit une inclination de tête digne et raide.

— Nous avons de quoi payer deux lits, dit-elle.

Et comme Loriot voulait protester, elle lui pinça le bras en ajoutant :

— C'est pas comme dans la paille..... et puis nous sommes trop grands à présent.

— Depuis quand ? demanda Loriot tout triste.

— Parbleu, depuis le louis d'or.

— Monsieur et madame auront une chambre à deux lits dit la grosse femme en s'inclinant.

Chiffon fit de nouveau la révérence, et Loriot ôta une seconde fois son bonnet de laine qu'il avait remis.

Loriot prenait ces manières à contre-cœur; mais nous devons avouer que Chiffon était aux anges. Loriot reprit en frottant sa manche à l'endroit où on l'avait pincé ;

— Alors, commande le *fricot*.

— Qu'est-ce que nous avions donc dit déjà?

— Oh! je m'en souviens bien, par exemple! s'écria le petit gars; du rôti, du bouilli, du ragoût, de la soupe, des pommes de terre et de l'omelette au lard.

— Peste: fit l'aubergiste, vous avez donc bien bon appétit?

— Quant à ça, repondirent à la fois les deux enfants.....

— Et vous avez donc bien de l'argent! ajouta l'aubergiste.

Les deux petits enflèrent leurs joues et répondirent en même temps.

— Pardienne!

La grosse femme mit de l'eau dans son vin et de la bonhomie dans son sourire.

— Quand on a beaucoup d'argent, mes jolis enfants, dit-elle d'un ton subitement changé, on a droit à tous les égards. Seulement... beaucoup d'argent avec un pareil costume... Est-ce que vous venez de bien loin?

— Nous venons de chez nous, répliqua Chiffon qui poussa Loriot du coude.

Loriot ferma les poings aussitôt et ajouta:

— De chez nous, entendez-vous, la femme?

— Et vous voyagez comme cela sur vos jambes?

— Nous allons en nous promenant.

— Parce que cela nous amuse, la femme!

Ce fut Loriot qui prononça ces derniers mots en fronçant terriblement les sourcils.

L'aubergiste fit un pas vers lui et lui caressa le menton.

— Avons-nous des papiers, mon fils, demanda-t-elle, pour voyager comme ça en nous amusant?

Loriot rougit jusque par-dessus les oreilles ; mais Chiffon repartit, la petite effrontée :

— Nous avons tout ce qu'il nous faut.

— Entendez-vous bien, la femme! acheva Loriot, dont la voix tremblait.

— C'est bon, dit l'aubergiste ; alors je vais vous chercher à souper.

Elle sortit. Comme elle sortait, un homme de grande taille et de noble visage poussa la porte. Il ôta son manteau de voyage qu'il lança sur un siége et vint chauffer au foyer ses pieds mouillés. Loriot et Chiffon s'étaient mis à table.

— Mes enfants, demanda le nouveau venu, sauriez-vous me dire combien il y a d'ici au château ?

— Nous ne sommes pas du pays, mon bon monsieur, répondit Chiffon avec son plus joli sourire.

Cela donna de l'humeur à Loriot. Pourquoi? Certes, il n'aurait point su vous le dire. Le fait est que Chiffon avait un vague espoir de récolter encore quarante francs ou davantage. Désormais, elle voyait des louis d'or partout.

Le voyageur, après avoir jeté sur eux un regard perçant et rapide, étendit ses jambes et croisa ses bras sur sa poitrine. C'était un homme de trente ans à peu près. Chiffon et Loriot n'avaient jamais vu de prince. Ils pensèrent tout de suite qu'un prince devait être fait comme cela. Comment peut être un prince, en effet, sinon un homme plus grand et plus beau que les autres?

Le voyageur avait cette beauté mâle et douce à la fois que le vulgaire apprécie tout aussi vivement que l'artiste. Sa taille haute dénotait la grâce unie à la vigueur. Autour de son front grave une chevelure épaisse et légèrement bouclée se relevait, découvrant de larges tempes. Il avait l'œil pensif et la bouche sévère ; mais quand il venait à sourire, une expression de bonté presque enfantine éclairait subitement ses traits.

Or, il avait souri justement pour répondre au mignon et courtois sourire de la petite fille.

Et sa voix? Chiffon et Loriot l'avaient encore dans l'oreille. Si un homme comme cela ne donnait pas de pièces de quarante francs, Chiffon ne s'y connaissait plus!

Elle examina l'étranger pendant une grande minute. Loriot faisait comme elle. Loriot admirait, mais je crois qu'il était un peu jaloux. L'étranger ne les voyait plus.

— Ah! là là! fit tout à coup Chiffon.

— Qu'est-ce qu'il te prend? demanda Loriot.

— Bêtes que nous sommes! nous n'avons pas seulement demandé combien tout ça va coûter.

Loriot déclara franchement qu'il s'en battait l'œil ; mais Chiffon reprit avec autorité :

— Moi, d'abord, je ne veux pas que ça dépasse vingt-cinq sous.

— Vingt-cinq sous! répéta le petit gars en éclatant de rire, est-ce qu'on peut dépenser vingt-cinq sous en une seule fois!

Cela paraissait en effet bien invraisemblable à Chiffon, mais elle se méfiait.

— J'aurais voulu savoir au juste, dit-elle.

— Rappelons la grosse.

— La grosse a toujours l'air de se moquer. Je vais demander au monsieur.

Loriot secoua la tête. Ce n'était pas son avis. Chiffon avait déjà quitté sa place pour se rapprocher de l'étranger.

— Voilà ce que c'est, mon bon monsieur, lui dit-elle, nous voudrions savoir, moi et mon Loriot, ce que ça coûte ici pour avoir deux lits, du rôti, du bouilli, du ragoût, de la soupe, des pommes de terre et une omelette au lard.

L'étranger releva sur elle son regard calme et bienveillant.

— Vous n'êtes que vous deux pour manger tout cela? demanda-t-il avec un sourire.

— Rien que nous deux, mais nous avons bon appétit.

— J'ai bon appétit, moi aussi, dit l'étranger ; si vous voulez, nous serons trois.

Diable! Non-seulement celui-là ne donnait pas de louis d'or, mais encore il demandait place à table. Jugez donc les gens sur les apparences! Chiffon résolut de se méfier des messieurs qui ressemblent à des princes. Elle regarda Loriot d'un air penaud. Loriot, triomphant, lui tira la langue.

Chiffon ne se découragea point.

— Ce n'est point ça, reprit-elle ; si vous avez faim pour de vrai, pardi! on vous donnera bien un morceau ; mais nous voudrions savoir ce que ça coûte ici, pour avoir du bouilli, du rôti... Et le reste, jusqu'à l'omelette au lard.

L'étranger lui prit la main et l'attira sur ses genoux. Chiffon n'y vit point trop de mal ; mais Loriot se leva tout en colère.

— Petit! ordonna le voyageur, apporte-moi cette feuille de papier qui est là sur la table.

Loriot consulta Chiffon du regard ; Chiffon lui fit signe

d'obéir. Le voyageur parcourut la pancarte d'un coup d'œil.

— Le prix du coucher n'y est pas, dit-il ; hormis cela je puis vous faire votre compte.

Les deux enfants devinrent attentifs. Le voyageur, consultant la feuille et gardant aux lèvres son bon sourire, poursuivit :

— A table d'hôte, le dîner est de deux francs cinquante centimes. Passé huit heures, on sert à la carte. Le bouilli coûte huit sous, le rôti de un à six francs ; le ragoût n'a pas de prix non plus, on peut le coter entre soixante-quinze centimes et trois francs, la soupe, trente centimes, c'est le moins cher ; les pommes de terre, douze sous : l'omelette au lard, un franc vingt-cinq centimes.

Chiffon et Loriot n'entendaient plus. Ils étaient littéralement abasourdis par ces prix impossibles.

— Est-ce que vous buvez de l'eau ? demanda l'étranger.

— Nous aimons mieux le cidre, répondit Loriot.

— Comment ! comment ! s'écria Chiffon, mais alors... mais alors, on pourrait en avoir pour quatre ou cinq francs chaque !

— Et même davantage, ma jolie enfant.

— Sans compter les lits ?

— Sans compter les lits.

— Le grave inconnu se leva et déposa la carte sur la table.

— Qu'en dis-tu ? murmura Chiffon à l'oreille de son Loriot.

— Dame ! fit Loriot, suivant son habitude.

Au lieu de reprendre sa place auprès du feu, le voyageur s'était dirigé vers la porte communiquant avec l'intérieur de l'auberge. Il appela dans le corridor. La grosse bonne femme arriva, tenant dans chaque main un plat du souper commandé.

— Vous avez eu ici, ce matin, dit l'étranger, deux jeunes gens venus par le convoi du chemin de fer?

— Oui, monsieur.

— Ils sont partis?

— Partis et revenus, monsieur.

L'étranger laissa échapper un geste de surprise.

A ce moment même, derrière son dos tourné, Chiffon et Loriot achevaient de tenir conseil. Loriot mit son bonnet de laine sur ses yeux. Chiffon jeta un dernier regard aux magnificences de la salle, et tous deux détalèrent sans bruit, renonçant au rôti, au bouilli, au ragoût, aux pommes de terre, à la soupe et même à l'omelette au lard.

Hélas! ce fut un grand crève-cœur, surtout pour Loriot. En traversant la cour, la bonne odeur de l'omelette au lard vint jusqu'à ses narines. Il eut envie de pleurer.

Dès qu'ils eurent franchi la voûte, ils prirent leurs jambes à leur cou et ne s'arrêtèrent qu'à l'autre bout de la rue, où ils achetèrent un pain de deux livres et quatre sous de fromage.

Avec cela et un bon appétit, on fait la nique aux festins trop chers du *Lion-d'Or*.

L'aubergiste passa devant l'étranger qui rêvait.

— Eh bien! s'écria-t-elle en voyant la salle vide, nos petits oiseaux sont-ils envolés?

L'étranger se retourna vivement.

— Ils ne peuvent être loin, dit-il courez après eux!

Mais la grosse femme faisait déjà l'inventaire de son mobilier pour voir si on ne lui avait rien volé.

— Dieu merci! grommela-t-elle, je crois qu'ils n'ont emporté que leurs loques! Est-ce que monsieur s'intéresse à ces vagabonds-là?

— Non, répondit le voyageur, qui ajouta en lui-même : Je suis fou ! Que me font ces enfants !

— Et moi, reprit l'aubergiste, qui ai eu la bêtise de leur apprêter à souper ; tout ça me reste... c'est bien fait !

Elle pensait, la bonne femme, pour excuser son imprudence :

— Ils ne payaient pas de mine, c'est certain, mais j'ai cru que c'étaient des petits voleurs.

Et les petits voleurs ont quelquefois de l'argent. Vous voyez bien que la bonne femme n'était pas tout à fait dans son tort.

— Je prends le souper tel quel, dit le voyageur ; mettez trois couverts.

Il tira de sa poche un portefeuille, et du portefeuille une carte de visite.

— Si j'ai bien compris, poursuivit-il, ces deux jeunes gens sont encore ici.

— Chambre n° 1, répliqua l'aubergiste.

— Montez chez eux, je vous prie ; remettez-leur cette carte, et dites-leur qu'on les invite à souper.

L'aubergiste monta l'escalier lestement. En passant sous le quinquet, elle lut le nom écrit sur la carte : DOCTEUR SULPICE.

# XXI

## LA CARTE DU DOCTEUR.

Dans la chambre n° 1 nos deux beaux fils étaient toujours en tête à tête. L'entretien avait marché.

— Ma foi, dit Galleran, nous menons bonne vie. Vous m'avez aidé à manger mes dernières brioches ; mais je ne m'en plains pas, puisque je les aurais bien mangées sans vous. Si vous tenez absolument à être le plus fort et à commander, je n'y vois pas d'inconvénient. J'ai été tout prêt à prendre la mouche, tant d'orgueil est une chose stupide ! Fernand, mon ami, touchez-là : c'est un vrai cadeau que vous me faites. Commander veut dire travailler double. Je ne déteste pas le loisir. Commandez, commandez, et surtout faites bien nos affaires.

— Si je commande, répliqua le blondin, qui ne riait pas du tout, il faudra m'obéir vite et net.

— On ne s'aviserait certes pas de faire attendre votre majesté.

Fernand fronça le sourcil.

— En fin de compte, dit-il sèchement, si M. de Galleran veut aller de son côté et moi du mien, je suis prêt à liquider notre association.

— En vérité? fit Robert.

— En vérité.

— Eh bien! Fernand, mon ami, le plus fort des Fernand, Fernand cœur de bronze, Fernand le terrible ; je ne sais plus comment vous prendre ! Vous voulez être le maître ; on vous répond humblement par l'hémistiche favori de Molière : Je suis votre valet. Que vous faut-il de plus ?

— Je parle sérieusement ; je veux qu'on me réponde de même.

— Donc à bas le mot pour rire!

Ce disant, M. de Galleran prit un air grave et ajouta :

— Je suis votre serviteur de tout mon cœur.

Le blondin jeta son cigare au feu avec colère.

— Tout ceci finira par un coup d'épée, Galleran, s'écria-t-il.

— Allons donc! Pour un homme si fort, voilà un piètre moyen. Vous devenez rageur en diable, mon petit Fernand. Allumez un autre cigare, et causons raison. Vous avez une affaire?

— C'est la vérité, répondit le blondin, j'ai une affaire.

— Et vous me cherchez une querelle d'Allemand pour en profiter tout seul?

— J'ai peur que vous me la fassiez manquer, voilà tout.

— Dites, et nous verrons.

— Je ne peux pas la dire.

— Pouvez-vous au moins la chiffrer?

— Une fortune.

— Aurai-je ma moitié?

— Non..

— Voilà qui est parler! Qu'aurai-je donc?

— Une fortune.

Galleran le regarda d'un air étonné.

Fernand reprit :

— Il y a fortune et fortune.

— Bien! bien! fit le gentilhomme ruiné en riant, je ne comprenais pas. Un homme de votre importance a besoin d'une demi-douzaine de millions pour être à son aise, tandis que moi je serai dans l'opulence avec deux ou trois cent mille francs. Y suis-je.

— Du plus au moins, répliqua le blondin froidement ; je ne sais pas au juste combien il y aura de millions pour moi et de cent mille francs pour vous.

— Alors j'ai dix pour cent comptant! C'est modeste, mais c'est encore beaucoup plus que je ne mérite auprès d'un homme comme vous, mon illustre ami Fernand! J'accepte le marché à tout hasard, et suis prêt à remplir ma part de collaboration. Qu'ai-je à faire?

— Rien.

— Diable! diable! Il ne s'agit donc ni de tapis vert à ravager, ni d'actions à poétiser?

Fernand haussa les épaules.

— Diable! diable répéta M. Galleran, je croyais que nous étions en plein dans le chemin de fer d'Alençon à Bayeux?

— Vieille histoire!

— Pourquoi donc étions-nous venus ici, ce matin?

— Pour autre chose.

— Et pourquoi êtes-vous reparti pour Paris?

— Pour l'affaire en question.

— Et pourquoi m'avez-vous envoyé à Nogent?

— Pour rien.

Le gentilhomme ruiné grommela pour la troisième fois :

— Diable ! diable !

Il se rapprocha de Fernand, qui affectait une superbe indifférence.

— A ça ! voyons ! reprit-il ; il était convenu que j'irais trouver le roi Truffe à Nogent.

— Je ne dis pas non.

— Le roi Truffe n'a-t-il plus la concession du chemin d'Alençon ?

— Cela ne m'occupe pas. Ce qu'il m'importe de savoir, c'est la raison qui vous a fait rebrousser chemin.

— Une raison bien simple ; j'ai rencontré le roi Truffe qui revenait à Maintenon.

— Ah ! fit le petit Fernand, qui le regarda en dessous, c'est possible.

— C'est vrai. M'est-il permis, malgré la position inférieure que je viens d'accepter, m'est-il permis, ô mon doux maître, de vous demander, moi aussi, le motif de votre retour subit ?

— Cela vous est permis.

— Daignerez-vous me répondre ?

— J'allais à Paris pour trouver le docteur, répliqua Fernand d'un ton moitié sérieux, moitié ironique ; peut-être ai-je aussi rencontré le docteur en chemin.

— Peut-être ?

— Croyez-moi, Galleran, interrompit ici le blondin, vous jouez un rôle puéril. Moi, je vous interroge pour savoir ; vous me questionnez, vous, afin de garder entre nous un semblant d'égalité, pour faire comme moi, pour avoir une contenance. Mon bon, c'est déplorable. Au fond, vous êtes mon égal, je le sais bien, je ne l'oublierai pas. C'est dans la forme seulement et pour nos intérêts que vous m'obéirez comme j'obéis moi-même au docteur.

— Vous avez vos raisons pour obéir au docteur, dit le gentilhomme d'un air pensif.

— Mon Dieu, reprit le blondin, il n'y a que les sots pour faire ceci et cela sans une raison quelconque.

— J'entends par là : vous avez de bonnes et belles raisons.

Fernand tourna la tête et garda un instant le silence.

— Le docteur m'a sauvé la vie, dit-il ensuite, voilà pourquoi je le sers.

— Vous tenez donc bien à la vie?

— Beaucoup... quoique je sois prêt à la jouer si la partie en vaut la peine.

— Bah! fit Galleran par réflexion, tous les gens qui servent ce docteur tiennent le même langage. Il a donc sauvé bien des vies?

— A ce qu'il paraît, répliqua Fernand, qui n'ajouta rien.

— Et que fait-il de tant de serviteurs? demanda encore le gentilhomme.

— Il fait le bien à ce qu'il dit.

— Peste! Et vous emploie-t-il à cela, mon maître?

— Quelquefois.

— Je veux que le diable m'emporte si je ne donnerais pas quelque chose pour connaître cet homme-là

— Vous le connaîtrez.

— Quand?

— Plus tôt que vous ne pensez.

Galleran tressaillit, parce que le regard de Fernand, fixe et railleur, donnait je ne sais quelle portée menaçante à ses paroles.

— Moi, du moins, reprit-il d'un ton dégagé, je ne sache pas que j'aie aucune raison belle et bonne pour me faire le satellite de cet astre mystérieux.

— Vous pouvez vous tromper, prononça le blondin entre haut et bas.

— Je ne l'ai jamais vu.

— C'est possible, mais il vous connaît.

— Sous quel rapport, je vous prie?

— Sous plusieurs rapports.

— Bons ou mauvais?

— Bons et mauvais.

— Ah! fit le gentilhomme qui se redressa.

— Bons pour lui, expliqua Fernand, mauvais pour vous.

— Et me ferez-vous la grâce de me dire?...

— Mon Dieu, très-cher, je ne vous dirai rien. Notre entretien s'égare. La chose probable, c'est que le docteur n'a pas besoin de vous.

— Mais, insista M. de Galleran, s'il avait besoin de moi?

— Un beau matin, au petit jour, vous sentiriez un fil à chacune de vos articulations, et vous vous réveilleriez marionnette.

— Eh bien! dit Galleran, qui sourit avec effort, je ne m'en dédis pas : je donnerais beaucoup pour connaître cet homme-là.

On frappa à la porte. La grosse propriétaire de l'auberge du *Lion-d'or* entra.

— Messieurs, dit-elle, sur le seuil, il y a en bas un monsieur qui invite ces messieurs à souper avec lui.

— Un monsieur? répéta Galleran étonné.

— Ne peut-il venir nous inviter lui-même? demanda Fernand.

L'aubergiste aurait pu donner la carte qu'elle tenait dans le creux de sa main. Elle aima mieux causer.

— Je n'ai pas dit les noms de ces messieurs à ce monsieur, poursuivit-elle ; Dieu merci, une maîtresse d'auberge qui n'observerait pas la discrétion ne serait pas bien vue et le *Lion-d'or* n'est pas une auberge à la douzaine. Ce monsieur a l'air très comme il faut, Je lui ai dit que ces deux messieurs étaient très comme il faut : mais, quant à les nommer...

— Ma bonne dame, interrompit Galleran, est-ce que vous savez nos noms ?

La grosse aubergiste se mit à rire en rougissant comme une tomate.

— Au fait, répliqua-t-elle, le plus souvent que je me serais permis d'interroger des personnes comme ces messieurs ! mais ça ne fait rien, pour la discrétion, voyez-vous, je suis bien connue.

Fernand prit la parole. C'était toujours pour dire quelque chose de frappant.

— Veuillez porter notre réponse à celui qui vous envoie, madame, prononça-t-il d'un accent bref ; offrez-lui nos compliments et nos excuses. Nous ne soupons jamais avec les personnes que nous ne connaissons pas.

— Ça tombe sous le sens ! murmura l'aubergiste en faisant la révérence pour se retirer.

Une inquiétude lui vint. Le monsieur d'en bas pourrait-il manger à lui tout seul le plantureux souper commandé par les deux petits va-nu-pieds ? Quoique tombant sous le sens, les deux scrupules des deux jeunes messieurs d'en haut lui semblaient mal à propos venus et fort ridicules.

Au milieu de l'escalier, elle se souvint de la carte. Elle ne fit qu'un saut jusqu'au carré.

— Excusez-moi, dit-elle en tombant comme une bombe au milieu de la chambre ; ça se pourrait faire que ça vous donnerait l'idée d'accepter.

Elle tendit la carte à Fernand. Fernand changea de couleur.

— Qu'est-ce? demanda le gentilhomme.

Fernand, au lieu de répondre, se tourna vers la grosse aubergiste, qui attendait :

— Remerciez, dit-il ; nous acceptons l'invitation avec le plus grand plaisir.

— La carte a fait de l'effet, pensa la grosse mère en redescendant l'escalier toute contente ; ça tombe sous le sens.

— Ah! ah! fit Galleran, nous acceptons avec le plus grand plaisir?

Fernand lui tendit la carte.

— Le docteur Sulpice! s'écria Galleran, voilà un hasard!

— Je ne crois pas au hasard, prononça gravement le blondin.

Galleran voulut se lever, Fernand le retint.

— Nous avons le temps, dit-il, et j'ai quelques renseignements à vous demander. De qui êtes-vous amoureux au château?

— Moi?... de personne.

— Je traduis ma pensée ; pour quelle femme êtes-vous revenu?

— J'ai répondu.

— La vérité vraie?

Galleran fit un signe de tête affirmatif.

— Tant mieux! reprit Fernand ; il n'y a rien de gênant comme une sotte intrigue venant à la traverse d'une affaire sérieuse. Parlons vite et bien pour ne point trop faire attendre notre hôte que vous avez tant envie de connaître. Le duc de Rostan était-il accompagné quand vous l'avez rencontré?

— Très-accompagné.

— Qui avait-il dans sa voiture?

— Le marquis de Rostan, la marquise Astrée et une jeune femme très-belle.

— Antoinette de Morges? interrompit Fernand.

— Plus belle, répondit M. de Galleran.

— Solange Beauvais?

— Plus belle.

— Ce ne pouvait être que madame Sulpice.

— C'était madame Sulpice.

— Ah! ah! fit le blondin; si vous ne connaissez pas le mari, vous connaissez du moins la femme.

— J'ai cet honneur, repartit froidement Robert.

— Et vous la trouvez plus belle que Solange Beauvais?

— Oui.

— Plus belle qu'Antoinette de Morges?

— C'est mon goût.

— Très-bien... nous reparlerons de cela. Y avait-il d'autres voitures?

— Il y en avait deux.

— Qui était dans la seconde?

— Les deux dames de Morges, la mère et la fille, avec Solange Beauvais.

Galleran s'arrêta comme à dessein.

— Cela fait trois, dit Fernand; est-ce tout?

— Non, il y avait un cavalier pour ces trois dames.

— Qui était ce cavalier?

— Le chevalier Roger de Martroy.

Un pli amer se fit autour des lèvres de Fernand, mais il garda le silence.

— Dans la troisième voiture qui était fermée, reprit Galleran, il y avait des drinkers et je ne sais qui en fait de femmes.

Fernand se leva à son tour.

— Au fond, dit-il, je ne veux pas poser avec vous en petit tyran, mon bon. Sur toutes ces femmes, je n'en réserve que trois. Vous pouvez faire vos orges avec les autres.

— Rien que trois ! se récria Galleran ; quelle tempérance ! Veuillez me les indiquer.

— Volontiers : la femme du docteur d'abord, par intérêt pour vous. En second lieu, la marquise Astrée.

— Dans l'intérêt de qui, celle-là ?

— Dans l'intérêt de l'affaire.

— Et en troisième lieu ?

— Mademoiselle Antoinette de Morges...

Il s'interrompit et ajouta en riant d'un air fat :

— Dans l'intérêt de M. le chevalier Roger de Martroy.

## XXII

### L'ESCOPETTE DU DOCTEUR.

Quand Fernand et Galleran arrivèrent dans la salle commune, le souper commandé par la pauvre Chiffon et son ami Loriot était servi. Galleran ne s'attendait pas à voir dans le docteur Sulpice un homme si jeune et si beau.

Le docteur était occupé à écrire une lettre au crayon sur un coin de la table. Il fit aux deux amis un signe de tête courtois, mais visiblement protecteur.

— Vous permettez, messieurs, dit-il en continuant d'écrire ; je compterai sur votre obligeance pour porter cette lettre, ce soir.

Galleran et Fernand s'inclinèrent. Le docteur plia son billet et mit l'adresse.

— Messieurs, reprit-il, je vous demande pardon d'en agir ainsi avec vous sans cérémonie. Je comptais partager ce modeste repas avec d'autres qu'avec vous. Bonjour, Fernand... Monsieur de Galleran, voilà déjà du temps que j'avais envie de faire votre connaissance.

Il avança des siéges à ses hôtes et resta debout, le dos tourné à la cheminée.

Le feu clair qui brûlait dans l'âtre détachait vivement le dessin de sa taille. Il portait l'habit noir du médecin sous son pardessus de voyage, et parmi les raffinés de l'élégance parisienne vous eussiez cherché longtemps avant de trouver cette grâce, unie à cette véritable noblesse. Sous certains costumes, ou voyait bien cela, le docteur aurait pris aisément tournure héroïque ou théâtrale, mais la simplicité parfaite de ses manières lui eût épargné toujours l'arrière-goût fâcheux du héros de roman.

La vie du docteur Sulpice avait été pourtant un roman ; mieux qu'un roman ; une histoire touchante, où l'intelligence avait lutté vaillamment de concert avec le cœur.

Le monde parisien connaissait le docteur Sulpice par ses cures. Il avait eu *du bonheur dans sa pratique*, pour employer l'expression de ses honorables confrères. Mais, à part ses succès de médecin, il avait de quoi occuper le monde, et peut-être devait-il une partie de sa vogue aux fantastiques bavardages dont il était le sujet.

Peu de gens auraient su dire d'où il venait. Il avait maintenant trente ans, et ceux qui se prétendaient bien informés affirmaient qu'à l'âge de vingt-quatre ans, le docteur ne savait ni lire ni écrire. Il maniait alors la lime et le burin dans la boutique d'un arquebusier à la mode, dont il faisait la fortune par son habileté magistrale. Depuis qu'il avait quitté le métier de ciseleur, les armes sorties de ses mains avaient acquis un prix fou. Certains de ses clients pouvaient montrer leurs pistolets ou leurs fusils de chasse, et dire en riant : « Voici l'ouvrage de notre docteur. »

En ce temps de labeur manuel, Sulpice travaillait douze heures par jour. Depuis qu'il avait attaqué la science, sa tâche régulière était de seize à dix-sept heures. Il se portait bien, et la fatigue n'avait pas touché encore à son front.

Le docteur avait donc mis six ans à remplir le programme suivant :

Apprendre à lire, à écrire, à compter, à parler ; — apprendre à porter cet habit des gens du monde qui gêne si cruellement les libres entournures des fils du peuple ; — acquérir, en fait de lettres et de sciences, ce qu'il faut pour être bachelier ès-lettres et bachelier ès-sciences ; — suivre les cours de la Faculté, fréquenter les hôpitaux pour gagner cette inappréciable expérience que les études théoriques ne sauraient développer ; — passer les examens et soutenir la thèse ; — former un cabinet médical sans payer la complicité d'aucune compagnie d'annonces, sans emprunter la remorque d'aucun praticien célèbre ; — dompter l'envie, bâillonner la médisance, subjuguer la clientèle...

Car le docteur Sulpice avait une clientèle éblouissante.

Nous pensons que personne n'accusera le docteur Sulpice d'avoir perdu son temps.

Le docteur avait une jeune femme charmante à qui, suivant le monde, il laissait beaucoup trop de liberté. Sa femme avait été introduite depuis peu dans le cercle de M. le duc de Rostan : ce n'était pas le milieu le plus édifiant qu'on pût choisir. Madame Sulpice avait une petite fille de trois ans, jolie comme un ange. Le docteur aimait sa femme ; quand il regardait le berceau de sa petite Victoire, le docteur devenait fou.

Il y a un mot qui ne signifie absolument rien et qui a une importance démesurée dans notre vocabulaire parisien. C'est un blâme infligé quand il tombe de certaines bouches ; quand d'autres lèvres le prononcent, c'est, en quelque sorte, une couronne décernée. Les uns le fuient comme une injure : c'est l'exception ; les autres, c'est le grand nombre, courent après comme s'il s'agissait du gros lot de la loterie des gloires bourgeoises. *Original!* Voilà le mot en question.

Le docteur Sulpice était un original. Il ne donnait point aux badauds les motifs de sa conduite ; il ne défendait jamais contre les sots les principes de la science. Il allait, homme et médecin, suivant une ligne qui était son secret. Ses amis citaient de lui des cures miraculeuses ; ses ennemis l'accusaient d'être un charlatan : il avait beaucoup d'ennemis et beaucoup d'amis.

C'était une de ces belles figures calmes que le vulgaire déclare froides et qui sont presque toujours le masque de grandes passions. Sa chevelure épaisse et légèrement bouclée autour de la base du crâne, se montrait déjà transparente au sommet de la tête. L'harmonie ample de sa tête en apparaissait mieux. Son front brillait de pensée et de volonté, mais le regard de ses grands yeux noirs souriants n'abusait guère de l'étrange puissance magnétique que Dieu lui avait donnée. Vous n'eussiez vu là que repos et spirituelle bonhomie. Son nez aquilin et les lignes de sa bouche exprimaient une douceur sereine que venait relever souvent une pointe de digne raillerie. S'il n'eût dévoilé parfois sa force malgré lui, vous eussiez pu le prendre, malgré ses trente ans sonnés, pour un beau jeune premier, prêt à jouer son rôle d'amour dans la vieille comédie des mœurs parisiennes.

Fernand perdait auprès de lui une notable partie de son assurance victorieuse ; M. de Galleran vit bien cela.

Quant à Galleran lui-même, il se sentit du premier coup en face de son maître.

— Figurez-vous, reprit le docteur, que je fais ici un peu l'école buissonnière. Ma voiture m'attend à la barrière du Maine, et il faut que je sois, ce soir, neuf heures sonnant, rue de Grenelle-Saint-Germain. J'ai trois quarts d'heure de chemin de fer, vingt minutes de voiture ; il est sept heures et un quart ; nous avons vingt-cinq minutes pour souper et causer ; c'est plus de temps qu'il ne faut.

Il prit place entre les deux jeunes gens.

— J'aurais voulu, messieurs, poursuivit-il, en servant le potage, que vous vissiez les deux charmants enfants qui ont commandé ce repas : un garçonnet et une fillette. J'aurais donné dix louis pour causer plus longtemps avec eux, mais le prix du repas les a effrayés sans doute ; ils se sont sauvés...

— Mais vous ne savez pas même de qui je veux parler, interrompit-il ; sur ma foi, ils auraient plus de goût que nous à ce maigre potage ! »

Il frappa sur son verre avec son couteau, et la grosse aubergiste montra sa face rubiconde à la porte.

— En fait de vin, dit le docteur Sulpice, donnez-nous du moins ce que vous avez de meilleur.

Fernand et Galleran, malgré le peu de gravité de l'entretien, restaient silencieux et comme embarrassés.

— Sans cette bonne femme, reprit le docteur, je crois que je serais allé au château moi-même...

— La lettre est pour le château ? interrompit Fernand, qui prenait pour la première fois la parole.

— Curieux ! fit le docteur du bout des lèvres. Mangez de ce bœuf aux choux. Je vous croyais l'un à Nogent, l'autre à Paris...

Galleran ne put retenir une exclamation de surprise.

— Mon Dieu! dit le docteur, je savais ce détail par hasard. Croyez bien que je ne suis pas un sorcier. La bonne dame m'a appris que vous étiez partis et revenus..... Monsieur de Galleran, vous servirai-je?

Robert tendit son assiette, et répondit avec un sourire de courtisan parlant à son roi.

— Ma surprise ne pouvait qu'être agréable. Il m'étonnait que le docteur Sulpice se fût occupé d'un si pauvre compagnon que moi.

— Nous sommes destinés, cher monsieur, je vous en préviens, répliqua le docteur, à nous occuper beaucoup l'un de l'autre.

Robert, évidemment flatté, remercia d'un sourire. Fernand était jaloux.

La grosse aubergiste revenait avec des bouteilles.

— Je vais prendre la liberté de déboucher et de servir à ces messieurs la première tournée, dit-elle avec un pied de rouge sur les joues. J'ai quelque chose à leur causer, si ce n'est pas trop importun de la part de l'hôtesse.

— Faites, ma bonne dame, faites répliqua le docteur.

La grosse exécuta une révérence à trois cascades.

— Voilà, poursuivit-elle, quant au vin, d'abord, vous allez bien voir, car je jurerais que vous êtes des connaisseurs finis. Je suis donc veuve, vous savez, et sans enfants de mes deux premiers maris.....

— Oh! oh! interrompit Fernand; vous en avez eu trois?

— Faites excuse... Pas encore. Je dis mes deux premiers, parce qu'on ne peut pas savoir, n'est-ce pas? J'ai bon cœur et bonne santé, Dieu merci. Mon second s'appelait donc Fagot de son nom. Joseph Fagot; que bien des gens trouvent ça ridicule, de dire mame Fagot, par ci, mame Fagot par là..... Il est bon? Tant mieux.

Elle parlait du vin.

— Quoique, poursuivit-elle, un nom et un nom, c'est tout pareil. J'en ai connu une qui s'appelait mame Dindon ça vous fait rire? Je suis gaie. Nonobstant, comme mon premier se nommait Béquet, qu'est plus comme il faut, ça tombe sous le sens, je me ferai appeler mame Fagot Béquet, à Paris ; ou mame Béquet-Fagot.

— A Paris? répéta le docteur Sulpice.

— Je vas vous dire. J'ai du bien de mes deux. Ici, c'est la misère ; au lieu que Paris, c'est le paradis des femmes, quoi ! Quand on a de la santé, du cœur, des rentes et le mot pour rire, eh bien ! ça s'est vu, pas vrai ?

Elle regarda tour à tour ses trois hôtes, puis elle éclata de rire pour devenir tout à coup sérieuse, et ajouta :

— Ici, voyez-vous, ils me donneraient, bien sûr, un charivari! Ça tombe sous le sens.

— Voilà donc pourquoi, reprit-elle avec une autre révérence, je prends la liberté de vous demander votre pratique, à l'occasion, comptant former là-bas une auberge, café, restaurant ou autre de ce genre de commerce dans lequel j'ai vu le jour, toujours au service du public et sachant gagner ses bonnes grâces par mon aménité.

Si le docteur Sulpice n'avait pas été là, quelles bonnes plaisanteries Fernand et Galleran auraient faites à madame Béquet-Fagot ou Fagot-Béquet!

— Ma chère dame, dit le docteur, on perd bien souvent à Paris ce qu'on a gagné en province.

— Ce qui m'irait encore si ça se pouvait, continua l'aubergiste, ce serait d'établir un café-concert, entrée libre, consommation forcée. J'ai un garçon d'écurie qui chante les airs du grand opéra comme un merle.

— Docteur, fit observer Fernand, vous n'avez plus que cinq minutes.

Sulpice tendit sa carte à l'aubergiste.

— Ma bonne dame, dit-il très-sérieusement, si vous ne changez point d'avis, venez me voir. En ce monde, je parle par expérience, il n'est pas de positions si diverses qu'elles ne puissent se rendre de mutuels services. Je porte bonheur à ceux qui travaillent pour moi. Au revoir.

L'aubergiste salua et sortit aussitôt. Sur le seuil, elle pensa :

— C'est le café chantant qui me picote. Faut savoir si ça sera en plein air ou à couvert. En plein air, ça va bien l'été, mais l'hiver...

— Pauvres petits voyageurs ! dit Sulpice, quand la bonne femme fut partie. Je songe à eux malgré moi. Nous avons mangé leur souper... Monsieur de Galleran, vous qui êtes aussi de province, je parie que vous ne pouvez voir sans émotion la veste de vos paysans ou la coiffe des filles de votre village.

— Docteur, répliqua le gentilhomme, mon père est mort comme un saint dans son manoir que j'ai vendu. Quand je vois un de nos paysans de l'Allier, mes yeux retrouvent une larme :

Sulpice lui donna la main.

— Le garçonnet, avait sur le corps, murmura-t-il, la veste que j'ai si longtemps portée !

Fernand se demandait pourquoi le docteur, qui n'était point bavard d'ordinaire et qui était aujourd'hui si pressé, perdait si volontiers son temps à ce bavardage sentimental et inutile. Fernand avait de la mauvaise humeur. Il trouvait que Sulpice accordait à Robert de Galleran, être inférieur et toisé par lui, Fernand, une attention beaucoup trop flatteuse.

Fernand était à Maintenon pour son propre compte, mais il y était aussi pour le compte du docteur. On l'avait chargé d'une mission délicate et de haute confiance, qui prouvait bien quelle estime on faisait de ses talents. Des missions comme celles que Fernand avait remplies avec succès ne se donnent qu'à l'élite des habiles. Eh bien! ce cruel docteur affectait de ne le point interroger. Le docteur causait avec Galleran et s'attendrissait aux souvenirs de je ne sais quels vagabonds en bas âge. Fernand boudait.

— Docteur, dit-il avec une velléité de révolte, j'ai envie de prendre le chemin de fer avec vous.

— Je ne vois rien d'impossible à cela, répliqua Sulpice, qui le regarda pour la première fois en face. Vos affaires sont-elles terminées ici?

— Quelles affaires? demanda le blondin.

Sulpice se prit à sourire.

— Monsieur de Galleran, poursuivit-il tout haut, notre ami Fernand ne vous aurait-il point parlé par hasard des millions qu'il va pêcher à la ligne?

— Si fait, si fait! repartit Robert pendant que Fernand changeait de couleur.

S'ils eussent été l'un auprès de l'autre, Fernand aurait pu lui pincer le bras ; mais ce diable de docteur les séparait, Fernand étant à sa gauche, Galleran à sa droite.

— Notre jeune ami, reprit-il, a fait de bonne heure son apprentissage du monde. Il se sent fort et bien armé, il aime combattre; c'est tout naturel. Vous devez être fait comme cela, monsieur de Galleran?

— Comme quoi? demanda le gentilhomme.

— Vous devez être impatient du joug?

— Oui, certes, monsieur, repartit Galleran d'un ton plus sérieux, pour peu que le joug me blesse.

— Vous devez accepter difficilement la seconde place ?

— C'est selon la personne qui occupe la première.

— Vous devez résister au mors ?

— Permettez, monsieur le docteur, je n'ai point souffert encore jusqu'ici qu'on me le mît dans la bouche,

— Vous êtes entier, cela se voit ; vous êtes fier. J'ignore si vous sauriez commander : votre propre opinion est que vous ne sauriez point obéir.

— C'est vrai... à moins que...

— A moins que ? répéta le docteur, qui le vit hésiter.

Galleran passa la main sur son front.

— Ma foi, monsieur, s'écria-t-il en secouant sa préoccupation pour reprendre l'accent dégagé qui lui était habituel, voici un étonnant interrogatoire. Voilà vingt minutes environ que j'ai eu l'honneur de vous voir pour la première fois.

— Et je me sens déjà porté vers vous d'une affection sincère, monsieur de Galleran, interrompit Sulpice.

Fernand toussa sec. Le gentilhomme eut l'idée qu'on pouvait bien se moquer de lui.

— Vous avez quelque chose dans la gorge, ami Fernand, dit le docteur en se tournant vers le blondin ; buvez un coup et tenez-vous en repos.

Il emplit les verres.

— Le vin de la bonne femme en vaut bien un autre, continua-t-il ; je gage qu'elle en débitera de plus mauvais à Paris... Monsieur de Galleran, avez-vous ouï conter parfois la manière dont votre ami Fernand et moi nous fîmes connaissance ?

— Jamais, répondit le gentilhomme ; je sais seulement que vous lui avez sauvé la vie.

— En vérité ! s'écria Sulpice, qui éclata de rire ; ai-je sauvé la vie de ce cher garçon ?

Fernand toussa une seconde fois et balbutia :

— Rien ne me coûte à moi pour prouver mon dévouement. Quand on veut servir un médecin, que peut-on faire ?

— Dire partout : Ce médecin m'a sauvé la vie ! interrompit Sulpice, c'est clair comme le jour, c'est adroit et joli. Grand merci, Fernand ; j'ignorais ce trait, qui me constitue votre débiteur.

— Mon Dieu, docteur... voulut commencer le blondin.

— Grand merci, vous dis-je ; je vois bien que je vous dois une considérable part de ma réputation.

— Je serais désolé...

— Vous êtes mon bienfaiteur !

— Est-ce que vraiment vous ne lui avez pas sauvé la vie ? demanda M. de Galleran.

— Je la lui sauverai s'il est jamais malade, et qu'il veuille bien me consulter.

Fernand se pencha jusqu'à l'oreille du docteur.

— Quel besoin d'entrer dans ces détails ? murmura-t-il.

— S'il en est besoin ou non, répondit Sulpice sèchement, c'est une question, et je la tranche à ma guise.

— Cher monsieur, poursuivit-il en s'adressant à Robert, il ne faut pas trop vous étonner ni railler notre jeune ami. Peut-être un jour direz-vous aussi que je vous ai sauvé la vie ?

— Si c'est la vérité....

— J'entends si ce n'est pas la vérité.

— Pourquoi, s'il vous plaît ?

— Parce qu'il faut expliquer au monde curieux certaines situations équivoques, et qu'on fait alors, non pas comme on veut, mais comme on peut.

Galleran rougit, et son beau visage prit une expression offensée.

— Monsieur, dit-il, je ne vous comprends plus.

— Vous allez me comprendre... mais il faut d'abord que je vous raconte, puisque vous ne le savez point, comment Fernand et moi nous avons fait connaissance...

— Soyez tranquille, interrompit-il en se tournant vers le blondin qui rongeait le bout de ses doigts avec une rage contenue, je m'arrêterai à la surface des choses. Certaines gens procèdent par apologues pour expliquer leur pensée ; moi, je fais de l'histoire : cela me semble préférable.

Il faut vous dire, monsieur de Galleran, que je me suis imposé en cette vie, outre la tâche difficile de servir l'humanité malgré elle, une mission moins haute, moins générale, mais qui m'a lancé dans une route hérissée d'obstacles. Vous et bien d'autres, vous saurez un jour le mot de mon énigme. Quand on saura le mot, c'est que je l'aurai dit. Pour rejeter les obstacles à droite et à gauche, pour passer mon chemin, j'ai besoin d'aide quelquefois. La nature humaine est peu serviable. J'ai pris l'habitude de crier au secours ! comme le gueux de Gil-Blas demandait l'aumône : l'escopette à la main. Ce moyen me réussit. Jusqu'à ce qu'il me fasse défaut, je m'abstiendrai d'en chercher un meilleur. Un beau jour donc que j'avais justement besoin d'aide, je me trouvai en face de mon ami Fernand. Mon ami Fernand me plut. Pour certains usages qui me sont propres, j'aime ces natures aiguës : elles font coin ; elles entrent dans le vif. Vous souvenez-vous de ce qui se passa, Fernand ?

— Oui, murmura le blondin à voix basse, je m'en souviens.

— Peut-être vous en doutez-vous un peu, monsieur

de Galleran? reprit Sulpice, qui se tourna brusquement vers son voisin de droite..

— Oui, répondit aussi Robert, je m'en doute.

— Voici, en deux mots, ce qui eut lieu. Vous allez voir si vous avez deviné. C'était dans un salon. Fernand trônait. Il est très-bien, quand il veut, dans le monde.

Véritablement la main du blondin le démangeait. Le docteur continna, en buvant son verre de Bordeaux à petites gorgées :

— Je me présentai à lui tout seul. Il me reçut en homme qui a de lui-même une excellente et bien digne opinion. Certes, on l'eût beaucoup étonné à ce moment si on lui eût dit que j'allais commander, qu'il allait obéir... mais j'avais sur moi mon escopette. Je pris mon Fernand à part. Je lui dis un mot à l'oreille. Ce fut tout. Depuis lors, il se tait quand je parle et fait ce que je veux. N'est-ce pas, Fernand?

Fernand garda le silence.

— Est-ce bien ce que vous pensiez? demanda le docteur à Robert.

— A peu près, répliqua ce dernier.

— Et que dites-vous de cela, je vous prie?

Galleran fut quelques secondes avant de répondre.

— Docteur, dit-il enfin, avec certaines gens, il faudrait prendre une autre méthode.

— Croyez-vous?

— Je le crois... j'en suis sûr. Je connais des personnes près de qui votre escopette ne réussirait pas du tout.

— Idiot! pensa Fernand.

— Vous, par exemple? insinua le docteur d'un accent plus doux.

— Moi, très-certainement.

Le docteur Sulpice posa son verre sur la table. Le

rayon qui partait de ses yeux vint choquer la prunelle de Galleran, dont les paupières battirent,

— Je dis : moi! répéta-t-il pourtant avec une sorte de colère.

— J'entends bien, fit le docteur calme ; vous dites : moi.

— J'ajoute, reprit Robert, qui s'exaltait, j'ajoute que quiconque se servira de l'escopette avec moi aura le crâne brisé par la crosse de l'escopette.

Fernand se mit à rire dans sa barbe et dit pour son usage particulier :

— Imbécile !

Le nuage qui menaçait à l'horizon lui rendait sa bonne humeur. Le nuage était pour Galleran.

— Cher monsieur, dit le docteur, moi seul ai parlé d'escopette. Je dois croire que vous me menacez.

— C'est vous qui avez menacé le premier.

— Oh ! moi, repartit le docteur en riant, je ne me gêne pas : j'ai mon escopette.

— Allons, Fernand, interrompit-il, vous détestez votre ami Galleran ; vous allez avoir un bon quart d'heure. Monsieur de Galleran, je vous préviens que j'ai besoin de vous, et que je vais m'y prendre avec vous comme je m'y suis pris avec Fernand.

— C'est à vos risques et périls, monsieur dit le gentilhomme qui était pâle, mais dont les grands yeux noirs bien ouverts n'exprimaient aucune crainte.

— Voulez-vous que je parle tout bas ou à voix haute ? demanda Sulpice.

— Tout haut, répliqua Galleran.

Fernand tendait avidement l'oreille.

Sulpice hésita un instant, puis il se pencha brusquement vers Robert.

— Moi, murmura-t-il, je crois qu'il vaut mieux parler tout bas.

Fernand eut beau écouter, il n'entendit plus une parole. Seulement, il vit son ami Galleran chanceler sur son siége. La face de celui-ci devint d'un rouge sanglant, puis livide. Le regard qu'il jeta sur Sulpice était empreint d'une inexprimable terreur.

— Comment avez-vous su cela? balbutia-t-il, quand sa voix put sonner dans sa gorge étranglée.

— C'est justement ce que me demanda notre Fernand, répondit le docteur, quand je lui eus parlé à l'oreille. Mais je ne dis pas plus mes secrets que ceux des autres, cher monsieur, et vous pouvez compter sur ma discrétion absolue... tant que vous m'obéirez comme je veux être obéi.

# XXIII

LIQUIDATION.

Fernand eût donné le fond de sa bourse pour savoir ce que le docteur avait dit à Robert de Galleran. Il n'y avait pas des sommes folles au fond de sa bourse. Son capital était l'espoir.

Robert et le docteur gardaient maintenant le silence. La dernière scène que nous avons mis tant de temps à écrire avait duré juste cinq minutes.

Le docteur se leva.

— Monsieur Sulpice, lui dit Robert avec une froideur triste, si vous eussiez agi autrement avec moi, j'aurais été tout à vous.

— Je vous crois, monsieur de Galleran, répondit Sulpice ; mais j'ai trente ans d'âge et le double d'expérience. Il me faut des garanties. D'ailleurs, ce n'est pas pour moi que je travaille. Si je n'avais pu m'assurer de vous, je ne me serais jamais servi de vous.

— Monsieur Sulpice, reprit Robert plus lentement, je suis en votre pouvoir autant que je puis être au pouvoir de quelqu'un. Ne vous y fiez pas, et ne m'acculez jamais !

Le docteur lui tendit la main.

— Je vous connais, dit-il : vos vices sont des qualités perverties. Je me sers des gens suivant ce qu'ils sont. Vous m'aimerez malgré la chaîne que je vous ai jetée au cou, parce que vous ne l'aurez sentie qu'une fois en votre vie.

Vous, Fernand, reprit-il, je ne vous ai point interrogé. Je sais ce que vous avait fait ; c'est bien. Je sais aussi ce que vous avez voulu faire : c'est médiocre. Si vous êtes amoureux, tant pis pour vous. Quand vous ne travaillez pas pour moi, vous me gênez..... et vous savez comme j'agis avec ceux qui me gênent.

— J'ai vingt ans, dit Fernand, qui essaya de railler ; on n'est plus amoureux à cet âge-là !

Le docteur lui caressa paternellement le menton.

— Vous avez des rides au coin de vos yeux bleus, murmura-t-il, et des cheveux blancs dans vos boucles. Vous êtes joli à la manière des coquettes qui ont vécu double et qu'on n'adore plus qu'à la brune. Continuez votre rôle auprès de la marquise : vous êtes là dans votre centre. Si j'étais jeune fille et que vous me fissiez la cour, j'aurais de mauvais rêves. Faites votre devoir, croyez-moi : ne me lâchez pas pour l'ombre d'un million. J'ai l'œil sur vous.

— Dois-je me présenter au château ? demanda Fernand.

— Dès ce soir, répondit le docteur ; et plus tôt que plus tard.

— N'avez-vous rien à dire à madame Sulpice ?

— Rien par vous.

La figure de Fernand accusa en même temps le dépit et une nuance de moquerie plus prononcée.

— C'est donc Robert qui sera l'heureux messager? murmura-t-il.

Il appuya sur le mot *heureux* d'une façon si marquée, que le docteur se retourna vers Galleran. Galleran était debout auprès de la porte, immobile et rêveur. La tristesse allait bien à la mâle régularité de son visage. En ce moment, ses beaux cheveux bruns tombaient en boucles soyeuses le long de ses joues. Le docteur savait quels hommes plaisent aux femmes.

En quittant Robert, son regard tomba sur une petite glace pendue au mur. Le miroir, placé juste en face de lui, reflétait ses propres traits et ceux de Fernand. Fernand avait son sourire de vieil enfant railleur autour des lèvres. Mais Sulpice voyait dans la glace sa tête si élevée au-dessus de la tête du blondin!

Il se voyait si beau, si fier, si fort et si jeune!

— Monsieur de Galleran, dit-il en tirant de sa poche la lettre qu'il avait écrite sur le coin de la table, vous êtes reçu dans la maison de Morges et chez M. le duc de Rostan?

— Oui, monsieur.

— Ma femme est en ce moment au château et je voudrais lui faire parvenir cette lettre.

Galleran garda le silence.

— En outre, poursuivit le docteur, je ne vous dissimule pas que j'ai besoin là-bas de vos bons offices.

— Parlez, j'attends vos ordres.

— Mes ordres, monsieur de Galleran, puisqu'il vous plaît d'appeler ainsi la prière que je compte vous adresser, mes ordres vous seront donnés par un autre moi-même. Prenez cette lettre, rendez-la à son adresse. On vous mettra tout de suite au fait de votre besogne.

Robert prit la lettre. L'adresse portait : A madame Sulpice, au château de Morges.

Robert mit la lettre dans son porte-feuille et s'inclina.

Le docteur jeta le prix du souper sur la table et sortit en disant :

— Messieurs, sans rancune et au revoir. Vous aurez bientôt de mes nouvelles.

Fernand et Galleran restaient seuls dans la salle commune. Galleran, sans savoir ce qu'il faisait, se mit à arpenter la chambre à grand pas. Fernand se renversa sur le dossier d'une chaise et fourra ses deux mains dans les poches de son pantalon. Il exécuta, en sifflotant, tout le final du *Prophète*.

— Cet homme-là, reprit-il quand il fut retombé sur la tonique, cet homme-là joue dans la vie un grand-rôle de mélodrame. Chaque fois que je le vois, je pense à Mélingue de la porte Saint-Martin. Il croit nous tenir par une chaîne d'acier, et je ne me sens autour du cou qu'une cravate de fils d'araignée. Quand cela me dérangera trop, j'y mettrai la main, et tout sera dit.

Robert s'arrêtait justement en face de lui.

— Celui-là est un homme étrange, murmura-t-il du ton d'une personne qui rêve.

— Bah! n'allez-vous pas le prendre au sérieux ?

— Vous lui obéissez bien, vous, Fernand.

— Et il y a longtemps ; c'est vrai. Mais j'y ai trouvé mon compte d'abord... Et maintenant, cela m'ennuie.

— Moi, prononça tout bas Galleran, s'il avait voulu, j'aurais été son ami.

— On n'est pas son ami sans être son esclave.

— Son esclave, s'il l'eût fallu.

— Malgré sa femme?

— A cause de sa femme.

Fernand éclata de rire. Robert lui prit les deux mains et les serra violemment entre les siennes.

— Il ne faut pas rire de cela, dit-il d'une voix étouffée par l'émotion ; entendez-vous, je vous le défends !

— Bon ! répliqua Fernand : je vois qu'il me faut obéir même à vous !

Galleran se laissa tomber sur un siége et mit sa tête entre ses mains.

— Mon pauvre Robert, dit Fernand, qui tâcha de paraître affectueux, avez-vous véritablement de l'amour ?

— Laissez-moi, balbutia Galleran.

— Dieu me pardonne, s'écria le blondin, je crois qu'il pleure !

Une larme filtrait entre les doigts de Robert.

— J'ai fait du mal en ma vie, dit-il, et je suis puni. Ce n'est que justice.

— A la bonne heure, voilà ce que j'appelle un garçon résigné ! L'Évangile commande de tendre la joue gauche, quand on a reçu un soufflet sur la joue droite. Moi, je ne peux pas me faire à cette morale-là.

— Et pourtant, Fernand, vous courbez la tête dès que cet homme vous parle.

— C'est vrai.

— Plus bas que moi.

— Beaucoup plus bas. Mais je la redresse dès qu'il a tourné les talons, tandis que votre tête, à vous, reste courbée. Tenez, Robert, mon ami, trève, d'enfantillages ! Le docteur est un beau comédien ; je ne songe guère à le nier, puisque je prends de lui des leçons ; mais rien ne nous manque, en définitive, pour faire aussi deux artistes de mérite. Vous êtes aussi beau garçon que ce Sulpice, et plus jeune, ce qui ne gâte rien. Moi, je suis encore plus jeune que vous, et je me suis laissé dire que je n'étais pas mal. Nous connaissons, grâce à Dieu, les femmes sur le bout du boigt, nous savons le monde à l'endroit comme à l'envers. Qui donc nous empêche de lutter contre cet homme?

— Je n'ai pas confiance en vous, Fernand, dit Galleran, qui se découvrit le visage.

— Grand merci. L'aveu n'est pas gazé. Puis-je vous demander pourquoi vous n'avez pas confiance en moi?

— Parce que je vous ai vu à l'œuvre. Si je n'avais pas rencontré celui-là sur mon chemin, peut-être aurais-je continué de marcher avec vous, car j'ai soif de monter, et la force me manque. Mais je n'ai jamais cru bien fermement à vos promesses. Nous sommes deux enfants, vous plus effronté, moi plus timide; en ces deux cas, c'est toujours le premier qui mène l'école buissonnière.

— Et si je vous donnais des preuves?

— Des preuves de quoi?

— Si je vous démontrais que mon œuvre est sérieuse et mes espérances bien fondées?

— Si vous m'aviez démontré cela ce soir, je ne sais ce que j'aurais résolu. Mais, maintenant, je sais qu'il est contre vous...

— Le fameux docteur?

— Je sais qu'il vous perce à jour. Je devine que vos châteaux en Espagne contrarient ses desseins...

— Et vous avez décidément peur de lui?

— Peut-être.

— Diable! diable! fit Fernand, dont le regard exprima une véritable inquiétude; qui n'est pas avec nous est contre nous. Votre peur irait-elle jusqu'à livrer l'ami à l'ennemi?

Galleran haussa les épaules.

— On a vu des peurs aller jusque-là, insista le blondin.

— Est-ce que vous croyez, demanda Robert, que le docteur Sulpice a besoin qu'on lui fasse des rapports contre vous?

— Je n'aimerais pas qu'on lui en fît, voilà tout.

— Le docteur en sait sur vous plus que moi, qui ne sais rien.

— En un mot, comme en cent, interrompit Fernand d'un ton décidé, sommes-nous encore amis?

— Comme par le passé... ni plus ni moins.

— Si nous sommes encore amis, il y a de la ressource. Une dernière proposition : nous avons tous deux un secret, à ce qu'il paraît, voulez-vous mon secret en échange du vôtre?

— Non, répondit M. de Galleran.

— Pourquoi, s'il vous plaît? Mon secret doit bien valoir le vôtre.

— C'est possible ; mais je vous laisse volontiers le vôtre et je garde le mien.

— Vous y tenez donc bien à votre secret?

— Mais oui.

— Un secret, cela se devine, dit Fernand : moi d'abord, dès que je sais qu'un homme a un secret, j'ai déjà la moitié du secret. Si je devinais le vôtre?

— Je vous tuerais, repartit Galleran sans autrement s'émouvoir.

— Peste! fit le blondin, je n'ai donc qu'à me bien tenir. C'est drôle! quand ce diable de docteur a passé dans une maison, il y a tout de suite du drame dans l'air. On parle comme à l'Ambigu, on marche comme à l'ancien Théâtre-Historique. Je vous préviens, mon ex-ami, que je ne me laisserais pas tuer sans marchander un peu. Mais pourquoi ne tuez-vous pas le docteur, puisque le docteur sait votre secret?

Comme Robert ne répondait point, Fernand ajouta :

— Parce que vous êtes amoureux de sa femme ? Raison de plus !

Galleran releva sur lui son regard, où il y avait de la fatigue et du mépris.

— Parisien ! murmura-t-il, bavard !

— Non, sur mon honneur ! s'écria Fernand, je ne parle pas pour parler. Cela ne m'amuse pas du tout de causer avec vous ce soir ; mais je suis outré de voir le piédestal que vous faites à cet homme. Je connais si bien, voyez-vous, les gens de son espèce : charlatans, magnétiseurs, sphinx de salons et d'arrière-boutique, subjuguant autour d'eux les imbéciles, ce qui suffit toujours à former une magnifique clientèle, caricatures vivantes de Cagliostro, cette charge défunte, — drapés comme la statue du commandeur, sans cesse montés sur des échasses et laissant tomber un mot, toujours le même, pour excuse et prétexte à leurs tours de passe-passe. Ils ont une *mission*, ces messieurs ! Sans parler de la régénération du monde dont ils veulent bien s'occuper à leurs moments de loisir, ils ont quelque tort à redresser, quelque veuve munie d'un orphelin à venger. Pardieu ! je ne sais pas bien au juste quelle est la *mission* de notre romantique docteur ; mais s'il me perce à jour, comme vous le dites, je lui rends la pareille. Derrière la *mission*, qui est une enseigne menteuse, il y a le but réel. Pas n'est besoin d'être sorcier pour deviner le but du cher docteur. Le roi Truffe est malade et idiot ; le roi Truffe a des millions. Notre docteur a détaché sa femme auprès du roi Truffe. Notre docteur ne veut pas que nous jetions sur les millions un regard de convoitise : c'est tout naturel. Dans sa pensée, ces millions sont à lui déjà ; dans sa pensée, nous sommes des voleurs. Sa femme est charmante, vous en savez quelque chose. Elle a déjà pris tant de pouvoir sur le duc, que la marquise Astrée elle-même est obligée de la ménager. Le grand marquis la protége, et je vous engage à vous méfier de celui-là, près de qui don Juan n'était qu'un petit mangeur. De son côté, le Sulpice, savamment avare de visites et juché dans son nuage, domine impérialement le malheureux bonhomme. Il l'entoure en outre de ses âmes damnées, au rang desquelles il nous fait l'honneur de nous compter. Sa partie serait belle, je ne dis pas non, si nous étions à lui, comme il le croit dans son orgueil, Mais...

— Mais vous le trahissez, n'est-ce pas? interrompit Galleran.

— Je hais ces gros mots! employons plutôt le langage du cher docteur : il a parlé de mors : le mors qu'il m'a mis dans la bouche me gêne : je l'ôte dès que je le puis faire sans inconvénient. Du moment que vous paraissez tenir au vôtre, gardez-le précieusement, et grand bien vous fasse!

Robert repoussa son siége avec fatigue.

— Il y a une personne qui est aussi forte que le docteur, reprit Fernand, et qui est son ennemie.

— Pour Dieu! s'écria Galleran, n'entamons pas le chapitre de la belle Astrée! Agissez à votre guise, mon très-cher camarade, et laissez-moi me conduire à ma fantaisie. Vous étiez impertinent avant la venue du docteur, maintenant vous êtes fatigant; je vous aimais mieux tout à l'heure. Otez votre mors, que diable! je ne m'y oppose pas! Quant à moi, je ne me sens rien dans la bouche. Ce Sulpice m'a offensé, cela me regarde. Sa femme est très-belle : êtes-vous le Mesrour du Sultan? Je sais des choses que j'ignorais il y a une heure. Ma route n'est plus la vôtre, à ce qu'il paraît, puisque je vous quitte...

— Alors, nous liquidons, décidément? interrompit Fernand.

— Nous liquidons, décidément. Quelque chose m'attire d'un certain côté. Si je n'aime pas, du moins suis-je très-curieux... Et puis, peut-être que j'aime... Qui? Vous n'en savez rien. Je crois que je suis dans le même cas que vous. Je m'ennuyais il y a une heure, et j'étais découragé à ce point d'accepter je ne sais quel pacte humiliant qui vous faisait mon maître, vous, mon petit Fernand! A présent, je m'amuse : j'ai là tout un roman dont le début m'intéresse et me passionne. Je vous envoie au diable, vous me comprenez bien, avec vos dix pour cent et vos petites grimaces de diplomate-macaron ; cela ne me constitue ni votre ennemi ni même votre adversaire. Seulement, ne me dites plus : je réserve celle-ci ou celle-là. Toutes les femmes sont à moi si je veux et si elles veulent. Je suis libre comme l'air, et j'ai envie de danser une polka tout seul ou avec une chaise pour célébrer mon indépendance reconquise. Nous n'avez plus contre moi que votre petite épée ; or, je tire mieux que vous et je suis plus brave que vous. Allons chez le roi Truffe.

— Allons chez le roi Truffe, répéta Fernand ; ce soir, vous êtes ivre ou fou. Demain vous me ferez des excuses.

Le docteur Sulpice était parti du *Lion-d'Or* à pied, comme un simple mortel. Il avait même daigné courir en traversant les rues de Maintenon, pour ne point arriver en retard. Malgré sa puissance, le docteur n'espérait point que le convoi s'arrêterait pour l'attendre. Il était à la station trois minutes avant l'heure.

Comme il se promenait en rêvant sur le montoir, il fut accosté par un homme portant le costume des employés de chemin de fer. C'était un gros garçon d'une quarantaine d'années, large d'épaules, bas sur jambes et gêné dans son uniforme.

— Bonjour, mon bienfaiteur, dit-il en mettant la casquette à la main.

Sulpice, avant de se retourner, pensa :

— C'est peut-être quelqu'un à qui j'ai sauvé la vie !

Walter Scott, dans le *Pirate*, parle d'un proverbe du Nord qui dit : Quand un homme se noie, ne le tirez point de l'eau, car il vous tuera.

Les quelques médecins qui ont l'habitude de guérir donnent raison à ce proverbe exotique et prétendent qu'un homme ressuscité est toujours un ingrat. Il ne tue pas son sauveur, parce que le meurtre est une chose extrême et dangereuse, mais il lui joue à coup sûr de très-méchants tours.

Sulpice avait ressuscité plus d'un mort. Il n'aimait pas à les rencontrer sur son chemin. La nature humaine a comme cela des façons énergiques et tacites de faire son propre éloge.

Mais l'employé aux larges épaules n'était pas un ressuscité. Le docteur lui avait tout bonnement procuré sa place, et c'était pour cela qu'il l'appelait son bienfaiteur.

— Quand je dis bonjour, reprit-il, c'est quasiment bonsoir, plutôt. Vous voilà donc dans nos pays, monsieur Sulpice ?

— Oui, Loiseau, mon ami, répondit le docteur.

Le Loiseau, singe à l'Hippodrome, était l'ancien Loiseau-pour-décrotter. Celui-ci était l'ex-Loiseau-de-l'écurie.

Le docteur lui dit :

— As-tu bien guetté, ces temps-ci ?

— J'ai fait ce que vous m'avez commandé, répliqua

Loiseau ; j'ai dévisagé tous les allants pour voir s'il n'y avait point quelque figure de connaissance.

— Et tu n'as reconnu personne ?

— Quasi... parmi les allants. Mais je voulais pousser jusqu'à Paris, justement ce soir, pour vous raconter un peu quelque chose.

Sulpice regarda l'horloge de la station.

— J'ai juste le temps de vous dire ça, reprit Loiseau ; on n'entend pas encore le train. Madame est tout de même bien mignonne.

— Madame? répéta le docteur.

— Et la petite, vient-elle bien ?

— Très-bien, Dieu merci !

— Ah ! ah ! ça pousse toujours assez vite.

— Pourquoi me parles-tu de madame ?

— Bien mignonne, bien mignonne ! Quant à ça, on ne peut pas dire le contraire. Pourquoi j'en parle ? Ah ! voilà qui est sûr, ce n'est pas par rapport à moi. Mais vous m'avez placé ici, mon bienfaiteur, et vous me ferez bien monter à Rambouillet, où la vie est meilleure... J'ai donc vu madame, que j'ai reconnue tout de suite avec ses grands yeux et ses cheveux doux comme de la soie. Elle était avec la société du château, les voitures sur des trucks. Que vont devenir les chevaux, si les voitures marchent toutes seules ? Mais les chevaux sont des bêtes ; ils ne s'embarrassent pas de ça.

— Et madame est descendue à la station? demanda Sulpice.

— Comme tout le monde du château. Et le grand François, qui est marquis maintenant, l'a prise dans ses gros bras pour la mettre à terre, pendant que le duc bouffi donnait la main à la Morgatte. Dieu de Dieu ! quand je pense que j'ai vu celle-là traîner ses sabots percés sur la lande ! Mais c'est qu'il n'y a pas une seule marquise qu'ait l'air plus panaché! et jolie! Enfin, ça ira comme un plomb en enfer, mais c'est soigneusement coquelicot, tout de même, voilà!

Loiseau s'arrêta. Le docteur reprit :

— Est-ce tout ce que tu as à me dire de madame?

— Quasi, répliqua Loiseau, pour ce qui est d'hier au soir, mais à ce matin, j'ai vu les deux merles.

— De qui veux-tu parler?

— Le mièvre, Fernand que vous l'appelez? Et le brun à moustaches pointues. Censé, j'avais été commandé pour aller devers Chartres, pour des détournements de charbon qu'y a eus à Saint-Pierre de Berchère... Tenez! v'là qu'on entend le convoi! J'ai donc parti par un temps de Cosaques, de la pluie en veux-tu en voilà et encore avec. Ça me donne soif, moi, la pluie, alors, j'ai quitté la ligne à un quart d'heure de Saint-Pierre, et pris à pied. Les trois voitures du château étaient dans le chemin. A l'entrée du bourg, j'ai vu une auberge. Tous les gens du château étaient dedans.

— Dis vite, interrompit le docteur sans manifester autrement son impatience; le train arrive.

— Il y avait donc un cheval de selle, reprit Loiseau, attaché à la porte de l'auberge. Et voyez comme ça se trouve! C'était justement à cette auberge-là que je devais trouver l'inspecteur. Je monte dans l'escalier, je rencontre le beau brun à moustaches pointues...

— Les voyageurs pour Paris! cria en ce moment le chef de station, pendant que la soupape sifflait.

— Montez, mon bienfaiteur, dit Loiseau, j'ai quasi fini.

— Quel rapport tout ceci peut-il avoir avec ma femme? demanda le docteur en se dirigeant vers le convoi.

— Oh! fit Loiseau, censé! Mais, je vous dis ça pour

vous. Madame est si mignonne! Entrez, mon bienfaiteur, et à vous revoir. Madame était, censé, dans l'escalier avec le brun qui lui causait dans l'oreille.

— Voilà tout? demanda le docteur.

— Quasi, repartit Loiseau ; je n'ai pas vu grand'chose avec.

La machine toussa ; les pattes d'acier jouèrent et le convoi s'ébranla lentement.

— Merci, mon ami, dit Sulpice en souriant sans effort ; je savais tout cela. Au revoir.

— Bon voyage, mon bienfaiteur! Je suis joliment bien aise que ça ne vous fasse pas du chagrin !

Quand le convoi fut parti, le docteur Sulpice laissa tomber entre ses mains sa tête pensive.

# XXIV

COMME ON SE PASSE D'AUBERGE.

Après les grandes ondées, il y a des nuits où l'azur du ciel plus pur et plus profond attise le feu de ses étoiles. L'atmosphère a pris une transparence nouvelle ; le firmament a relevé tous ses voiles et montre orgueilleusement les mille pierreries éparses qui composent sa merveilleuse parure. Ces nuits-là, il vous semble que les constellations abaissent vers vos regards les scintillantes facettes de leurs diamants. La voix lactée jette au-dessus de votre tête la gaze argentée de son écharpe, et si la lune n'éteint pas par sa lueur vulgaire cet ensemble à la fois radieux et mystérieux, vous assistez en extase à la plus splendide de toutes les féeries.

Nous autres des villes, nous connaissons mal ces grands *effets* de la nature qui exaltent l'âme en serrant le cœur, et qui font frissonner l'homme écrasé sous sa faiblesse, en face de l'immensité de Dieu. Chez nous, il y a toujours entre le ciel et le regard des toits plats tout hérissés de tôle.

Là-bas, dans le silence des soirs, quand les prés boivent l'haleine du ciel, quand l'oiseau endormi laisse parler la brise dans les feuillées ; là-bas, où sont les champs bénis, l'eau claire, les vieux arbres, la clématite parmi les ronces fleuries ; là-bas, bien loin, l'œil se baigne dans l'atmosphère, libre et large comme l'horizon.

C'est là-bas qu'il faut aller voir les belles nuits inondées d'étoiles où Dieu, presque visible, plane derrière le transparent azur.

Tout le monde sent cela, les uns plus, les autres moins. Le souvenir de ces nuits fait pleurer ceux qui sont poëtes.

Chiffon et son ami Loriot étaient peut-être poëtes, mais ils n'en savaient rien. Cependant, le charme de cette nuit les saisissait à leur insu et les imprégnait en quelque sorte. Ils allaient en se tenant par la main, et Chiffon, toute sérieuse, pensait n'avoir jamais vu le ciel.

— Quand les étoiles clignottent comme ça, dit Loriot, c'est signe qu'il repleuvra.

— Eh bien ! répondit Chiffon, v'là tout, nous n'aurons pas de poussière.

Elle soupira un petit peu et ralentit le pas. Loriot portait les deux livres de pain achetées pour remplacer le superbe souper du *Lion-d'Or* ; Chiffon s'était chargée du fromage. Ils cherchaient un bon endroit pour faire leur repas.

Ils avaient laissé la petite ville de Maintenon sur leur gauche et suivaient une large avenue de hêtres et de chênes, plantée sur six rangs et fermée par une barrière qu'ils avaient dû franchir. Chiffon et Loriot ne se gênaient jamais avec les barrières. Le sol de l'avenue était tapissé d'un gazon fin et ras ; il devait y avoir au bout quelque riche manoir.

Les deux enfants ne le voyaient point encore.

— Regarde voir dans les champs, à gauche, dit Chiffon, s'il n'y a pas de meules ; moi, je guetterai à droite.

Les meules de foin et même de paille sont d'excellents abris pour ceux qui n'en ont pas d'autres.

Loriot exécuta loyalement sa consigne, il regarda dans les champs à gauche ; mais Chiffon, au lieu de guetter à droite, se mit à contempler son Loriot. Ces nuits font rêver même les enfants.

A droite et à gauche, c'étaient de magnifiques guérets, plantés çà et là de pommiers, des prairies coupées par le cours tortueux de la Vaise. Des saules chevelus et des aunes arrondis en boule bordaient la rivière. Mais on n'apercevait meule de paille ni de foin.

— Mon Loriot, demanda Chiffon tout doucement, pourquoi que tu ne m'as jamais dit que j'étais gentille ?

Loriot cessa de guetter les meules et s'arrêta du coup.

— Pourquoi que je ne t'ai pas dit que tu étais gentille ? répéta-t-il stupéfait.

— Oui, dit Chiffon, pourquoi ?

Loriot réfléchit profondément.

— Mais, fit-il, oh ! mais dame ! C'est que tu le sais bien, Chiffonnette.

— N'empêche, riposta la petite fille, dont l'obscurité cachait la rougeur ; ça se dit... pour causer.

— Nous n'avons point besoin de rien, nous deux, pour causer, objecta le garçonnet.

Chiffon, à bout d'arguments, répéta :

— N'empêche !

Loriot se mit à rire innocemment.

— Toi non plus, reprit-il, j'y pense, tu ne m'as jamais dit que j'étais gentil.

— Oh ! fit la coquette, ce n'est pas la même chose.

— Pourquoi que ce n'est pas la même chose ? demanda Loriot, qui fronça le sourcil.

— Parce que... tiens, tu n'as point d'esprit !

— Est-ce que je ne suis pas aussi gentil que toi ?

— Si bien ! repartit vivement Chiffon, tu es encore plus gentil que moi.

— Ah ! par exemple, se récria Loriot, ça n'est pas la vérité !

Combat de courtoisie. Chiffon poursuivit en baissant les yeux :

— Les hommes, ça parle aux femmes.

— Et les femmes ? interrogea Loriot, ça ne parle donc pas aux hommes ?

— Ça leur répond.

Loriot fit effort pour comprendre cette distinction trop subtile. Ce fut en vain.

— Bêtes que nous sommes ! s'écria-t-il, je parie que nous avons passé des meules !

On se reprit à guetter de droite et de gauche. Une large pelouse s'étendait à l'embouchure de l'avenue. Les chèvrefeuilles invisibles qui jetaient leurs guirlandes par-dessus la haie remplissaient l'air de parfums.

— Tu me serres la main, dit Loriot, et tes doigts sont tout froids. Est-ce que tu es malade ?

Chiffon lui lâcha la main et s'éloigna de lui, boudeuse. Loriot ne s'en aperçut point.

— Tiens ! tiens ! s'écria-t-il, voilà un château !

Il fut obligé de répéter pour forcer Chiffon à relever sa jolie tête pensive.

L'avenue qu'ils venaient de parcourir n'aboutissait point à la façade du château, dont ils ne pouvaient voir encore que le pignon et les communs. La pelouse tournait autour des bâtiments et rejoignait l'avenue d'honneur au-devant de laquelle étaient la grille dorée et le portail. Ce qui avait donné l'éveil à Loriot, c'était une lumière qui avait paru tout à coup pour bientôt s'éteindre à une fenêtre du premier étage. La pelouse était vaste. Derrière le château, de grands bâtiments s'étendaient. En avant, à une cinquantaine de pas de l'aile gauche, une magnifique meule de foin s'élevait, semblable à une tour.

Loriot frappa dans ses mains, et Chiffon envoya du coup promener ses rêves. Impossible de souhaiter une plus belle meule et mieux à point. On avait tiré en effet du foin à la base, de sorte que la partie supérieure faisait toiture et que le dessous était parfaitement sec. Toute la pluie du ciel pouvait tomber sans qu'on en reçût une goutte sous cet excellent abri. Chiffon et Loriot restèrent en admiration, ils s'étonnèrent sincèrement d'avoir souhaité un lit d'auberge.

Pour commencer, ils se vautrèrent un petit peu dans le foin. Chiffon taquina Loriot qui se tordit de rire. Ce Loriot était chatouilleux comme tous les paresseux. Il se laissait faire longtemps, riant et demandant grâce, mais quand il se révoltait à la fin, et qu'il prenait Chiffon sous l'aisselle, c'était de la joie qui s'entendait de loin. Loriot n'y allait point de main morte.

Du pied de la meule, on voyait tout le développement de la façade du château. C'était un édifice considérable et datant des premières années du règne de Louis XVI. La révolution l'avait trouvé tout neuf et ne lui avait point trop fait de mal. La grille, formée de fers de lances, séparés par des faisceaux, avait seulement été mise à contribution pour fournir des armes à je ne sais quelle émeute campagnarde. On avait refait la grille qui était en bon état maintenant et bien dorée.

Le château avait le style du temps : un grand corps de logis entre deux petites ailes. Un essai d'ordonnance corinthienne ornait le rez-de-chaussée, sans souci du tort que lui faisaient les balcons en saillie du premier étage. La cour était de belle proportion, le perron aussi ; le seul reproche qu'on pût faire à ce manoir, c'est qu'il ressemblait trait pour trait à un hôtel parisien de la fin du dernier siècle.

Les de Morges avaient été des grands seigneurs. Les boiseries dorées du salon avaient vu danser la princesse de Lamballe et mademoiselle de Lally : la cour et les philosophes.

— C'est encore plus grand que le château de Maurepar ! dit Chiffon, quand elle fut lasse de chatouiller son ami Loriot.

— Plus grand et plus mignon itout ! répondit Loriot ; le château de Maurepar 'est noir comme les taupes... et toujours les fenêtres fermées.

— Au contraire qu'on voit bien de la lumière dans celui-ci, reprit la fillette ; en bas et en haut. Doit y avoir des chandelles pour de l'argent.

— C'est des riches, conclut Loriot.

— Des riches riches ! appuya Chiffon.

— Qu'on les voit, tiens ! regarde, des messieurs et des dames.

— De beaux messieurs !

— Et de belles dames !

Chiffon soupira. Loriot étala sur le foin les deux livres de pain et les quatre sous de fromage.

— On les verrait encore mieux d'auprès de la grille, dit la fillette.

— Oui, mais j'ai faim, répliqua Loriot.

— Ah ! mon Dieu Seigneur ! s'écria Chiffon, moi je

n'ai plus faim ! En voici une demoiselle en rose avec rien sur le cou. C est joli, dà !

— Est-ce que tu voudrais faire le péché de montrer ton cou tout nu, toi, la Chiffon ? demanda Loriot, qui fronça le sourcil.

— Dame ! fit la fillette ; si j'étais riche...

— T'as pas honte !

Chiffon haussa les épaules.

— Est-ce que tu sais, toi ? dit-elle avec dédain.

Elle soupira de nouveau et prit un gros morceau de pain que Loriot lui tendait.

— C'est pas frileux, tout de même, les dames ! reprit celui-ci en mordant sa première bouchée.

Chiffon gardait son pain à la main.

— Tu ne sais pas, s'écria Loriot la bouche pleine, y aurait quelque chose à faire.

— Quoi donc ?

— Si j'étais hardi comme toi... T'es hardie, toi, la Chiffonnette... J'irais leur chanter la chanson des gars de Locminé sous la fenêtre.

— Et la grille ?

— Oh ! la grille, tu passeras bien par-dessus. T'es leste, toi, la Chiffonnette ! Et quand tu aurais chanté, on te dirait comme ça par la fenêtre, montez, ma jolie jeunesse !

— Et je monterais... avec ces beaux messieurs-là ?

— Et ces belles dames.

Chiffon avait vraiment bonne envie.

— Et viendras-tu avec moi ? demanda-t-elle.

— Après que t'auras monté, reprit Loriot au lieu de répondre, ils te demanderont, j'en suis sûr : Savez-vous danser ?

— Moi, je ferai la révérence et je répondrai : je sais

danser les danses de chez nous, sauf vot' respect, messieurs, mesdames, la compagnie.

— Et tu danseras la saboteuse de Lamballe.

— Ou la litra de Ploërmel !

— Ou la danse des *battoux* (batteurs de blé).

— Ou la chevrette... Ah ! Jésus Mignon ! La chevrette ! Donne-moi ta main !

Loriot donna sa main.

— Et you, loulou, digue digue digue dou ! chanta Chiffon qui entraîna son Loriot en mesure. Digue digue digue dou, loulou... allons donc !... Et you, loulou !

Un formidable aboiement retentit derrière la grille.

Faut-il l'avouer ? C'était pour cela que le petit Loriot n'avait point répondu quand on lui avait demandé : Viendras-tu ? Le petit Loriot devinait les chiens de garde.

A la voix sévère du dogue, ils cessèrent de danser la *chevrette*, qui est une danse nantaise très-guillerette. Chiffon eut si grand peur qu'elle se réfugia jusque dans le foin. Loriot l'y avait précédée. Le dogue secoua sa grosse chaîne et vint aboyer à la grille.

Quelques têtes se montrèrent à la fenêtre éclairée du salon.

— Bah ! fit Chiffon dans son foin, c'te bête ne passera pas la grille. Quant à chanter et à danser pour deux sous, je n'en veux plus. C'était bon quand nous étions des vagabonds.

Le chien aboya sourdement pendant deux ou trois minutes, puis il rentra dans sa niche en grognant. Loriot retira du foin sa tête blonde et peureuse.

— Il est gros comme un veau, murmura-t-il ; mais voilà ce que je voulais te demander, ma Chiffonnette. Qu'est-ce que c'est donc que des vagabonds ?

— C'est, répondit doctoralement la fillette, ceux qui

n'a ni pour coucher, souper, ni rien, et qui vit on ne sait pas comment, tantôt ici, tantôt là.

— Et nous ne sommes donc plus des vagabonds? demanda encore Loriot.

— Puisque nous avons de quoi coucher...

— Dans la paille!

— Oui, mais c'est à cause que ça nous fait plaisir et pour économiser.

— Alors, dit Loriot, ceux qui ont de quoi peuvent faire tout comme des vagabonds, et quoique ça, c'est pas des vagabonds?

Chiffon se gratta l'oreille.

— C'est sûr, dit-elle enfin; n'y a rien à reprendre à ceux qui ont de quoi.

— Je vais te dire pourquoi je te demandais ça, la Chiffonnette, continua Loriot, c'est que les vagabonds ne peuvent pas entrer dans Paris.

— Qu'est-ce que ça nous fait?

— A présent, ça ne nous fait rien; mais tantôt ça nous faisait, puisque nous étions des vagabonds. Il y a autour de Paris des gendarmes et des douaniers comme au cap Fréhel. Et quand j'y pense, je voudrais bien encore savoir quelque chose.

— Demande, mon petit, je te répondrai.

Elle savait tout, cette Chiffon.

— Je voudrais savoir, reprit Loriot, comment qu'on s'y prend pour que les gendarmes voient bien qu'on n'est pas des vagabonds.

Chiffon eut, pour le coup, le vrai rire du professeur.

— Pardi! répliqua-t-elle, c'est malin! Tu fouilles à ta poche et tu leur montres ton argent.

— Ah! fit Loriot écrasé, je suis bête! J'avais pourtant pas eu cette idée-là!

On sépara le fromage en deux portions égales; les

deux livres de pain furent aussi fraternellement partagées. Pendant un instant, la conversation languit parce que les mâchoires travaillaient assidûment.

— C'est un bon coup de petit cidre qu'il faudrait avec ça, dit enfin Loriot.

— Si on avait seulement de l'eau fraîche, répliqua Chiffon, j'ai grand'soif.

— Moi, j'étrangle.

— Il y a le ruisseau là-bas où sont les saules. Allons à la cave, mon Loriot, et pas de bruit, de peur du chien.

Le ruisseau n'était pas loin. Il coupait l'angle de la pelouse. Chiffon et Loriot savaient boire à ces tasses du bon Dieu. Ils se mirent sans façon à plat ventre et burent une ample rasade chacun, non sans se dire en riant :

— A ta santé, mon Loriot !

— A ta santé, Chiffonnette !

Comme ils se relevaient ensemble, ils entendirent marcher sur l'herbe derrière eux. Les branchages des saules les cachaient. Ils purent voir, sans être aperçus, deux hommes qui traversaient la pelouse en causant.

— Alors, dit l'un d'eux, chacun de nous va de son côté, c'est entendu ?

— C'est entendu, répondit l'autre.

— Bon voyage et bonne chance !

— Bonne chance et bon voyage !

Chiffon et Loriot crurent que les deux hommes allaient se séparer sur cet adieu, mais tout au contraire, ils se prirent bras-dessus bras-dessous et se dirigèrent ensemble vers la grille.

— C'est les deux messieurs de l'auberge, dit Chiffon.

— Ah ! oui, tu as raison : les deux qui étaient à la

croisée quand tu n'as pas voulu te débarbouiller dans l'auge.

La cloche de la grille retentit en même temps que les aboiements du dogue. Un valet en livrée traversa la cour.

— Tu serais bien mignon tout de même, mon Loriot, dit Chiffon, avec de beaux habits comme ces deux-là.

— Celui qui vient ouvrir en a de plus beaux, répliqua le petit gars ; allons remanger, et puis nous nous coucherons.

Ils attendirent pour regagner leur meule que Fernand et Gallerand fussent introduits. La moitié du pain restait avec la moitié du fromage. C'était le second service. On sait bien que l'appétit est moins vert à ce point du repas ; il a besoin d'être excité par l'excellente saveur des mets. En revanche, le vin donne une pointe de gaieté. Nos deux petits, qui n'avaient bu que de l'eau, perdaient l'appétit sans gagner beaucoup de gaieté.

Ce fut en ce moment que le souvenir des bonnes choses commandées à l'auberge du *Lion d'Or* vint caresser leur imagination. Tout ça eût joliment fait couler le pain dur !

— Si tu veux, dit Chiffon, nous allons jouer *à ferme les yeux, ouvre la bouche ?*

— Oui, répondit Loriot, je veux bien. Et nous allons manger tout le souper de la grosse.

— C'est ça, à toi ! ferme les yeux, ouvre la bouche !

Loriot obéit. Chiffon arrangea un beau petit morceau de fromage sur une bouchée de pain.

— Voilà du fameux rôti, reprit-elle.

Avant de le fourrer, ce fameux rôti, entre les lèvres de Loriot, elle le baisa.

— Ce n'est pas de jeu, dit le petit qui mangea la bouchée consciencieusement.

— Je te permets de m'embrasser quand ce sera ton tour, répliqua Chiffon.

— Ferme les yeux, ouvre la bouche! commanda Loriot ; moi je t'ai mis de la moutarde sur du bouilli. Goûte-moi ça!

— Ah! que c'est bon! s'écria la fillette au moment où Loriot lui plantait un gros baiser sur la joue ; ferme les yeux, voilà le ragoût!

Le ragoût, c'était encore une bouchée de pain, une bouchée de fromage et un baiser. Loriot trouva le ragoût très-bien accommodé. Il se mettait en train, le chérubin. Ce fut lui qui servit les pommes de terre, et il les assaisonna de deux baisers. Chiffon ne se plaignit pas. Au contraire, elle fourra trois baisers dans l'omelette au lard.

— Ferme les yeux, ouvre la bouche!

Après l'omelette au lard, ce fut un festin de Sardanapale ; tout ce que l'imagination des deux petits put inventer y passa : des gâteaux, des biscuits, des confitures, du raisiné, des pruneaux, du sucre d'orge, tout ce qui est bon, tout ce qui affriande le palais des gourmands en bas-âge.

Pour manger la dernière bouchée de pain, on la trempa dans une demi-douzaine de bons gros baisers.

C'est un bien joli jeu, allez, que le jeu de *Ferme les yeux, ouvre la bouche!*

— Ah! fit Loriot, il n'y en a plus une miette.

Chiffon pensa :

— C'est dommage!

— A présent, à dodo, ajouta-t-elle tout haut ; et je dis que nous avons mieux soupé qu'à l'auberge!

Loriot n'était pas tout à fait de cet avis, mais il se mit vaillamment à la besogne.

Il s'agissait de faire deux lits dans la meule.

Si vous ne savez pas comment on fait son lit dans le foin, Chiffon et Loriot vont vous l'enseigner, ces deux chers petits.

On arrache le foin à poignée de manière à former un trou dans l'intérieur de la meule en descendant. On commence à un pied de terre, de manière à garder quelques pouces de foin sous les talons. Quand le trou est assez profond, on se fourre dedans, les pieds les premiers, et la tête reste au grand air, pendant que les jambes sont chaudes.

Sérieusement, on est beaucoup mieux là-dedans que dans certains lits d'auberge.

Loriot et Chiffon creusèrent leur trou tout auprès l'un de l'autre et s'y fourrèrent en même temps. Ils ne s'attardaient jamais, ces deux-là, à faire leur toilette de nuit.

Leurs têtes, souriantes et mignonnes, se touchaient presque. On était bien ainsi pour causer tout bas.

— Quant à cela, fit Chiffon, avec quarante francs, on peut bien prendre la voiture.

— Oh! je t'en prie! s'écria Loriot, qui eut envie de sauter hors de son trou pour gambader, tant cette idée de monter en voiture le transportait, prenons la voiture!

— Ecoute donc! fit Chiffon indécise, car elle était séduite aussi par la voiture, ça serait une manière d'entrer crânement dans la grande ville. Tout le monde nous regarderait, et il y en aurait qui diraient : En voilà deux qui ne se mouchent pas du pied!

— Et qui se font charroyer comme des bourgeois, dà!

— Et qui ont l'air d'être comme chez eux! car ne faudrait pas paraître trop contents, tu sais?

— Pourquoi ça? demanda Loriot étonné.

— Pour faire semblant qu'on y est habitué, répliqua la fillette.

Loriot laissa passer la pensée profonde. Chiffon grandissait trop vite pour lui.

— Ça n'écornerait pas beaucoup les quarante francs, reprit-il : on aurait encore de quoi s'acheter bien des choses.

— Une casquette pour toi, un petit bonnet pour moi...

— Une veste pour moi, un casaquin pour toi.

— Tu te mets le premier, dit Chiffon avec reproche ; t'es déjà un petit homme !

— Un casaquin, une jupe, une chemise, tout ce qu'il te faut, ma Chiffonnette ! ça ne coûte pas quarante francs !

— A la bonne heure ! et des petites poires bleues pour me mettre aux oreilles.

C'est elle qui était déjà une petite femme.

Loriot n'en fit point la remarque.

— Faut songer à tout, poursuivit-elle avec une gravité soudaine ; à Paris, on ne couche pas dehors.

— Ah ? fit Loriot.

Il eut presque envie de demander ; où donc qu'on couche ?

Chiffon continua :

— Je vas te dire : il n'y a pas de meules. Tout est ramassé dans les maisons. Nous serons obligés d'avoir un endroit pour coucher.

— Eh bien ! dit Loriot, on l'aura, quoi donc ? Ça ne coûte pas quarante francs !

— Deux petits lits, quelque chose pour s'asseoir, un coffre et une mirette.

— Pour que tu te regardes dedans toute la journée, pas vrai ?

— Toi aussi, tu n'aimes peut-être pas à te mirer ?

— Pardienne! tout ça ne coûtera pas quarante francs.

— Une casserole pour cuire le manger.
— Deux cuillers et deux assiettes.
— Une grande écuelle pour la soupe.
— Une planche pour mettre le pain.
— Pardienne! pardienne! tout ça ne coûte pas quarante francs!

Comme Loriot lançait ce refrain, des sons harmonieux et inconnus tombèrent des fenêtres ouvertes du château. Les deux enfants se turent et prêtèrent avidement l'oreille. Bientôt une voix mâle et douce se mêla aux accords du piano.

Quand la dernière vibration mourut dans le silence du soir, quelques applaudissements discrets arrivèrent du salon. Loriot et Chiffon se regardèrent.

— Voilà qui est beau! dit Chiffon.
— Te souviens-tu, demanda Loriot, de la bonne femme Misère qui jouait de la *guitarde* dans les rues à Dinan?
— Ah! dame! répliqua Chiffon, ça ne sonne point comme la *guitarde* de la bonne femme Misère; et puis le monsieur chante mieux qu'elle.
— Tu ne penses qu'aux messieurs, toi, la Chiffonnette!

Loriot était presque en colère.

— Quand nous aurons fait fortune à Paris, dit la fillette, j'apprendrai à jouer de ça.
— Et moi, je chanterai.
— Quant à ça, nous ferons fortune, c'est sûr.
— Puisque tu es fille du chêne de Saint-Cast!
— Et toi, pâtour du Tréguz!

C'était clair.

La brise fraîche emportait ce que l'odeur du foin avait

de trop âpre. Les yeux des deux enfants battirent alourdis et virent trembler les étoiles. Les sons qui venaient du château se mêlaient sourds et confus.

— Veux-tu faire notre prière ? demanda Chiffon.

— Je veux bien, répliqua Loriot.

— Embrasse-moi avant, car tu vas t'endormir, je sais bien.

Ils allongèrent le cou, les boucles de leurs cheveux se confondirent. Chiffon avait deviné juste. La prière n'était pas bien longue, mais Chiffon en récita la fin toute seule. Maître Loriot ronflait comme un bienheureux.

Oh ! les beaux rêves qu'ils firent, si vous saviez !

Paris ! Paris ! Paris ! C'était Paris qu'ils voyaient au travers de la porte d'ivoire. On ferait tout un charmant livre rien qu'à dire sous quelles couleurs ils devinaient ce paradis inconnu !

C'est leur secret, à Chiffon et à son Loriot.

Mais que vous eussiez souri de bon cœur, quand la lune tardive se leva, à voir, dans le foin brouillé, ces deux joyeuses et naïves figures d'angelots tournées l'une vers l'autre et riant aux mystérieuses promesses de leurs songes !

# XXV

### LE ROI TRUFFE.

Il n'est pas un de nos lecteurs qui n'ait entendu parler de près ou de loin du fameux empereur du *Drinking*, (1) de Drinker I<sup>er</sup>, seigneur suzerain de tous les cabinets et salons de société, autocrate d'Enghien-les-Bains, de Saint-Germain-en-Laye, d'Asnières et de Ville-d'Avray, protecteur des Variétés et de la Montansier, du bal de l'Opéra, pacha de Vachette, Grand-Mogol de la Maison-d'Or, — du roi Truffe, en un mot, le géant des bacchanales parisiennes.

Les trois quarts et demi de Paris l'ont vu passer sur le boulevard dans son américaine de style, quand il est

---

(1) Cette association de plaisir (qui portait un autre nom) était dans toute sa gloire à la fin du règne de Louis Philippe. Elle allait se fanant sous l'Empire, mais elle ne s'est dissoute qu'au moment de la guerre. — *(Note de la nouvelle édition)*

seul,— dans son équipage à la Daumont, quand il a une dame et qu'il va au bois, à cheval parfois, rarement à pied. Il est célèbre autant que l'était lord S....., le parfait gentleman, que le bavardage vulgaire avait sacré roi des *Arsouilles*. On cause de lui partout ; chacun le connaît. Toutes les Vénus des quartiers de plâtre l'ont eu pour Dieu Mars, ne fût-ce qu'une fois, et ne fût-ce qu'une demi-heure ; tous les lions de première et de seconde main, à crinière ou tondus, ont soupé avec lui. On se vante d'une de ses poignées de main comme les étudiants allemands montrent leurs balafres.

Celle qui peut se faire passer pour la Montespan du roi Truffe gagne le gros lot de la vogue, celui qui peut se déguiser en ami de Drinker I$^{er}$ participe aux rayons de cet astre et n'a qu'à se montrer pour éblouir la badauderie. A Londres, on a récemment vendu vingt-cinq guinées un autographe du pape des Drinkers.

Or, demandez comment il est fait, vous verrez ce qu'on vous répondra ; demandez son nom, son âge, son pays à tous ces gens qui le connaissent. Demandez à ses maîtresses, demandez à ses amis.

C'est un brun de haute taille, cheveux courts, barbe bouclée ; il a tué bien des chercheurs d'or dans les *placers*, et son immense fortune a été conquise à la pointe de son stylet. Voilà le cancan nigaud ; ceux qui ont un peu plus de littérature prononcent le mot *Sonora* et mettent *bowie knife* au lieu de stylet.

C'est un marchand de draps de Louviers, bas sur jambes, trapu, camard, rougeaud, qui se nomme M. Martin, et qui a une dame enceinte de son dixième. (En passant, n'est-ce pas une horreur que de mener une vie semblable quand on est chargé de famille!)

C'est un petit blond qui cache la force d'Hercule sous des apparences féminines. — C'est un ancien pair de France, ou un nouveau sénateur. — Un Anglais, et certains entêtés badauds se tiennent à l'idée de lord S..... : c'est lord S...... — C'est un prince. — C'est un très-fort droguiste de la rue des Lombards, il y en a d'énormes. — un vieillard, invalide de Cythère. — Un athlète hérissé, que sais-je?

Chacun est sûr de ce qu'il avance ; chacun a vu, ce qu'on appelle vu !

Quant au nom, ceux qui tiennent pour M. Martin de Louviers mourraient en soutenant leur opinion ; les partisans du fort droguiste qui se nomme M. Souleur monteraient sur le bûcher en confessant leur croyance. Un peu plus de mystère environne le californien, le prince et les autres.

Néanmoins, le prince est généralement jugé valaque.

Il va sans dire que le duc de Rostan a aussi ses chevaliers. Du côté de la porte Saint-Denis, on confond Drinker I$^{er}$ avec Chicard. Depuis longtemps le baron Potel de la maison Potel et Gambard intrigue afin de se faire passer pour le roi Truffe. Il perd sa peine et son argent. Ce baron Potel est le seul idiot à qui le vulgaire ne veuille pas donner le titre de Drinker I$^{er}$.

Maintenant, d'où vient la réputation foudroyante du roi Truffe? Les drinkers, comme l'indique leur nom, sont de vaillants buveurs ; mais boivent-ils en chantant comme les gais ivrognes du Caveau? Au dessert, ont-ils ces bardes titubans, ces trognes de génie qui s'appelaient Désaugiers ou Théaulon? Accompagnent-ils en frappant sur leurs verres la dernière chanson inédite de Mathieu? Point.

Ils boivent à l'anglaise, pour boire. Si l'ombre de Désaugiers s'égarait parmi eux, ils lui parleraient écuries ou fin courant. Leurs amours sont ces coquines en terre de pipe que le vaudeville a voulu nous vendre pour marbre. On ne saurait dire au juste ce qu'ils font, sinon du bruit. Il y avait autrefois des financiers ridicules et des gentilshommes impertinents. Financiers et gentilshommes ont mêlé. Turcaret est marquis, le marquis est Turcaret, et tous deux VIVENT.

Le long des corridors érotiques sur lesquels s'ouvrent les cabinets de la Maison-d'Or, on dit que le drinker au dépourvu erre quelquefois avec des idées roses. Après boire, il veut causer. Dans la galerie déserte, il élève la voix et crie par trois fois : Drinker! Drinker! Drinker! C'est le rugissement du lion qui rassemble les lionnes là-bas dans le désert. Si quelque provincial soupe en tête à tête il voit l'oreille de Vénus se dresser tout à coup. Elle se lève, elle ouvre la porte, elle sort sans dire gare, et va au drinker comme la limaille se précipite vers l'aimant.

Le drinker, et voilà un privilége bien flatteur, peut ouvrir ainsi tous les cabinets de tous les bouges dorés ou non.

Jugez ce qu'il a fallu de soin, de peines et de champagne versé pour donner à cette institution, jeune encore, une puissance aussi enviable!

Ce qui est caché prend des proportions démesurées. L'imagination travaille. Les drinkers avaient pour métier de faire orgie, voilà le vrai. Ceux qui racontaient les orgies du *Drinking* les embellissaient à ce point que la vulgaire débauche, en passant de bouche en bouche, devenait orgie de Titans.

Et tout cela profitait à la magnifique réputation du roi Truffe, qui grandissait, qui s'enflait, qui s'élargissait.

Tapages nocturnes, boxes héroïques, amoureuses batailles, saturnales de toute sorte, folies, prodigalités, excentricités, gageures invraisemblables, le roi Truffe avait tout. C'était Robert-le-Diable au dix-neuvième siècle et à Paris.

Fuyez, hélas! fuyez, fuyez jeunes bergères...

Si une bombance épique faisait trembler les carreaux d'un restaurant à la mode, ceux qui passaient disaient : C'est le roi Truffe avait un parc-aux-cerfs comme l'autre roi Louis XV. On ne savait pas au juste où ; mais c'était quelque part. Et il se racontait des histoires d'enlèvements où le roi Truffe jouait un rôle qui devait, tôt ou tard, lui faire faire connaissance avec la cour d'assises.

Qui ne risque rien n'a rien. Le baron Potel de la maison Potel et Gambard commettrait un vol avec escalade et effraction si cela pouvait lui donner un peu de relief. Mais vous verriez qu'on mettrait la chose sur le compte du roi Truffe !

Pour finir, voici la vérité : le roi Truffe aime comme Hercule, mange comme Gargantua, boit comme Silène. C'est un viveur de taille surhumaine, hardi, infatigable, immense. Rien n'égale son cœur monstrueux, si ce n'est son prodigieux estomac. Il ne croit à rien ; il est au-dessus de tout; rien ne l'arrête. Le roi Truffe démolirait l'ordre social pour satisfaire un caprice ; il se dresse en face de Dieu comme Ajax, et si l'ange exterminateur avait l'audace de lui montrer son glaive, il lui jetterait son verre à la figure. C'est Balthasar frotté de don Juan, c'est Nabuchodonosor multiplié par Héliogabale, et d'autant plus grand qu'il n'a pas de couronne.

Cherchez dans les tableaux de l'Anglais Martins quelqu'un de ces rois fantastiques mais superbes, le diadème de roses au front, la coupe à la main, éclairant leur pâle visage aux lueurs de la foudre ; changez un peu le costume des reines qui entourent ce roi, mettez des bougies à la place des lampes asiatiques, des murailles *fraîchement décorées* à la place des colonnades à perte de vue, transformez les robes de lin traînantes en habits noirs étriqués, les cassolettes de parfums en cigares, les lits d'airain en petites chaises, les chars en tilburys, les amphores en bouteilles, mettez Paris qui n'est pas encore foudroyé au lieu de Ninive en poudre, et vous aurez une idée de ces mystérieuses merveilles de nos nuits.

Au moment où nous entrons au salon du château de Morges, il y avait un gros bonhomme qui n'avait de babylonien que sa robe de chambre et qui s'asseyait sur un fauteuil à la Voltaire, entouré de trois jeunes femmes adorablement belles. Le bonhomme était gras, soufflé, bouffi, très-pâle et de physionomie somnolente. Sur les paravents chinois il y a de ces figures larges et molles qui vont s'affaissant et qu'on craint de voir fondre. Les joues du bonhomme tombaient sur le cachemire de sa robe. Quelques cheveux blondâtres se collaient à ses tempes et la calotte de velours brodé d'or qu'il portait semblait comprimer un crâne désossé. Vous eussiez dit un gros œuf sans coquille et coiffé à la tapageur.

Il avait une figure assez régulière, mais inerte. Son sourire exprimait une extrême douceur, la douceur d'un vieil enfant, cependant, qui peut avoir des caprices.

Nous avons parlé de Sardanapale et de don Juan, de Nabuchodonosor et d'Hercule; nous avons confondu toutes les dates, amalgamé toutes les mythologies, depuis Balthazar jusqu'à Héliogabale, depuis Silène jusqu'à Gargantua, pour trouver des termes de comparaison et donner une idée de ce géant connu sous le nom du roi Truffe.

Le gros bonhomme joufflu, blanchâtre et suraffligé d'humeur lymphatique était le roi Truffe.

C'était lui, M. le duc de Rostan, qui menait ces miraculeuses orgies, c'était lui qui faisait tout ce tapage; c'était lui Vitellius et Fronsac, Epicure et Barbe-Bleue;

c'était lui le demi-dieu du Drinking, le seigneur des nuits parisiennes, lui qui dominait tous ces faunes barbus du boulevard de Gand, lui qui s'enivrait de l'encens de toutes ces prêtresses consacrées au culte de Vesta sans préjugés.

Lui, le roi Truffe, ce gros homme engourdi qui ressemblait à une tête ébauchée paresseusement dans un bloc de beurre par un apprenti sculpteur dépourvu de dispositions.

Il avait des millions.

Vous eussiez rencontré difficilement trois jeunes femmes plus jolies et plus gracieuses que celles qui l'entouraient. Evidemment, ce n'étaient point là de ces dames auxquelles nous faisions allusion tout à l'heure. Aucun de ces trois charmants visages n'eût été à sa place dans un cercle de drinkeresses. Le roi Truffe était ici en bon bourgeois : en famille.

L'aînée pouvait avoir vingt-quatre ans. Elle était blonde et de taille moyenne. Il fallait la délicatesse extrême de ses traits pour adoucir l'expression de fermeté résolue qui était dans son regard. La faiblesse est, dit-on, l'apanage des blondes. Les poses d'Irène, adorablement abandonnées, semblaient donner raison à cet adage. Il y avait dans les habitudes de son corps, une indolence délicieuse, mais quand sa paupière, frangée de longs cils noirs, découvrait le sombre azur de sa prunelle, Irène semblait grandir tout à coup. Ce qu'il y avait d'enfantin dans son sourire disparaissait : elle était reine.

La première fois que le grand Rostan l'avait revue, un souvenir violent lui avait traversé le cœur. Elle ressemblait à Madeleine, sa mère.

En ce temps-là, Irène était déjà la femme du docteur Sulpice.

La seconde des trois jeunes femmes, en suivant l'âge,

était Solange Beauvais. Solange avait vingt ans, de grands yeux noirs au regard rêveur et profond, une figure d'une régularité admirable. Solange avait souffert. Il y avait en elle une grande puissance d'aimer et un fond de mélancolie. Mais sa nature vaillante prenait le dessus quand elle voulait, et alors chacun était forcé d'admirer son esprit étincelant et hardi.

Il ne faut pas trop sourire. Le roi Truffe avait fantaisie d'apprendre à chanter la romance. Solange était sa maîtresse de solfége.

Antoinette de Morges, fille de l'ancien propriétaire du château, était la troisième. Elle avait l'air d'un enfant et atteignait à peine sa dix-septième année. Son père, M. le comte de Morges (le vidame de Pomard en Drinking), mangeait avec soin sa fortune. Le roi Truffe venait d'acheter le château un tiers en sus de sa valeur. Il aimait Antoinette qu'il appelait sa filleule, bien qu'il ne l'eût point tenue sur les fonts du baptême. On pensait qu'il lui laisserait une bonne part de sa fortune.

Madame la comtesse de Morges était une bourgeoise noble, bonne mère à la façon des mères d'actrice, en tout bien tout honneur. Elle avait ordonné à sa fille de chérir le roi Truffe, de le caresser, de le bercer. Il se trouva qu'Antoinette avait pour le pauvre homme un attachement sincère. Sans cela elle n'eût point obéi.

C'était une chère enfant, rieuse, naïve, bonne et jolie comme un cœur.

Le roi Truffe aimait aussi la belle Solange, sa maîtresse de musique, et Irène, qu'il appelait sa nièce.

En outre, il adorait la marquise Astrée, qu'il nommait sa *belle ennemie,* absolument comme un berger de Scudéry.

Il aimait tout le monde, ce roi Truffe ; c'était la bête du bon Dieu.

Nous ne sommes pas ici dans le fantastique, bien au contraire, nous nageons en pleine réalité. Ce fauteuil à la Voltaire où le roi Truffe se repose est en acajou du faubourg Saint-Antoine. Les bougies sont de l'Étoile, stéarine pure, mélangée d'un peu de suif. Il n'y a point d'escamotage possible. Faisons donc connaissance une bonne fois pour toutes avec notre gros bonhomme.

Il s'appelait Rostan comme son père, présentement défunt, jadis petit marchand rue Sainte-Avoye à Paris. Les mémoires où nous puisons ne disent pas ce que vendait son père. Il fut marchand à son tour et dès son bas âge. C'était une nature débonnaire et tranquille. Le commerce exige une âpreté qu'il n'avait pas. On lui mangea la laine sur le dos : il fit faillite et se sauva je ne sais où. Nous le retrouvons en Angleterre, après un assez long intervalle, jeune encore, mais ayant déjà du ventre : cela donne de la majesté.

Rostan obtint une place de maître des cérémonies dans une boutique de petits couteaux. Ce fut l'origine de sa fortune. Il épousa vers cette époque une femme d'un certain âge qui fut séduite par sa prestance sous l'habit noir. Cette femme, qui était robuste, prit l'habitude de le battre dans l'intimité de la vie privée, mais elle mourut un soir d'automne, étouffée par le genièvre qu'elle avait bu de trop. En mourant, elle fit cadeau à son mari, par testament notarié, de tout ce qu'elle possédait en biens meubles et immeubles.

C'était une cruelle plaisanterie : elle n'avait ni un pouce de terre ni un shelling.

Mais voici ce qui arriva. L'Angleterre est un pays bien étonnant. Un ancêtre quelconque de la femme de ce pauvre diable de Rostan avait oublié à la Banque un millier de livres. Il y avait de cela beaucoup d'années. Un matin que Rostan essayait un crêpe à son chapeau, un inconnu entra chez lui et le pria poliment de venir toucher quinze cent mille francs à la Banque. Comme Rostan tardait, l'inconnu changea de langage et le menaça de le faire traîner à la Banque par la police.

La Banque avait soif de payer.

Notre Rostan alla bon gré mal gré toucher ses quinze cent mille francs. D'abord, il se demanda ce qu'il ferait de tant d'argent, puis un aigrefin lui ayant dit qu'au Mexique il doublerait aisément la somme, notre Rostan partit pour le Mexique.

Il eut le mal de mer. Ce fut l'unique aventure de son voyage.

Au Mexique, il prit du bon temps. L'aigrefin lui monta un commerce, mais on eut beau voler Rostan, Rostan quadrupla son capital c'était le sort. Il apprit à pincer de la guitare à Cusco, auprès d'une senorita long-voilée qui souriait parmi ses dentelles noires chaque fois que Rostan lui donnait cent pistoles.

Une fois, il rencontra un aventurier français qui lui demanda 20 louis en l'appelant mon cousin. Cet aventurier était comte ; il venait de Bretagne et se nommait Rostan du Boscq. Cela donna des idées de grandeur à notre richard. Il consulta un savant pour apprendre de lui quels étaient les plus beaux titres et dans quelles contrées on pouvait les acquérir au plus juste prix. Ce savant lui fournit tous les renseignements convenables, et l'aventurier Rostan du Boscq lui dessina les armes de la famille bretonne « *d'or au roseau fléchi de Sinopole* » avec le calembourg héraldique qui servait de devise : « *Tant chêne, ros tant.* »

Désirant garder les convenances vis-à-vis de toutes les chancelleries européennes, nous ne préciserons point le pays où notre gros Rostan acheta son titre de duc. Nous voulons constater seulement que ce titre était bien à lui, puisqu'il l'avait payé comptant.

Pendant cela, ses millions faisaient des petits, comme dit la gaieté vulgaire. Plus l'aigrefin le volait, plus sa caisse s'enflait à vue d'œil. Comment rester au Mexique quand on est duc et qu'on a tant de millions? Il n'y a qu'un lieu au monde pour dépenser un revenu comme celui du Rostan bouffi, c'est Paris. Notre Rostan n'aurait pas deviné Paris ; on le lui souffla.

Il s'embarqua donc ; il eut de nouveau la mal de mer. Il loua les trois quarts de l'hôtel Meurice en attendant qu'on lui eût monté une maison. Au bout de huit jours, on lui annonça la visite du marquis et de la marquise de Rostan. Ce fut une entrevue touchante. Ils ne s'étaient jamais vus, mais il y a le sentiment de famille. François et Astrée savaient au juste le chiffre de sa fortune. Ils le reconnurent du premier coup d'œil et se jetèrent incontinent dans ses bras, M. le duc leur en garda toujours une sincère reconnaissance.

Le nom de Rostan sonne bien, le titre de marquise est bon à porter. Astrée occupait une position fort brillante. Elle était belle comme autrefois. Le remords ne la gênait point ; dix-sept années d'impunité étaient la garantie de la sécurité à venir. Seulement, les fameux sept cent mille francs ne s'étaient pas comportés à Paris comme les quinze cent mille francs du duc au Mexique. Il avait fallu jeter un os à Jean Touril, dans le temps. La toilette d'une marquise aussi charmante qu'Astrée coûte cher ; les vices d'un gaillard comme le grand Rostan sont hors de prix. La caisse commune avait maigri.

Nous ne voulons pas prétendre, le lecteur ne nous croirait pas, qu'Astrée était restée oisive pendant ces dix-sept années, mais il faut l'occasion ; l'occasion avait un peu manqué.

La seconde visite importante que reçut M. le duc de Rostan fut celle du docteur Sulpice. Il l'avait sollicitée. M. le duc était malade, et le docteur Sulpice venait d'opérer une cure très-éclatante sur la personne d'une amie de la marquise. La marquise l'indiqua : elle ne le connaissait que de réputation.

Le docteur Sulpice prit du premier coup un grand empire sur M. le duc.

Un soir qu'il se trouva chez le duc en même temps que le marquis et la marquise, ceux-ci faillirent être désarçonnés parce que le docteur leur dit :

— Je viens du même pays que vous. En 1835, j'étais pâtour à la bergerie du Tréguz.

Il ne dit que cela pour le moment. Astrée demeura sans réplique pour la première fois de sa vie. Le grand Rostan devint tout blême.

M. le duc ne comprit rien. Sulpice se mit à parler d'autre chose.

Astrée reprit contenance. Avant de sortir, le docteur s'approcha d'elle :

— J'ai fait faire trois tombes au cimetière de Saint-Cast, lui dit-il tout bas ; une pour le marquis Antoine, une pour Victoire, une pour mon père.

Il ajouta, en se tournant vers le grand Rostan :

— Votre fille Irène est ma femme.

Puis il salua le duc et s'éloigna.

Le grand Rostan voulait le suivre, mais Astrée lui saisit le bras.

— Je veux que vous restiez ! murmura-t-elle.

Le grand Rostan resta.

Quand ils furent seuls, Astrée dit :

— L'auriez-vous reconnu ?

— Non, répondit François.

— Ni moi.

Elle réfléchit un instant.

— Il y a dix-sept ans, murmura-t-elle ; et où trouver des preuves ? Si cet homme avait espéré quelque chose, il n'aurait point jeté le masque sans nécessité.

François prononça, sans savoir qu'il parlait :

— Ma fille Irène est sa femme !

— Je parie que vous songez à Madeleine ! fit la marquise avec un sarcastique sourire.

Les yeux du gentillâtre battirent, parce qu'il y avait des larmes sous sa paupière. Astrée poursuivit :

— Cet homme est fou de s'être découvert, à moins qu'il ne se sente assez fort pour n'avoir pas besoin d'armure.

# XXVI

## LA FAMILLE DU ROI TRUFFE.

Astrée avait attendu dix-sept ans cette magnifique occasion qui s'offrait à elle. La mine d'or était trouvée ; il s'agissait de l'exploiter. Juste à ce moment, son passé se dressait devant elle pour lui barrer la route. Il y avait là un coup du sort. C'était elle-même qui avait fait appeler le docteur Sulpice.

Mais comment croire un instant que le médecin célèbre, dont tout Paris s'entretenait, était précisément le petit pâtour du Tréguz qui portait aussi le nom de Sulpice?

Astrée n'était pas ennemie de la lutte; mais dès l'abord cet homme lui fit peur.

La conduite du docteur, étrange, inexplicable, ne put diminuer cette crainte. Le docteur, en effet, à dater de cet instant, fit comme si Astrée et le grand Rostan n'eussent point existé. Il ferma les yeux en quelque sorte pour ne pas les voir et parut leur laisser le champ libre.

Alors, pourquoi cette première révélation qui ressemblait si bien à une menace?

Astrée se promit d'agir vite et vigoureusement. C'était le seul moyen. Nous verrons bientôt que ses intérêts n'étaient déjà plus les mêmes que ceux du grand Rostan. Elle pensa qu'au besoin elle pourrait sacrifier le grand Rostan et passer outre.

En attendant, elle se servait de lui.

Monsieur le duc, comme on appelait le pauvre gros bonhomme qui arrivait du Mexique, eût été, en vérité, sans la rencontre de Sulpice, une proie trop facile. Le marquis et la marquise n'en auraient fait qu'une bouchée. On lui mit en tête d'abord, car c'est la route battue, qu'il fallait jouir de la vie et nager, comme on dit, dans les plaisirs. Cela lui était égal, il ne refusa point. Il n'avait ni besoins, ni passions, ni entraînement d'aucun genre, mais il faisait volontiers ce qu'on lui conseillait. En outre, il aimait à paraître comme un gros enfant qu'il était.

Il essaya de boire, et se rendit malade ; la fumée du cigare lui donnait des nausées ; la veille lui procurait de violentes migraines, et il n'était pas fait pour l'amour. Aussi le proclama-t-on président de la république des buveurs, des fumeurs, des noctambules et des prêtres de Vénus. On le nomma le roi Truffe, lui qui ne pouvait manger une tranche de foie gras sans rendre l'âme. Ainsi va le monde en général et le *Drinking* en particulier.

Rostan-Bouffi riait tout doucement quand il entendait parler de ses prétendues fredaines. Cela le flattait d'être un homme célèbre. Il se laissait faire, pourvu qu'il n'eût pas la fatigue de l'orgie.

A supposer que la célébrité d'un viveur ne soit pas la

plus stupide chose du monde, le roi Truffe, en agissant ainsi, donnait preuve de beaucoup d'esprit.

Il usait du procédé de ces barons de lettres qui se font élucubrer leurs bouquins par des affamés.

Au demeurant et sous certains aspects, le roi Truffe ne manquait pas de sens. Il savait bien que son titre était pour rire, et ne comptait positivement que sur son argent. Il avait assez de modestie pour se défier des hommages qui l'environnaient. Il disait souvent :

— On m'admire et l'on m'aime comme je mange et comme je bois.

Le bon sens est nuisible aux fous. Celui du roi Truffe le rendait malheureux. Ce bon sens allait parfois jusqu'à lui donner la pensée que le sort s'était moqué de lui en lui jetant à la tête cette immense fortune dont il ne pouvait pas profiter.

Mais ce bon sens n'allait pas jusqu'à faire naître en lui l'idée du bien énorme qu'on peut produire avec des millions.

Nous avons dit qu'il n'avait point de passions, ce qui le rendait impropre à jouir de ses richesses. Il avait du moins quelques envies. Justement, les choses qu'il désirait ne s'achètent point.

Ce pauvre roi Truffe désirait de l'affection et une famille. Une famille surtout, bien honorable, bien unie. Il eût donné pour cela des tas d'or. Assurément, il eût trouvé dans Paris quarante ou cinquante mille familles heureuses de lui ouvrir leurs bras, mais il était plus timide qu'une jeune fille, et, comme nous l'avons dit déjà, son humilité engendrait la méfiance.

Il avait une voix très-douce et un peu fausse ; son plaisir était de chanter des romances fades.

La romance qu'il aimait le mieux était celle où le page dit :

Ah ! que j'aurais d'amour pour celle,
Pour celle qui voudrait m'aimer !

N'importe laquelle. Les pages sont ainsi ; voyez Chérubin ! Rostan-le-Bouffi était comme les pages : il ne demandait même pas à choisir.

Quant au but de ces vagues amours, nous pouvons bien le préciser tout de suite. Le gros bonhomme avait fait ce rêve d'être caressé comme un matou. Il n'y avait rien au-delà.

La première qui le caressa fut la marquise Astrée. François eut beau feindre de ne rien voir, le pauvre roi Truffe eut peur de lui. François était toujours le grand Rostan de là-bas, fort et brutal. Ses doigts se seraient enfoncés dans la chair du roi Truffe comme dans un fromage à la crème. Le roi Truffe n'avait pas ce qu'il fallait de monde pour comprendre que la belle Astrée était dix fois plus forte que le grand Rostan.

Un soir que le roi Truffe avait baisé la main charmante d'Astrée, il eut tant de remords et tant de frayeur qu'on fut obligé de le mettre au lit. Il avait précisément eu l'imprudence de manger un blanc de volaille, son estomac trop chargé se révolta : on fit venir le docteur Sulpice.

Le docteur ne vint pas seul, cette fois. Il amena avec lui une jeune femme belle et sérieuse qui prit place dans un fauteuil, tandis que Sulpice donnait sa consultation.

Il n'y avait dans la chambre à coucher que le grand Rostan et Astrée. Astrée et le grand Rostan dévoraient des yeux la jeune femme. Celle-ci gardait le silence et restait immobile.

— Comme elle ressemble à Madeleine ! murmura le grand Rostan dont la voix tremblait.

Astrée ne répondit point : elle attendait.

Quand le docteur eut prescrit le médicament, il se tourna vers le gentillâtre :

— C'est Irène, dit-il.

François fit un pas vers sa fille, qui était blanche comme une statue d'albâtre, mais qui ne bougea pas.

— Dites à monsieur le duc, poursuivit le docteur d'un accent impérieux, que madame est sa nièce à la mode de Bretague.

Le front du roi Truffe s'éclaira. Un peu de sang vint à ses grosses joues blêmes.

— Est-ce vrai, marquis? demanda-t-il avec joie.

— C'est ma fille, balbutia celui-ci.

— Votre fille? répéta le roi Truffe en se tournant vers Astrée.

Celle-ci secoua la tête.

— La fille de mon mari, répondit-elle.

— Je suis heureux de voir cette alliance entre vous et le cher docteur, dit encore le roi Truffe, qui tendit la main à ce dernier.

Le docteur répliqua froidement :

— Il ne peut y avoir d'alliance entre nous.

Son regard choqua celui du grand Rostan, qui se baissa. Astrée dit un mot à son mari. On le vit changer de couleur. Il eût été meilleur sur la lande avec son fusil double, ou même l'épée à la main derrière les fortifications.

— Il ne peut y avoir d'alliance, en effet, balbutia-t-il pourtant, car il ne peut y avoir de mariage légal sans le consentement du père.

C'était Astrée qui venait de lui souffler cette attaque.

Le docteur s'approcha du gentillâtre et prononça tout bas.

— Nous avons eu le consentement de la mère.

— Madeleine vit! s'écria le grand Rostan.

Le docteur lui tourna le dos. Les lèvres d'Astrée tremblaient de colère.

Le roi Truffe ne comprenait pas grand'chose à tout ceci, mais c'était une bonne âme, et il crut bien faire en disant :

— Mon cousin et vous, ma belle cousine, donnez votre consentement, je vous prie.

— Du moment que monsieur le duc le désire..... commença Astrée.

— Moi, je n'y vois pas d'obstacle, acheva le gentillâtre d'un ton bourru.

— Je ne me sens pas de joie d'avoir opéré cette réconciliation, dit le roi Truffe ; nous ferons une famille. Allons, ma chère petite-nièce, embrassez vos parents.

Irène se tourna vers son mari, qui lui fit un signe. Elle se leva aussitôt et tendit son front au grand Rostan. Celui-ci le baisa. Tout son corps tremblait et il y avait de la sueur à ses tempes.

Irène restait froide et gardait les yeux baissés.

Astrée l'embrassa en souriant.

Le docteur prit sa canne après avoir serré les mains de son malade et dit :

— Nous reviendrons.

Puis il ajouta en baissant la voix :

— Vous souffrez parce qu'on ne vous aime pas. Celle-ci sera votre fille.

— Vrai ! fit le bonhomme qui avait les larmes aux yeux.

Irène se pencha sur le lit et l'embrassa.

Ce soir-là le roi Truffe s'endormit d'un bon sommeil.

La petite fille d'Irène et de Sulpice s'appelait Victoire. Sulpice s'assit auprès du berceau en rentrant. Irène s'agenouilla au-devant de lui.

— Pour l'amour de moi, dit-elle, vous épargnerez mon père.

Sulpice ne revint pas tout de suite chez M. le duc.

On fit le sacre du roi Truffe à la *Maison-d'Or*. Ce fut une belle cérémonie qui vit le *Drinking* tout entier sous les armes.

En cette circonstance mémorable, M. P.-J. Gridaine (Drinker III) offrit ses services au roi Truffe. Drinker IV, le baron Potel, de la maison Potel et Gambard, lui avoua qu'il était le plus mauvais sujet des deux mondes.

Drinker V, vidame de Pomard, de son vrai nom le comte de Morges, demanda la permission de lui présenter sa femme et sa fille, qui raffolaient de lui. Astrée prêta les mains à cet arrangement par la crainte qu'elle avait d'Irène. Astrée était alors à peu près la maîtresse chez M. le duc, et les Drinkers, sans préjugés, croyaient pouvoir complimenter François, titré Drinker II et lord Cruche. Lord Cruche souriait modestement; on voyait bien qu'il était à la hauteur de sa situation.

Ce titre de lord Cruche, décerné au grand Rostan par l'admiration éclairée de ses confrères, lui allait bien. Ce n'était pas un mensonge comme la majesté du roi Truffe. Le grand Rostan ne s'était pas amendé en vieillissant; il avait conservé toute sa vigoureuse brutalité. Le vin lui plaisait autant que les femmes; il buvait comme une tanche, et ses fredaines d'amour sentaient désormais l'ivrogne. Quand il était ivre, il tenait tête à la marquise Astrée, qu'il appelait parfois la Morgatte.

Quand il n'était pas ivre, il tremblait devant la marquise Astrée.

Madame la comtesse de Morges avait deux ou trois ans de plus qu'Astrée. Elle aurait pu passer pour sa mère. C'était une brave dame qui savait compter, et qui avait défendu pied à pied son patrimoine contre les envahissements de son mari dissipateur. A l'époque où M. le duc lui fut présenté, elle ne possédait plus que son domaine de Maintenon : le reste avait été bu par le vidame de Pomard, son seigneur et maître. Il n'était pourtant que Drinker V, mais il espérait monter en grade. Le roi Truffe se prit tout de suite d'affection pour la mère qui le flattait et pour la fille qui était jolie comme un ange. Quand on parla de vendre le château, il mit enchère sur la plus-value, à condition que ces dames et Pomard lui-même y conserveraient un appartement.

La chose qu'on espère le plus aisément, c'est une succession. Madame la comtesse de Morges vit tout de suite sa fille millionnaire. Le roi Truffe l'appelait par caresse : ma filleule. De là au testament, il n'y a qu'un pas.

La chose qui se promet le plus légèrement, c'est une succession. Qui n'a connu quelqu'un de ces abandonnés, seuls dans la vie, et cherchant à qui rattacher son veuvage ?

S'ils sont haut placés, sachant vivre et du monde, ils promettent tacitement ; ce sont les promesses auxquelles on croit le mieux, S'ils sont naïfs, mon Dieu, ils mentent la bouche ouverte et font un testament par personne.

Cette manière de se faire aimer n'accuse pas une grande fierté de cœur, mais à la guerre comme à la guerre.

Le roi Truffe eut une famille comme il l'avait tant désiré. Quand on a ce qu'on désire, on raffine. Dès que le roi Truffe eut sa famille, il souhaita d'être aimé pour lui-même, le pauvre bonhomme.

Il avait sa belle cousine Astrée, sa chère nièce Irène, Antoinette de Morges, sa charmante filleule. En outre, il avait Solange Beauvais, qu'il nommait, en vérité, sa fille.

Astrée détestait celle-là presque autant qu'Irène. Elle

sentait en elle une auxiliaire d'Irène, une créature du docteur Sulpice. Elle cherchait un moyen de la perdre.

C'était en effet le docteur Sulpice qui avait placé Solange Beauvais auprès du duc de Rostan.

C'était à peu près l'heure où Chiffon et Loriot commandaient leur fameux souper à l'auberge du *Lion-d'Or*. Outre le groupe formé par le roi Truffe, Irène, Antoinette et Solange, il y avait au salon quelques invités, presque tous Drinkers. Mais leur tenue était rigoureusement convenable. Le roi Truffe jouait à la famille avec un sérieux parfait. Il voulait que, chez lui, chacun fût à cheval sur la décence.

On faisait la poule dans la salle de billard. Un whist grave et un coquin de lansquenet occupaient une douzaine de comparses. Au piano, il y avait un personnage maigre, à longs cheveux jaunes. Son habit, boutonné jusqu'au menton, indiquait assez la supériorité de cette prodigieuse nature. C'était Sensitive, le poëte amoureux du sainfoin, des seigles et des bluets, le chantre de la femme et de la fleur, fleur lui-même et presque femme, hélas! laide femme et fleur fanée!

Sensitive aime les grands bois à cause des petites bêtes qui sont dans la mousse ; il aime la mer lumineuse pour le brin de goëmon rose étalant sur le rocher sa découpure mignarde. Il parle de rubis et d'émeraude à propos de l'aile d'une mouche. Il va dans les blés cueillir des coquelicots, à la tige glauque et velue, pour parler son langage. Sa position sociale est d'écouter la plainte de la brise, le murmure du ruisseau, le tic-tac des moulins, etc. Il est méchant, mais fade.

Sensitive ressemble à un berger de Watteau comme don Quichotte ressemble au fier Roland, et Rossinante au cheval des quatre fils Aymon. Il vit de sa médiocrité :

les critiques caressent en lui l'impuissant ; les poétillons lui tressent des couronnes de luzerne. Un Dieu-Truffe lui fit jadis d'assez doux loisirs en échange de services folâtres. Sa houlette est connue à la Bourse. Il accepte avec plaisir les actions cotées à prime et généralement toute espèce de petits cadeaux.

Tantôt sa conversation est vert tendre comme un plat d'épinards, tantôt artistique et érudite comme un livret de musée. Il brocante des tableaux et des dames.

Non loin de Sensitive, un jeune homme à la physionomie intelligente et sérieuse s'accoudait au marbre de la cheminée. C'était le chevalier Roger du Martroy, dont Fernand a déjà prononcé le nom devant nous, dans son entretien avec M. de Galleran.

Roger était parent de la famille de Morges, on l'avait regardé, un temps, comme le fiancé d'Antoinette. Mais madame de Morges lui battait froid depuis l'invention du roi Truffe

Roger aimait sa cousine. C'était un homme distingué par le cœur et par l'esprit. Il avait peu de fortune. Ceci n'eût pas arrêté la jolie Antoinette. Sensitive déduisait souvent à Roger de très savantes théories au sujet des femmes. Il lui avait conseillé de faire la cour à Solange pour *piquer* m$^{lle}$ de Morges et avancer d'autant ses affaires.

— Car, disait Sensitive, le cœur de la femme est comme les arbres dont l'écorce a trop d'épaisseur. Piquez l'arbre vous aurez un bourgeon ; blessez le cœur, l'amour fleurira.

Roger du Martroy ne fit point la cour à Solange. Un jour, il dit à Sensitive :

— Si elle ne m'aime pas, je m'en irai mourir loin d'ici. Si elle m'aime, j'ai mon épée.

— Vous tuerez tous ceux qui s'approcheront d'elle? demanda Sensitive en riant.

— Oui, répondit Roger du Martroy.

— Mais comment saurez-vous si l'on vous aime ou si l'on ne vous aime pas ?

— J'entendrai la voix de son cœur avant elle-même.

— Dans quelle féerie du boulevard, demanda Sensitive, ai-je donc vu un gaillard nommé Fine-Oreille qui entendait l'herbe pousser? Allez mourir où vous voudrez, mon bon : vous êtes naïf comme une pervenche !

Ce soir Roger était triste, parce que le regard de mademoiselle de Morges semblait fuir le sien. Il devinait dans les yeux d'Antoinette je ne sais quelle inquiétude. Pendant qu'il était immobile et tout seul, accoudé contre la cheminée, un doigt toucha légèrement son épaule. Il se retourna ; la marquise Astrée était auprès de lui.

— Eh bien ! dit-elle tout bas, monsieur le chevalier, entendez-vous pousser l'herbe?

Ce coquin de Sensitive avait colporté son mot, Roger baissa les yeux en rougissant, car il comprit.

La marquise lui tendit la main avec ce bon sourire des femmes qui savent et qui peuvent. Quand elle voulait, cette Morgatte, elle avait l'air d'un ange.

— Il y a une ligue tacite entre les gens de cœur, poursuivit-elle affectueusement ; je suis de votre parti, monsieur le chevalier.

Et, comme il la regardait interdit, elle ajouta très-haut :

— Ne nous chanterez-vous point quelque chose, ce soir?

Roger s'inclina et balbutia :

— Madame, je suis à vos ordres.

— Quand vous voudrez, dit-elle avec un petit signe de tête, nous reparlerons de cela nous deux.

Elle s'éloigna. En passant près du groupe présidé par le roi Truffe, elle dit sèchement :

— Mademoiselle Beauvais, allez au piano, je vous prie, pour accompagner M. le chevalier du Martroy.

Solange tressaillit et se leva. Les grands yeux bleus d'Antoinette se tournèrent vers Roger, puis se baissèrent. Irène avait tressailli plus fort que Solange.

— Vous dites toujours que vous nous aimez, murmura-t-elle en se tournant vers le roi Truffe.

— Je voudrais seulement être sûr que vous me le rendez, répliqua le duc.

— Vous n'aimez pas la pauvre Solange.

— Pourquoi? fit le bonhomme étonné.

— Si vous aimiez Solange, la marquise ne lui parlerait pas sans cesse comme à une servante.

Le roi Truffe fronça le sourcil. — Mais son regard rencontra celui d'Astrée, et il sourit, plus timide qu'un enfant.

— Vous vous plaignez de moi, ma toute belle ? dit la marquise en s'approchant.

— Mais pas du tout, voulut protester le pauvre roi Truffe.

— Oui, madame, interrompit Irène, qui la regarda en face, je me plains de vous.

Astrée répondit à cette œillade provocante par le plus moelleux de ses sourires, mais elle prononça entre haut et bas :

— Si vous connaissiez mademoiselle Beauvais comme je la connais, vous ne vous étonneriez plus de la façon dont je lui parle.

Solange entendit. Le chevalier du Martroy fut obligé de la soutenir. Sans lui, elle serait tombée à la renverse.

— Qu'est-ce à dire? s'écria Irène indignée.

— Quand vous voudrez, ma toute belle, répliqua la marquise Astrée en répétant le petit signe de tête qu'elle avait fait à Roger, nous reparlerons de cela nous deux.

# XXVII

## LA LETTRE.

Le roi Truffe craignait toujours de voir *sa famille* se disperser comme une volée de perdreaux que le chien d'arrêt pille et fait lever. Il voyait bien qu'Irène et Astrée se détestaient, et cela le désolait ; mais, pour lui, Irène était la belle-fille d'Astrée, et ces haines de belle-fille à belle-mère sont si communes ! Il tenait à Irène, d'abord parce qu'il l'aimait, comme il aimait toute personne qui lui témoignait de l'intérêt, ensuite parce qu'elle était la femme du docteur Sulpice. Le docteur lui avait rendu la santé, c'était pour lui un oracle.

Il avait pour Solange une affection toute particulière. En outre, Solange était aussi protégée par le docteur Sulpice.

Mais Astrée avait pris sur lui un empire absolu. Astrée n'avait eu besoin pour le subjuguer que d'une bien petite portion de sa force. Là n'était pas le difficile. C'est pour combattre le docteur Sulpice qu'Astrée devait avoir besoin de toutes ses armes.

Elle le sentait. Elle était préparée.

Ce jour-là même, elle avait entamé un chapitre qui mettait l'eau à la bouche du roi Truffe. Il s'agissait d'une vraie famille à conquérir, il s'agissait d'un moyen sérieux et honorable de se constituer solidement le chef de la maison de Rostan.

Astrée avait dit au duc qu'il y avait par le monde deux enfants, un garçon et une fille, — tous deux Rostan, — tous deux abandonnés sans doute et qui accepteraient comme un coup du ciel l'idée d'être adoptés par un homme tel que lui.

Or, la dernière fois que le docteur Sulpice était venu voir M. le duc, il lui avait parlé presque dans les mêmes termes.

Le fait était donc avéré. Les enfants avaient dix-sept ans, au dire d'Astrée comme au dire de Sulpice. Bon âge. Le roi Truffe se vit père par anticipation et ne songea plus qu'à cela.

L'un des enfants était le frère d'Irène ; l'autre était la fille du marquis Antoine Rostan de Maurepar.

Le roi Truffe se sentait devenir Rostan pour tout de bon. Il pensait à visiter ses terres de Bretagne. Pour un peu, il eût éprouvé une tendre émotion en songeant aux domaines de ses aïeux.

Il y avait une différence entre le dire de Sulpice et celui d'Astrée. Sulpice avait parlé comme un homme qui cherche, Astrée avait affirmé qu'elle trouverait.

Nous comprendrons qu'elle parlait à coup sûr, si nous nous souvenons de la *machinette* dans laquelle était M. Durand de la Pierre et dont il avait fait part à la respectable veuve du major. L'agent principal de la marquise pour cette machinette toute ingénieuse et bien montée était M. P.-J. Gridaine, surnommé Tout-pour-les-Dames, — Drinker III, — et portier du Paradis des Femmes.

La première idée d'Astrée avait été d'épouser le roi Truffe. Pour cela, il n'était pas même besoin de supprimer le grand Rostan, ce qui, à la rigueur, n'aurait peut-être pas arrêté Astrée. Elle n'avait jamais voulu que le grand Rostan fût son mari devant la loi.

Sauf quelques circonstances solennelles où le gouvernement exigeant et curieux réclame l'exhibition des titres, on peut avoir tous les bénéfices du mariage dans ce paradis de Paris, sans river le dernier anneau de la chaîne. On a la chaîne ; on a la montre ; on garde la clef du cadenas. C'est bien commode.

Ce soir, le grand Rostan n'était ivre qu'à moitié. Il entra donnant le bras à madame la comtesse de Morges, au moment où Solange allait rejoindre Roger au piano. La comtesse prit avec empressement la place vide de Solange auprès du roi Truffe.

— Une bonne idée que j'ai eue! dit-elle en baisant le front d'Antoinette pendant que Solange préludait ; je parie que cela va faire plaisir à ton parrain.

Rostan Bouffi dressa l'oreille comme un enfant à qui on annonce que les œufs de Pâques sont pondus.

La comtesse de Morges lui prit les deux mains affectueusement.

— Qu'est-ce, ma chère dame? demanda le roi Truffe qui souriait d'avance ; dites vite !

Solange avait un beau talent. C'était une artiste. Sensitive battait la mesure chaque fois qu'elle s'asseyait au piano, et certes, Sensitive ne faisait pas cela pour tout le monde. Solange entama le prélude de l'air d'Edgar dans la *Lucia*. Elle avait de grosses larmes dans les yeux.

Quand la voix mâle et douce de Roger s'éleva, les gens du billard vinrent sur le pas de la porte.

— N'attendez-vous pas que M. du Martroy ait fini? dit madame de Morges au roi Truffe.

— Non, répliqua celui-ci, je veux savoir tout de suite... tout de suite!

Irène recula sa chaise de manière à se placer derrière Antoinette.

— Il y a toute une belle âme dans cette voix-là, murmura-t-elle à l'oreille de la jeune fille.

Celle-ci eut un tressaillement léger, puis elle sourit, mais avec tristesse.

Elle pencha la tête en arrière comme pour demander un baiser.

— Solange pleure dit-elle.

— Chut! fit Irène.

Elle ajouta en effleurant de ses lèvres la tempe d'Antoinette :

— Est-ce que vous ne l'aimez pas?

— Quatre honneurs et trois levées, disait-on à la table de whist, double!

Et les joueurs se levèrent pour changer de place.

Chacun s'accorde à reconnaître que le whist est un jeu sérieux, utile et de tout point recommandable. Sans lui, les gens ennuyeux parleraient à leur tour, ce qui serait terrible. Le whist est un bâillon. Que Dieu garde le whist!

— Vous avez coupé du cinq, dit le baron Potel en changeant de place; j'ai cru qu'il vous restait des atouts en mains... logiquement.

Ce baron Potel était plus remarquable encore que Sensitive : tête longue, nez violemment aquilin, menton et front fuyants, tempes rétrécies, crâne d'oiseau bien fourni de cheveux sur les côtés, mais déplumé selon une ligne étroite qui rejoignait l'occiput et ressemblait à un sentier de chasse tracé sous bois ; grandes oreilles désourlées, teint huileux, dents énormes, surtout à la mâchoire supérieure, grasseyement pâteux, taille de un mètre quatre-vingt-huit centimètres, pieds plats, ventre creux, grandes mains semi-palmées, voix de basse-taille, sourcils mangés pas les rats, ami du progrès, du reste, et décoré d'un ordre vert.

— J'ai coupé du cinq, objecta le vidame de Pomard, parce que je n'avais que le cinq. J'ai fait l'invite à pique...

— Avec le dix ! repartit le baron Potel ; logiquement!

— Vous avez retourné carreau : je n'en avais pas plus que d'atout......

— Enfin, très-cher, on n'est pas déshonoré pour ne point savoir jouer le whist.

— Très-cher, vous en êtes une vivante et mémorable preuve.

Voilà. On mêle les cartes, on donne ; on tourne, on joue, on se tait. Puis, la petite discussion qui revient comme une quinte de toux chronique, et ainsi de suite. Ça devient un besoin comme l'amour.

Le baron Potel de la maison Potel et Gambard, donne un vieux gilet à son valet de chambre chaque fois que ce dernier lui dit qu'il est un grand joueur de whist.

Néanmoins, ce valet de chambre aime mieux lui dire qu'il est un incorrigible libertin, parce que, en ce cas, le baron Potel de la maison Potel et Gambard lui donne à choisir dans sa garde-robe.

Le baron Potel, il faut que vous sachiez, éclipse complétement Gambard. C'est là sa gloire.

Le grand Rostan bâillait au milieu du salon ; la marquise Astrée l'appela et le fit asseoir auprès d'elle. Il y avait dix-sept ans qu'Astrée n'était plus une paysanne. Quand elle voulait, elle avait parfaitement le ton d'une femme du grand monde. Sous ce rapport, François restait bien loin derrière elle. François s'était dégrossi, mais pas trop. Il n'était vraiment à son aise que dans son rôle de lord Cruche.

La marquise lui frappa rondement sur l'épaule au moment où Roger reprenait son chant.

— Eh bien! mon vieux François, dit-elle, affectant de descendre à son niveau, vois comme nous avons eu raison de ne pas nous lier pour tout de bon.

Les veines du front de François se gonflèrent. Il y avait là le souvenir réveillé d'une lutte. Chaque fois que Morgatte avait lutté contre François, elle avait remporté la victoire.

— Si nous nous étions liés pour tout de bon, reprit-elle en le regardant d'un air moqueur, tu n'aurais pas aujourd'hui tant de plaisir à courir après ta femme Madeleine.

Le grand Rostan tourna la tête. Astrée lui serra le bras.

— Oh! fit-elle, éclatant de rire, ne fais pas de façons; je ne suis point jalouse.

— Je n'aime pas vous entendre parler de Madeleine, dit tout bas le grand Rostan.

— Tu n'aimes pas! répéta la marquise; en ce triste monde, mon pauvre François, on fait comme cela bien des choses à contre-cœur. Moi, j'ai besoin de te parler de Madeleine.

— Alors, dépêchez et mesurez vos paroles.

Le grand Rostan avait l'œil sombre, mais il n'osait pas regarder celle que le monde appelait sa femme. Astrée reprit :

— L'as-tu retrouvée?

— Non, répondit le hobereau.

— Es-tu du moins sur la trace ?

François fit un geste négatif.

— Irène n'a donc pas voulu le dire?

— Irène ne me parle jamais, murmura François avec un soupir.

— Malheureux père! fit Astrée toujours raillant.

Puis elle ajouta :

— Quant au docteur, tu ne l'as pas interrogé?

— Non.

— Tu n'as garde, mon pauvre François, tu as peur de lui.

— C'est vrai, répliqua le grand Rostan, il a fait creuser trois fosses au cimetière de Saint-Cast.

— Bravo! bravo! faisait-on à la ronde dans le salon.

— *Siccome l'Mario!* ajouta Sensitive.

Antoinette de Morges et Irène écoutaient, charmées. Antoinette avait baissé les yeux. Une larme était entre ses paupières demi closes.

— Il vous regarde, murmura Irène à son oreille.

Antoinette devint plus pâle et ne leva point les yeux.

Solange Beauvais, tout en déchiffrant la partition, tourna la tête à demi vers Roger du Martroy.

— Penchez-vous, dit-elle tous bas, et faites comme si vous repassiez *l'alleyro* ; je voudrais vous parler.

Roger, étonné, obéit.

— De tous les hommes que je connais, reprit Solange, dont les lèvres remuaient à peine, vous êtes le plus loyal et le plus généreux.

Roger s'inclina.

— Prenez garde! interrompit la jeune fille ; on nous observe déjà!

— Un peu plus lent, dit tout haut Roger ; vous presserez, s'il vous plaît, pour finir.

— Merci, murmura Solange. Il y a là une lettre sous le cahier de musique.

— Une lettre ! répéta le chevalier.

— C'est moi qui l'ai mise là. J'ai besoin qu'elle soit portée à Paris, à son adresse ce soir même... A vous !

Le chant reprenait. Elle regarda Roger à la dérobée au moment où la douce et belle voix de celui-ci s'élevait de nouveau. Le regard de Roger fut une réponse, et elle dit encore :

— Merci.

Roger prit la lettre en tournant la page et la tint dans sa main fermée.

— Ce sera magnifique ! s'écria le roi Truffe ; oh ! la bonne idée que vous avez eue là, madame !

— Hein ! fit la comtesse, les clefs dans un plat d'or !

Rostan-Bouffi battit des mains. On crut qu'il applaudissait, et un *chut!* discret fit le tour du salon. Il rougit jusqu'aux oreilles comme un enfant pris en faute, et ce fut la comtesse qui poursuivit :

— C'était la coutume autrefois, quand un prince faisait la conquête d'un château ou d'une ville, les jeunes filles nobles lui apportaient les clefs sur un plat d'argent ou d'or.

— Et nous ferons une toute petite cérémonie bien gentille, n'est-ce pas? interrompit le roi Truffe. Je voudrais bien couronner une rosière à cette occasion-là.

La comtesse de Morges répondit avec un grand sérieux :

— La chose me paraît possible et parfaitement convenable.

— Irène, s'écria le roi Truffe, Solange, ma fille ! il faudra des gâteaux, des rubans, de tout ! Nous allons couronner une rosière !

Un second *chut!* le fit rentrer dans sa coquille. Il n'osait plus regarder autour de lui, tant il était honteux d'avoir élevé la voix.

L'œil de la marquise Astrée n'avait pas quitté Solange Beauvais. Elle seule dans le salon s'était aperçue de l'*a parte* qui avait eu lieu entre la jeune fille et Roger du Martroy. Rien ne lui échappait. Elle avait en quelque sorte deviné les paroles prononcées au mouvement des lèvres. Elle avait vu Roger prendre la lettre sous le cahier de musique.

Ses sourcils noirs se froncèrent.

— Cette fille me gêne! prononça-t-elle sans savoir qu'elle parlait.

— Tiens! tiens! dit François avec un gros rire; je savais bien que j'avais quelque chose à vous raconter. Cette fille, comme vous l'appelez, est une belle fille, ou le diable m'emporte! Cette fille a vingt ans, et vous en avez.....

— Est-ce que vous allez me chercher querelle, mon bon François? demanda la marquise,

— Vous en avez... poursuivit le grand Rostan.

Il n'acheva pas. Le sourire d'Astrée montra ses dents plus blanches que l'ivoire, tandis qu'elle regardait à travers ses paupières fermées à demi.

— C'est vrai! c'est vrai! grommela-t-il avec un dépit grossier où perçait la mélancolie d'amour; qu'importent les ans que vous avez! La beauté est jeune toujours, et vous êtes belle!

— A la bonne heure fit Astrée qui lui prit la main; voici mon grand Rostan qui me fait des compliments.... Qu'avais-tu à me dire de cette fille?

— Que cette fille, presque aussi belle que vous, et dont vous pourriez être la mère, est probablement votre rivale.

— Auprès de qui, bon Dieu !

— Il y a un mois, j'étais encore jaloux de vous. Je vous suivis, un soir, et je vous vis entrer dans certaine maison de la rue Neuve-des-Mathurins, n° 25 ou 27, si j'ai bonne mémoire.

Le visage d'Astrée était devenu pâle tout à coup.

— Eh bien ! fit-elle d'une voix altérée.

— Une fenêtre du troisième étage s'ouvrit peu après votre arrivée, reprit François Rostan, heureux d'avoir trouvé un défaut à cette impénétrable cuirasse ; je vous vis paraître à la croisée avec un jeune homme...

— Fernand ! interrompit la marquise.

— Fernand oui. J'espère que celui-là est un instrument choisi par le diable pour vous punir.

— Après ?

— Avez-vous bonne envie de savoir, marquise ?

— Parle ! prononça celle-ci entre ses dents serrées ; tu as vu cette fille entrer dans la maison ou en sortir ? Mais il y a dix appartements...

— Fernand n'a qu'un balcon, repartit François.

Il prit un verre de punch sur un plateau qui passait. Roger, croyant que personne ne l'observait, saisit ce moment pour glisser la lettre de Solange dans sa poche. Astrée le vit et fit un mouvement pour se rapprocher du piano. François l'arrêta et la sentit frémir sous sa main.

— Oh ! oh ! dit-il après avoir bu deux verres de punch coup sur coup, te voilà donc amoureuse pour tout de bon, Morgatte ?

Astrée dégagea son bras et se dressa devant lui courroucée.

— Et qui portera le plat de vermeil ? demanda en ce moment le roi Truffe ; car nous ne pourrions pas nous procurer ici un plat en or massif.

— Notre fille Antoinette, pour peu que vous veuillez bien l'agréer, répondit la comtesse.

Elle rapprocha son fauteuil et mit sa bouche tout contre l'oreille de Rostan-Bouffi.

— Ne la regardez pas, murmura-t-elle ; elle devinerait ce que je vous dis et cela la ferait rougir. C'est un abîme, monsieur le duc, que le cœur des jeunes filles. N'avez-vous rien su lire dans ses yeux ?

Le roi Truffe toussa et chercha son mouchoir. Il avait le pudique embarras de la vierge qui écoute malgré elle un premier aveu.

— Ah ! soupira la comtesse, vous autres hommes, vous riez de cela !

— De quoi rions-nous ? Moi, je ne suis pas très-gai, vous le savez, ma chère dame.

— Vous affectez de ne pas comprendre, poursuivit la comtesse de Morges ; vous êtes bien tous les mêmes ! La pauvre enfant souffrira en silence.

L'excellente mère se détourna pour essuyer ses paupières qui n'étaient pas mouillées. Le roi Truffe était ému considérablement.

Irène venait d'entraîner Antoinette dans l'embrasure d'une croisée.

— Je suis sûre qu'il vous aime, lui dit-elle.

Antoinette avait la tête baissée.

— Regardez-la maintenant qu'elle ne peut nous voir ! glissa la comtesse au roi Truffe.

Celui-ci risqua un coup d'œil timide.

— A mon âge... balbutia-t-il.

— Ah ! monsieur le duc ! fit la comtesse en levant les yeux au ciel, vous seul au monde ignorez combien vous êtes supérieur aux autres hommes !

— Vous gardez le silence, insistait Irène dans l'embrasure; n'avez-vous pas confiance en moi, qui suis votre amie ?

Antoinette lui jeta ses deux bras autour du cou.

— Il faut que je vous parle sans témoins, dit-elle en fondant en larmes ; vous saurez tout..... vous saurez ce que mon père et ma mère veulent faire de moi!

Le rob finissait à la table du whist

— Eh bien! baron, s'écria le vidame de Pomard, nous perdons encore... êtes-vous content de vous ?

— Logiquement, répondit Potel de la maison Potel et Gambard, vous auriez dû revenir à trèfle.

— J'avais sept cœurs en main, sans un atout!

— Vous n'avez pas inventé le whist, monsieur le comte, riposta le baron Potel avec gravité. C'est un jeu sérieux. Je prendrai un verre de punch... Logiquement, vous avez fait trois fautes.

— Et vous quatre; baron !

— C'est votre avis. On peut être un citoyen honorable et ne point savoir jouer le whist.

La comtesse appela sa fille, qui revint aussitôt. Le roi Truffe lui baisa la main en tremblant. D'ordinaire, il lui mettait au front un baiser paternel. La comtesse pensait :

— Pour le coup, M. de Morges ne pourra perdre ni boire tous les millions de ce bon duc! Cela vaut mieux que d'attendre la succession.

Roger du Martroy attaquait son finale, et Sensitive battait la mesure avec frénésie.

— Je n'ai pas peur de vous, ce soir, dit le grand Rostan à la marquise ; restez ici encore un peu, il y a quelque chose que je veux savoir.

— Je veux savoir aussi quelque chose répondit Astrée, dont les yeux étaient fixés sur Solange ; hâtez-vous, si vous avez à m'interroger.

— Vous avez vu Jean Touril aujourd'hui? demanda brusquement François.

— Que vous importe? voulut répliquer la marquise.

— Faites attention! Je ne me mettrai pas contre vous, tant que vous ne m'y forcerez pas. Vous avez vu Jean Touril?

— Eh bien! oui.

— Vous lui avez donné rendez-vous à Saint-Pierre de Berchère?

— C'est la vérité.

— Vous voulez en finir avec le docteur?

— Plus bas! interrompit la marquise.

— Le piano et l'homme font assez de tapage pour qu'on puisse causer, reprit le grand Rostan ; écoutez-moi bien : je ne tiens pas au docteur mais si un cheveu de celle-ci tombe (il montrait Irène), je vous étrangle!

Il tourna le dos et s'éloigna.

A ce moment la dernière note tombait de la bouche de Roger. Solange achevait sa ritournelle.

La porte s'ouvrit. On s'abstint d'annoncer pour ne pas gêner l'exécutante.

Fernand et Robert de Galleran entrèrent.

Solange les vit dans la glace qui était derrière le piano ; ses doigts s'arrêtèrent brusquement sur le clavier, tandis que son beau visage exprimait un étonnement profond.

— Rendez-moi ma lettre! dit-elle en se retournant avec vivacité vers Roger du Martroy.

Roger regarda les deux nouveaux arrivants. D'un coup d'œil il aurait pu lire l'adresse.

— Mademoiselle, murmura-t-il en offrant le bras à Solange pour la reconduire à sa place, vous gardez votre secret tout entier.

# XXVIII

DEUX AUTRES LETTRES.

Comme le chevalier de Martroy saluait Solange qui venait de se rasseoir entre Irène et mademoiselle de Morges, la marquise lui toucha le bras.

— Vous n'êtes pas curieux, chevalier! dit-elle de manière à être entendu de Solange ; moi, j'aurais au moins regardé l'adresse.

— Je ne sais pas ce que vous voulez dire, madame, répliqua gravement le chevalier.

— Dieu merci! fit Astrée en riant, vous êtes l'homme le plus loyal et le plus généreux que connaisse mademoiselle Beauvais. Vous lui avez laissé son secret tout entier, sauf la petite portion que j'en ai prise à la volée.

— Monsieur Fernand, ajouta-t-elle en élevant la voix, mademoiselle Beauvais ne vous attendait pas ce soir, car elle avait pris la peine de vous écrire.

Fernand, qui arrivait au milieu du salon, lui baisa la main et répondit :

— Alors, il pleut des lettres, ce soir, belle dame ; j'en ai une pour vous, et M. de Galleran en apporte une autre pour madame Sulpice.

Il salua de loin Irène, qui s'inclina froidement.

Une légère rougeur avait monté aux joues de la jeune femme, quand elle avait aperçu M. de Galleran. La vue de Fernand avait produit un résultat semblable sur Antoinette de Morges. Quant à Solange, ses paupières battirent un instant comme si une larme les eût brûlées ; mais elle les releva. Ses grands yeux noirs, tristes et fiers, se fixèrent sur Astrée. Irène lui dit tout bas :

— Courage, vous êtes entre deux sœurs.

— Qui sont ceux-là? demanda le roi Truffe à la comtesse de Morges.

La comtesse lui dit leurs noms.

— Ah! ah! fit le bonhomme, ce sont des gens comme il faut?

— Assurément. M. de Galleran est gentilhomme; M. Fernand est un garçon d'esprit sur lequel on a fait courir certains bruits...

— Quels bruits?

— Dispensez-moi, cher duc, répondit madame de Morges, qui essaya de rougir; s'il fallait rapporter toutes les inventions de la médisance... Mais les voici tous deux qui s'avancent vers vous.

Le roi Truffe se leva, visiblement déconcerté. Il n'avait pu conquérir encore cet aplomb banal qui ne manque à personne. Son cœur battait quand il voyait entrer quelqu'un dans son salon. Il était embarrassé avec Sensitive !

Volontiers eût-il demandé à madame de Morges : que faut-il leur dire? mais il n'osa pas.

— Nous avons appris, monsieur le duc, dit Galleran;

votre présence au château, et nous n'avons pas voulu passer sans vous offrir nos hommages.

— Oui, oui, balbutia Rostan-Bouffi qui se mit à sourire, je suis au château. Nous avons été faire une promenade en voiture par la pluie. Avez-vous été mouillés, messieurs?

— Horriblement, monsieur le duc, répondit Fernand; nous étions à cheval.

— Très-bien! très-bien! fit le roi Truffe; messieurs, je suis bien content, parce que nous allons couronner une rosière.

Il se rassit.

— Et puis, ajouta-t-il en se frottant les mains, les clefs du château dans un plat d'or. Nous nous amuserons. C'est une idée de madame la comtesse.

— Madame la comtesse n'a que de charmantes idées, dit Fernand, qui adressa à madame de Morges le plus aimable de ses sourires.

Il s'inclina et passa ainsi que Galleran.

— Mon cher duc, s'écria la comtesse, dès qu'ils eurent fait quelques pas, vous avez été d'une amabilité délicieuse!

— Est-ce vrai? demanda le pauvre bonhomme.

— J'ai vu bien des grands seigneurs, répliqua madame de Morges, mais un type aussi exquis que vous, jamais!

Le roi Truffe n'eût pas le temps de s'épanouir. Il fut obligé de se retourner brusquement sur son fauteuil, parce qu'une main lui pesait sur l'épaule par derrière.

— Ma chère cousine, dit-il en reconnaissant Astrée, vous nous avez bien abandonné, ce soir.

— Vous aviez l'air trop charmé de votre entourage, répondit Astrée avec un peu d'amertume, pour songer beaucoup à me regretter, mais je ne viens pas vous faire des reproches. Regardez bien ce jeune homme-là.

Son doigt désignait Fernand qui échangeait des poignées de main avec les membres de lansquenet.

— Je l'ai vu, répondit le roi Truffe, et madame la comtesse trouve que je l'ai reçu avec beaucoup d'amabilité.

— Avez-vous remarqué son visage ?

— Pas trop. Il a l'air délicat...

— Au suprême degré. La race, monsieur le duc, la race !

— La race ! répéta le bonhomme ; ah ! diable ! oui, oui, la race, parbleu, c'est évident ! La race !

— Regardez-le encore, je vous prie.

Elle s'était penchée jusqu'à son oreille pour lui dire cela. Malgré sa bonne envie d'entendre, la comtesse de Morges dut, par bienséance, faire un mouvement de recul.

— Pourquoi voulez-vous que je le regarde tant que cela ? interrogea le roi Truffe, intrigué déjà.

La marquise prononça tout bas quelques paroles. Le roi Truffe tressaillit.

— Comment ! comment ! s'écria-t-il.

— Chut, interrompit Astrée qui posa son doigt sur sa bouche ; quand j'ai promis une chose, on peut compter sur moi.

— Amenez-le, reprit vivement le roi Truffe ; je veux lui parler.

Astrée sourit.

— Vous ne comprenez donc pas, dit-elle, qu'il ignore tout lui même. Nous sommes sur les traces de la jeune fille. Fiez-vous à moi pour mener tout à bien.

Elle cligna de l'œil comme on fait aux enfants et voulut s'éloigner.

— Dites-moi, fit le roi Truffe en l'arrêtant par sa

jupe, si on retrouvait la petite à temps pour qu'elle fût rosière?

L'entrée de Fernand et de Galleran avait produit dans le salon du roi Truffe une sensation plus grande qu'on ne devait l'attendre de leur importance personnelle. C'était l'effet de la campagne, sans doute. Fernand n'avait pas d'argent et Galleran n'en avait plus. Ils étaient tous deux drinkers, mais drinkers à la douzaine. Sensitive offrit le doigt aux deux nouveaux venus et leur demanda quel effet produisait la publication des *Feuilles de fougères*.

— Qu'a fait la Bourse? cria de loin Potel, supérieur à Gambard.

Les autres:

— Vous arrivez de Paris! Quelles nouvelles? quelles nouvelles?

— On a joué un jeu d'enfer chez le maréchal, dit Galleran en distribuant des poignées de main à la ronde, un treize monstre! Mongibet a perdu soixante mille francs.

— Sur parole? demanda le vidame de Pomard.

— Sur parole.

— Je plains le gagnant!

Ce fut, ma foi, Sensitive qui fit ce mot, mais Potel s'en donna les gants auprès de Gambard,

Le grand Rostan se glissa derrière madame de Morges, et vint s'asseoir entre Solange et Antoinette.

— Bonsoir, mes trésors, dit-il paternellement; est-ce que nous n'allons pas organiser une petite polka, ce soir? J'aime à voir danser les jeunes filles. ah! ah! Antoinette, ma mignonne, nous voici décidément une demoiselle à marier, savez-vous?

Il se tourna tout à coup vers Solange, qui rêvait.

— Nous autres, ma chère enfant, murmura-t-il en

fixant sur elle son œil hardi et cynique, il paraît que nous ne sommes pas dans de beaux draps!

— Nous? répéta Solange, qui se recula offensée.

François eut ce rire épais qui va aussi bien aux séducteurs de la Maison-d'Or qu'à don Juan campagnard.

— Eh! eh! fit-il, nous... Cela viendra, j'espère, ma belle petite. En ce moment, ce n'est qu'une façon de parler. Nous veut dire *vous*.

— Et qui vous fait croire?... commença Solange.

— Que vous n'êtes pas dans de beaux draps? La marquise m'a touché comme cela quelques mots... Le fait est qu'elle sait des choses... et vous ne lui plaisez pas, voyez-vous. Voilà le diable.

Comme Solange gardait le silence, François lui prit la main.

— Mon enfant, poursuivit-il, quand la marquise veut assommer quelqu'un, elle sait toujours où trouver un pavé. C'est une femme de beaucoup d'esprit. Si quelqu'un ne vous défend pas, je vous préviens amicalement que vous êtes perdue. Avez-vous quelqu'un pour vous défendre?

Un sourire triste vint aux lèvres de Solange.

— Je vous comprends, dit François. Ah! parbleu! avec moi on n'a pas besoin de mettre les points sur les i. Vous avez quelqu'un, mais vous ne comptez pas beaucoup dessus, pas vrai? Est-ce pour ce quelqu'un-là qu'était la lettre?

— Monsieur! fit la jeune fille qui se redressa.

— Moi, ça m'est égal, vous sentez, reprit le grand Rostan, qui saisit un verre de punch sur le plateau; vous en offrirai-je? Non!... La lettre, je m'en bats l'œil. Mais, si vous vouliez... Moi, je suis capable de tout pour la femme que j'aime... Quant à une déclaration poétique où l'on parle d'extase sur l'air: *Au clair de la lune,* connais pas ! Je suis tout rond. Et pour ce qui est de la marquise, si vous voulez.., vous savez ! Je lui rogne les ongles, et voilà !

Solange était comme absorbée.

— Elle ne répond pas, se dit le grand Rostan ; c'est pourtant clair et net. Qui ne dit mot consent. Je connais la géographie des corridors, et je vais pousser ma pointe.

Il courut après le plateau et conquit un autre verre de punch.

Fernand aborda Solange.

— Mademoiselle, dit-il, dois-je croire ?...

— Monsieur, interrompit la jeune fille doucement madame la marquise s'est trompée.

Elle fit un signe imperceptible à Robert, qui venait derrière Fernand. L'œil de Robert s'anima ; mais il passa pour s'approcher d'Irène. Solange se renversa sur son siége et attendit.

Fernand saluait en ce moment mademoiselle de Morges.

— Je savais que vous étiez au château, prononça-t-il rapidement et très-bas : j'ai fait trente lieues à cheval, sous la pluie, pour vous voir l'espace de quelques minutes.

— Quoi ! mademoiselle de Morges aussi ! dit derrière lui la marquise.

— Chère enfant, ajouta-t-elle en s'adressant à Antoinette, votre mère vous cherche, avez-vous de la vocation pour l'état de rosière ?

Antoinette, toute rougissante, courut à sa mère, qui ne la cherchait pas.

La marquise serra le bras de Fernand.

— Mon gentil Leicester, dit-elle en essayant de railler, laquelle des deux est Amy Robsart ?

Fernand lui baisa la main.

— Élisabeth était rousse, répliqua-t-il, cachant son dépit derrière le sourire féminin et mignon que nous lui connaissons ; son Dudley pouvait la trahir, mais vous, marquise, où trouver votre rivale?

— Laquelle? répéta la marquise en serrant plus fort Fernand se sentait le bras meurtri.

— Ni l'une ni l'autre, sur ma parole! répondit-il.

— Alors, dit la marquise en lui lâchant le bras, je m'occuperai de toutes les deux.

Une idée lui traversa l'erprit.

— Où loge ce M. de Galleran? demanda-t-elle.

— Dans la même maison que moi.

— A quel étage?

— Au même étage.

— Est-ce que mademoiselle Beauvais?... commença la marquise.

Mais elle s'interrompit brusquement ; M. de Galleran était auprès d'Irène. Son émotion sautait aux yeux.

— Hein! fit Astrée en les désignant du regard ; qu'est-ce que cela?

— Heu! heu! fit à son tour le blondin ; pas grand'-chose. Robert a peur du Sulpice. A propos, nous sommes brouillés.

— M. de Galleran et vous?

— A mort!

— Et le docteur?

— C'est à cause du docteur. Le docteur lui a véritablement donné une lettre pour Irène. Il y a quelque manigance sous jeu, et si vous ne vous hâtez pas, vous perdrez la partie.

— Je me hâte, beau page ; quelle nouvelle apportez?

Fernand tira une lettre de sa poche et la lui remit en disant :

— Un exprès venant de Rambouillet... j'ai cru reconnaître l'écriture de M. Durand de la Pierre.

La marquise déchira vivement l'enveloppe.

— Ma foi! s'écria-t-elle, tout s'arrange! Ce n'est pas le moment de vous brouiller avec moi, Fernand, je vous en préviens!

Fernand n'osait plus regarder mademoiselle de Morges. Il balbutia je ne sais quelle fadeur. La marquise relisait sa lettre.

— C'est bien de Lapierre, dit-elle, nous avons non-seulement les deux petits, mais, de plus, un témoin irrécusable. Fernand, nous ne pouvons parler de toutes ces choses à présent, ni en ce lieu. Il faut pourtant que nous en parlions longuement et sérieusement. Vous voici le héros d'un conte de fées, beau page! Cette nuit, je sortirai du château; vous me trouverez sur la pelouse en dehors de la grille.

— Je ne connais pas bien les êtres, madame...

— Au lieu de retourner à votre auberge, restez dans le parc et cherchez une grande meule de foin qui est à gauche, à l'entrée de la prairie. C'est là que vous me trouverez.

Elle s'éloigna. Le blondin s'essuya le front où perlaient quelques gouttes de sueur,

— Un conte de fées, pensait-il; je ne me croyais pas si près du dénouement. Cet idiot de Robert a eu tort de jeter ses dix pour cent par la fenêtre!

Quand il se retrouva, les yeux d'Antoinette de Morges étaient fixés sur lui. Elle détourna vivement son regard qui rencontra celui de Roger du Martroy. Elle tressaillit et s'agita toute confuse sur son siège.

— Bon! bon! se dit Fernand en évitant les yeux de Roger, toi, vertueux Amadis, nous te laisserons soupirer creux jusqu'à la fin du monde. Ah! si j'étais libre comme toi, je ne resterais pas ce soir les bras croisés. Elle est délicieusement belle ; je l'aime à en perdre l'esprit, mais non pas à en perdre les millions de Sa Majesté, diable ! diable ! La marquise est femme à me planter là pour une œillade surprise. Supprimons toute œillade et jouons serré. J'ai glissé deux mots à la chère enfant, cela suffit.

— Est-ce que vous faites aussi des vers, Fernand? demanda Sensitive.

Fernand se mit à rire et lui prit le bras.

— On peut parler tout seul en prose, répondit-il.

— Si vous n'êtes pas poëte, vous êtes sûrement amoureux, mon bon. J'ai exprimé cette idée assez heureusement dans la huitième rêverie de mon recueil intitulé les *Ondes sonores* :

>Parler seul, c'est jeter la réplique à son âme.
>Le poète et l'amant se ressemblent tous deux ;
>Ils gémissent, raillés par ces tyrans douteux :
>La femme, esprit follet; la rime, folle femme...

Le dernier hémistiche fut broyé par un carambolage. Fernand et Sensitive venaient d'entrer dans la salle de billard.

La marquise Astrée s'était approchée du roi Truffe et lui disait :

— Cher duc, vous avez déjà un fils dans cet enfant-là. Je n'ai jamais vu de sympathie semblable. J'ai eu toutes les peines du monde à l'empêcher de se précipiter dans vos bras !

— Dans la pièce que j'ai vue, répondit le roi Truffe, c'est un bailli qui couronne la rosière. Pensez-vous que j'en puisse couronner une tout en n'étant point bailli?

— Il n'y a plus de baillis, dit complaisamment madame la comtesse de Morges.

— Ah! fit le roi, c'est juste. A qui faudra-t-il s'adresser pour que je sois maire de Maintenon?

La marquise fronça le sourcil.

— Je vous ai bien entendue, belle ennemie, s'empressa de dire le roi Truffe du ton le plus obéissant. Je suis très-content de ce que vous m'annoncez. Le jeune homme a l'air timide et doux, cela me convient. Mais son sexe s'oppose à ce qu'il puisse être rosière...

A l'endroit même où François et Astrée avaient causé tout à l'heure, M. de Galleran avait abordé Irène. Pendant qu'il la saluait respectueusement, elle lui dit :

— Je ne m'attendais guère à vous revoir si vite.

— Moi-même, madame, répliqua Robert, j'avoue que je ne l'espérais pas.

Irène prit la lettre qu'il lui tendait.

— De mon mari! murmura-t-elle avec un commencement de surprise.

Galleran garda le silence. Irène lisait la lettre. Quand elle eut achevé, elle leva sur Robert un regard de profond étonnement.

— Vous, dit-elle par deux fois!

— Je vous expliquerai... voulut répliquer M. de Galleran.

Mais elle l'interrompit :

— Nous n'avons pas le temps, monsieur. Puisque mon mari vous a choisi, c'est que vous êtes à lui. Le reste devient secondaire.

— Je ne suis pas à lui, madame, mais je ne peux pas lutter contre lui.

Irène lui donna la lettre ouverte. La lettre ne contenait que ces mots :

« Chère, voici l'homme dont je vous avais annoncé la venue. Servez-vous de lui. »

— Or, reprit-elle, l'homme dont mon mari m'avait annoncé la venue était un homme dévoué, sûr, prêt à tout.

Irène continuait toute rêveuse :

— Quand mon mari parle ainsi d'un homme...

— Monsieur de Galleran, interrompit-elle il faudra en effet que vous me donniez une explication. Auparavant, moi, je vous donnerai toutes mes instructions, puisque vous avez accepté ce rôle d'obéissance. Mes instructions sont plus pressées que vos explications. Quoiqu'il s'agisse d'une personne bien chère... bien malheureuse...

Elle jeta un rapide coup d'œil vers Solange Beauvais, qui les couvait tous deux d'un regard inquiet.

Irène ne put retenir un soupir.

— J'aurais mieux aimé voir arriver un autre que vous ! dit-elle.

Puis elle ajouta en se levant brusquement :

— On nous observe, monsieur. J'en ai trop long à vous dire pour entamer ici cet entretien. A minuit je quitterai mon appartement et je descendrai sur la pelouse, en dehors de la grille. Restez dans la prairie au lieu de regagner Maintenon. Vous me trouverez du côté la grande meule que vous avez dû avoir en arrivant. A bientôt !

Elle rejoignit Solange, qui l'interrogea tout bas. Au lieu de lui répondre, elle la baisa au front.

Vers onze heures et demie du soir, tout le monde était couché au château de Morges, domestiques et maître. Le roi Truffe aimait passionnément à dormir. C'était le seul excès de ce terrible viveur.

Un homme, en casquette et en veste ronde, descendit à pas de loup le grand escalier qui menait au vestibule. Dans le vestibule, une lampe brûlait encore. Vous eussiez reconnu, sous la visière de la casquette, les traits rougis et à la fois bronzés du grand Rostan.

Il ouvrit la porte de la cour d'honneur et tira de sa poche une tranche de pâté.

— Mastoc ! prononça-t-il très-doucement, c'est moi ; Mastoc, ma fille... ici, bon chien, ici !

Un grognement se fit entendre du côté de la loge du gros chien qui avait causé une si belle peur à Chiffon et à Loriot dans leur meule.

Le grand Rostan se tourna vers la façade du château. Plusieurs lumières brillaient encore aux fenêtres des chambres à coucher.

— L'échelle sera assez longue, grommela-t-il.

Puis il reprit en s'avançant vers la loge et d'un ton plus caressant :

— Mastoc ! bon chien, c'est moi... Mastoc ! ma fille, venez à ce maître ! Ici, Mastoc !

L'énorme bête sortit de sa loge et s'avança tortueusement, semblable à un ours dans la nuit. François lui jeta un morceau de pâté dont Mastoc ne fit qu'une bouchée.

Quand Mastoc eût goûté cet excellent appât, il vint se coucher aux pieds du tentateur. Celui-ci prit alors le chemin du perron en disant :

— Ici Mastoc, ma poule ! bon chien ! bon chien !

Et il lui jetait derrière lui, en marchant, des morceaux de pâté ; le chien suivait.

Quand le grand Rostan fut en haut du perron, il jeta dans le vestibule le reste de sa viande. Mastoc hésita. Il avait été dressé à ne jamais franchir le seuil. Rostan le saisit par son collier et l'entraîna d'un vigoureux effort en dedans de la porte, qu'il referma.

# XXIX

AVENTURES DE NUIT.

Cette nuit, toutes les chambres du château de Morges étaient occupées. A l'exception de Fernand et de Galleran, qui avaient manifesté leur vouloir de retourner à Maintenon, le roi Truffe couchait tous ses hôtes. Il y avait de la place ; la maison était grande et bien aménagée. Madame la comtesse de Morges avait bien voulu se charger du soin de caser les invités. Tout le monde était content.

*La famille* du roi Truffe avait été mise auprès de lui dans l'aile droite du château. Il occupait, lui, la chambre d'honneur, formant l'extrémité du corps de logis et confinant à cette aile droite. L'appartement du marquis et de la marquise venait ensuite; il donnait sur les jardins ; puis l'appartement d'Irène et la chambre d'Antoinette, voisine de celle de Solange, regardait la cour. La chambre du vidame de Pomard et de sa femme avait vue sur le parc. Les fenêtres en étaient percées dans le mur du pignon.

Cette partie du château était entourée d'une terrasse qui régnait à la hauteur du premier étage et sur laquelle les fenêtres s'ouvraient de plain-pied. Elle finissait au corps de logis et se reprenait, affectant un autre dessin, à l'aile opposée où l'on avait distribué les invités.

Là respiraient Sensitive et le baron Potel, associé de l'obscur Gambard. Nous laisserons reposer le poëte à qui nous devons *Liserons et Pervenches*, cette suave chose, nous laisserons reposer Potel, candidat perpétuel au grand prix d'inconduite, le notaire Mancelet, choisi pour assister le roi Truffe dans l'important travail de son testament, les joueurs de whist, de lansquenet et de billard.

A propos de M. Mancelet, notaire, il faut dire pourtant que le roi Truffe ne semblait pas très-impatient de tester.

Ce qui va nous occuper, c'est l'aile droite, l'aile de famille, au-dessous de laquelle la loge vide de Mastoc témoignait des ténébreuses intentions du grand Rostan.

Mastoc était un chien de belle espèce et de bonne garde, mais il aimait le pâté. Tous les soirs on ouvrait le cadenas de sa chaîne afin qu'il pût librement faire faction dans la cour. Jusqu'alors, Mastoc avait rempli son devoir avec probité.

Le grand Rostan savait comme on achète la conscience des chiens. Jadis, quand il jouait le rôle de Robert le Diable, dans les Côtes-du-Nord, il avait toujours dans sa poche quelque friandise à l'usage des mâtins. Le grand Rostan était sceptique à l'endroit de la race canine ; il professait cette opinion que le dogue le plus vertueux n'a point de défense contre une tranche de cervelas.

Il ajoutait je ne sais quelle impertinence à l'adresse

des dames. Le grand Rostan était un Lovelace assez mal embouché.

Jean Touril, homme de science, lui avait appris à fourrer dans son pâté des petites pastilles de laudanum. Grâce à ce stratagème, le grand Rostan était entré de nuit dans toutes les fermes du pays de Matignon sans troubler le sommeil des métayers.

Quand il eut poussé Mastoc dans le vestibule, il le caressa bien amicalement et lui donna le reste de son pâté. Mastoc mangea de bon appétit, puis il se coucha sur le ventre. Le grand Rostan attendit. Au bout de dix minutes, il appela Mastoc, qui ne bougea pas. Pour être plus sûr, il lui allongea un coup de pied, Mastoc gronda sourdement, mais il ne bougea point encore. Le grand Rostan se mit à rire, cela lui rappelait sa jeunesse.

— A l'échelle! se dit-il.

Comme il allait sortir du vestibule, un bruit léger se fit dans l'escalier. Il éteignit précipitamment sa lumière. Un pas timide frappa les dalles du corridor à l'étage supérieur, puis le bruit descendit les marches une à une.

Suivant l'ordinaire, le vestibule avait deux portes : une qui donnait sur la cour et par où François était entré avec le chien, l'autre qui s'ouvrait sur le parterre. La porte du parterre était vitrée. François vit qu'on avait négligé de fermer les contrevents. Une forme féminine se dessina dans l'ombre au bas de l'escalier. Elle parut hésiter un instant, puis elle se dirigea vers la porte du jardin. François la laissa tourner la clef dans la serrure ; au moment où elle ouvrait la porte, il quitta sa place tout doucement pour aller à elle.

Mais, à cet instant même, une autre ombre traversa le vestibule et marcha, légère comme un oiseau, vers la porte de la cour. François balança durant une seconde.

Ce fut trop : la deuxième apparition avait levé le gros verrou qui défendait la porte principale.

— J'en prendrai une au moins! se dit François.

D'un saut il atteignit le seuil du jardin.

Le fantôme féminin laissa échapper un petit cri et s'enfuit en rejetant brusquement la porte. François se retourna vers la seconde vision. L'étoffe légère de sa robe flottait déjà au vent sur le perron de la cour. Le cri de sa compagne lui avait arraché un cri pareil, et François la perdit dans la nuit noire comme il avait perdu l'autre.

Nous savons quelles étaient les mœurs du grand Rostan ; nous savons aussi quelle était sa position vis-à-vis de sa fille. Il est certain que le sentiment paternel vit en dépit de toute logique ; il est certain aussi que cet amour de père porte avec soi un tenace parfum d'honneur. Ainsi le flacon vierge garde le goût du premier vin qui l'a mouillé. François se sentit frissonner de la tête aux pieds parce que, dans l'une de ces femmes qui couraient les aventures de nuit, il avait cru reconnaître Irène.

Mais les ténèbres étaient si profondes! L'émotion de François dura peu. Il tâcha de deviner quelle était l'autre.

— J'ai couru deux lièvres à la fois, se dit-il en descendant du perron du jardin ; si j'avais donné la chasse à la première, du diable si elle m'eût échappé! Mais dort-il bien ce coquin de Mastoc! Sans mon pâté, il y aurait eu, pour le moins, une des deux belles de mordue!

Dans le parterre, et au-delà, on n'entendait, on ne voyait rien. Quelques lumières brillaient encore çà et là à la façade intérieure du château. François distingua la veilleuse du roi Truffe et dit :

— Pauvre bonhomme! pourquoi nous a-t-il rencontrés sur son chemin!

— Après ça, interrompit-il, si le vieux bêta veut durer jusque *ad vitam æternam,* il n'a qu'à ne pas faire de testament, c'est facile.

Quand François rentra dans le vestibule, il lui sembla encore entendre des bruits de pas dans la galerie, au-dessus du grand escalier. Il referma la porte et se prit à écouter. Le bruit avait cessé. Il pensa :

— Mes oreilles tintent.

Il poussa le bouton de sa montre à répétition. Le timbre sonna minuit et demi.

— A notre besogne! se dit François qui franchit le seuil de la cour.

Pendant l'été, la terrasse de l'aile droite, qui était large et bordée d'une balustrade de beau style, se couvrait d'orangers, de lauriers roses et de grenadiers. L'hiver venait : la terrasse s'était dépouillée pour emplir l'orangerie. François, après avoir donné un coup d'œil à la cour qui était vide, dressa une échelle contre la terrasse et commença à monter. Dès les premiers échelons, il s'arrêta. C'était peut-être l'émotion, mais, en levant la tête, il crut voir une personne accoudée à l'appui de la balustrade. En même temps, un pas furtif frôla l'herbe au delà de la grille, et il aperçut distinctement une de ses visions qui glissait comme une sylphide dans la prairie.

C'était décidément une nuit agitée. La sylphide s'occupait sans doute de ses propres affaires et ne pouvait pas beaucoup gêner François, mais l'être humain qui faisait sentinelle en haut de la terrasse n'était pas dans le même cas. François monta encore quelques échelons et regarda de tous ses yeux ; personne!

Il n'y avait pas où se cacher sur cette terrasse nue ;

quand François y mit le pied et enjamba la balustrade, il fut délivré de toute crainte.

La première fenêtre appartenait au chevalier Roger du Martroy ; elle était fermée ; la seconde était à la marquise et communiquait avec sa retraite, à lui Rostan : fermée également. Puis venaient les deux fenêtres d'Irène : fermées ; puis, la croisée de Solange qui semblait aussi très-bien close.

Le grand Rostan avait son plan à cet égard.

Après la croisée de Solange, celles de mademoiselle de Morges montraient, à travers leurs rideaux, la lueur faible d'une lampe de nuit. Il y avait aussi de la lumière chez Astrée et chez Irène, mais les draperies tombantes fermaient tout passage aux regards curieux.

Le grand Rostan n'était pas venu là pour regarder. Il alla droit à la croisée de mademoiselle Beauvais qui, seule avec celle du chevalier, n'avait point de lumière. Il se tint collé au mur et avança la tête avec précaution. Il eut peine à retenir un cri de joie en voyant que la fenêtre restait entr'ouverte.

— Le diable m'emporte ! grommela-t-il, je suis un enfant ! Elle est plus forte que moi, cette petite. Il est évident qu'elle m'attend.

Il regretta presque de n'être pas allé tout droit par le corridor. L'escalade était de trop. Et le chien endormi, donc ! Le grand Rostan eut honte ; il avait fait des frais comme une novice.

En attendant, il passa la main dans l'ouverture de la fenêtre et souleva la poignée de l'espagnolette qui formait agrafe. La fenêtre ouvrit ses deux battants sans obstacle. François était dans la chambre de Solange.

François avait de l'âge maintenant, mais c'était toujours un gaillard. Sa haute taille se redressa et ses narines se gonflèrent. Cette Solange était si belle !

— Pardieu! se dit-il, on ne peut pas réussir mieux que cela! Elle fait semblant de dormir, c'est clair, mais elle est éveillée comme une souris. C'est gentil, les jeunes filles! Celle-ci a eu quelque histoire déjà, je suppose, mais voilà du temps que je n'avais été si bien favorisé par le sort.

Sa main rencontra le pied du lit.

— Petite belle, murmura-t-il en faisant sa voix douce; vous aviez deviné que j'allais venir?

Il n'eut point de réponse.

— Petite belle!

Sa main quitta le bois du lit pour descendre à la couverture. Il pensait :

— C'est un peu trop faire semblant de dormir... mais les jeunes filles n'ont point de mesure.

Le rouge lui monta tout à coup au visage. Il venait de sentir le lit vide. Un maître juron roula dans sa gorge, parce que l'idée lui vint que Solange pouvait bien être une de ses deux visions.

— Elle s'est moquée de moi! gronda-t-il; je suis joué comme un écolier. Ah! si on savait que j'ai donné du laudanum à Mastoc!

Drinker II montant à l'assaut pour conquérir un lit vide!

Un lit blanc, dont les draps étaient lisses, frais et sans plis, un lit qui n'avait pas même été défait!

Où était-elle cependant, Solange, mademoiselle Beauvais, comme le grand Rostan l'appelait?

Il s'assit sur le lit et réfléchit amèrement. Pendant qu'il réfléchissait, il vit une lueur faible qui passait par la fente du seuil. Il se leva aussitôt. La porte était seulement poussée; il l'ouvrit et se trouva dans le corridor, en face de l'appartement du roi Truffe dont la porte était également entr'ouverte.

— Comment! comment! fit-il avec surprise, chez Sa Majesté!

La lueur qui passait tout à l'heure par la fente du seuil venait de l'appartement du roi Truffe. Le grand Rostan, presque guéri de son dépit par la curiosité, mit l'œil au trou de la serrure. Le lit du roi Truffe était juste en face de la porte. Le grand Rostan vit, aux lueurs de la veilleuse, Sa Majesté qui était couchée et qui dormait, la tête couverte d'un honnête bonnet de coton. Auprès de lui, sur la table de nuit, était un verre d'eau, dans lequel Solange Beauvais versait à ce moment même une poudre blanche contenue dans un paquet.

François fit un haut-le-corps. Solange glissa précipitamment le paquet dans son sein et s'élança d'un bond vers la porte.

— Qu'est-ce? demanda le roi Truffe, réveillé.

Personne ne lui répondit. François s'était enfui par la chambre de Solange, et Solange le poursuivait.

— C'est étonnant! se dit le bonhomme en se retournant sur son oreiller, dans ces vieux châteaux, on croit toujours entendre des bruits...

Solange arriva dans sa chambre au moment où François sautait sur la terrasse. Le cœur de la jeune fille battait à rompre sa poitrine, mais elle eut le courage de passer sur la terrasse à son tour. Elle vit un homme qui enjambait la balustrade. Elle cria : Qui va là? On n'eut garde de répondre.

L'homme disparut. Solange devina l'échelle et courut à la balustrade. En se penchant au dehors, elle vit en effet une échelle. Deux hommes descendaient en même temps les degrés de cette échelle.

Celui qui descendait le premier attendit l'autre. Il y eut quelques paroles échangées à voix basse et rapidement, puis une lutte qui ne dura que deux ou trois secondes. Solange entendit un cri étouffé. L'un des hommes tomba tout de son long sur le pavé de la cour, l'autre homme s'enfuit.

Solange restait là, plus morte que vive. Bientôt, du bas de l'échelle, une plainte faible monta. Solange hésita, mais elle suivit l'instinct de sa pitié ; elle descendit. Sur le pavé de la cour, il y avait un blessé baigné dans son sang. Solange s'agenouilla près de lui. En se penchant sur son visage, elle reconnut le chevalier Roger du Martroy.

La lune, au milieu de son dernier quartier, n'était pas encore levée, mais la nuit prenait des tons roux vers l'Orient. Les étoiles avaient disparu, le ciel se chargeait.

Chiffon et Loriot dormaient comme des bienheureux dans leurs couchettes improvisées, mais la meule de foin n'était plus à eux seuls. Un homme et une femme s'étaient rencontrés vers minuit à quelques pas de là, dans la prairie. Après deux ou trois minutes de promenade, ils étaient venus s'asseoir sous la meule, à une toise de notre petite Chiffon et de son ami Loriot.

Le couple mystérieux ne se doutait guère de ce voisinage. Ce voisinage n'inquiétait point non plus Loriot et Chiffon qui rêvaient leur Paris.

Ce n'était pas tout. De l'autre côté de la meule, un autre couple s'abritait. C'était encore un homme et une femme qui s'étaient rencontrés dans la prairie, vers minuit.

Ce dernier couple était muet. Il écoutait.

Fernand avait mis un genoux en terre auprès de la marquise Astrée qui était assise, adossée contre la meule.

— Moi, ne pas vous aimer ! disait-il avec cette chaleur

que les jeunes premiers de théâtre *attrapent* quand ils ont un peu de talent ; et qui donc aimerais-je, madame ? N'êtes-vous pas la plus belle, la plus spirituelle, la plus brillante ? Ne doutez pas de moi, je vous en prie, vous me rendriez trop malheureux ! Je vous aime, je voudrais, pour vous le prouver, vous donner toute ma vie...

Astrée lui prit la main et l'attira vers elle.

— Je tâche de vous croire, Fernand, murmura-t-elle.

Les lèvres du blondin effleurèrent son beau front. Elle lui prit les joues à deux mains, et leurs lèvres se touchèrent. Mais elle le repoussa aussitôt brusquement.

— Si vous ne m'aimiez pas, Fernand, dit-elle d'une voix changée, ce serait tant pis pour nous deux !

— Ne m'interrompez pas ! ajouta-t-elle, voyant qu'il ouvrait la bouche pour parler ; je ne suis plus jalouse de Solange... jusqu'à voir. Je veux croire qu'Antoinette est pour vous affaire d'ambition... Jolie ambition que de rêver l'entrée d'une famille ruinée ! Moi, vous m'aimez pour moi-même et je vous récompense en vous donnant ce que votre pauvre petite ambition n'avait pas même osé souhaiter...

— Vous expliquerez-vous enfin ! s'écria Fernand ; vous parlez toujours en énigmes

— Je vais m'expliquer à l'instant même, repartit la marquise ; je veux vous marier, Fernand.

— Me marier ! se récria le blondin, et vous dites que vous m'aimez ? Quelle femme me destinez-vous, s'il vous plaît, madame ?

— Moi, répondit Astrée en baissant la voix.

Fernand tressaillit fortement.

L'autre couple faisait tout doucement le tour de la meule pour écouter mieux.

— Vous! répéta cependant le blondin; mais M. le marquis...

— Je suis libre, vous le savez bien. Dites oui ou non tout de suite, je le veux!

— Pouvez-vous douter de ma réponse, belle et chère? je voudrais seulement savoir...

— Le duc de Rostan, si cela me plaît, vous fera son héritier.

Fernand mit la main sur son cœur qui battait trop fort.

— Etes-vous sûre de cela? demanda-t-il.

— Dans trois jours le testament sera fait.

— Le duc est jeune encore...

Irène serra le bras de M. de Galleran de l'autre côté de la meule.

— Quand ils auront fini, murmura-t-elle, je n'aurai plus rien à vous apprendre. Ecoutez, écoutez.

Astrée répondit à Fernand.

— Je suis à l'âge où il faut jouir tout de suite. Je vous promets que vous n'attendrez pas les millions de M. le duc.

— Il y a le docteur Sulpice... dit encore Fernand.

— Ecoutez! écoutez! fit Irène; moi, mes oreilles bourdonnent.

— J'ai vu, ce matin, un homme, répliqua la marquise; faites-moi penser à vous dire demain ce que c'est que Jean Touril. J'ai vu Jean Touril. Le docteur Sulpice est condamné.

Irène chancela. Galleran la soutint dans ses bras.

Fernand hésitait.

— Je suis à vous, tout à vous! dit-il enfin parce qu'il sentit le danger du silence, à vous, non point pour tout cet or du duc de Rostan, mais parce que vous êtes vous-même et que je vous adore.

— Quoi que tu chantes donc là, toi, Loriot? demanda en ce moment Chiffon qui s'éveillait de mauvaise humeur.

Fernand et la marquise tombèrent de leur haut. Leur premier mouvement fut de fuir.

— Nous partons demain pour Paris, dit cependant Astrée, qui entraîna Fernand de l'autre côté de la meule ; soyez de bonne heure au château.

— C'est toi qui rêves tout haut ! répliqua Loriot; si tu fais le diable comme ça la nuit, la Chiffonnette, je ne coucherai plus auprès de toi.

— C'est toi !

— C'est toi !

Ils tirèrent, ma foi, leurs bras du foin pour se gourmer un petit peu, mais la lune se levait. Chiffon vit son Loriot si rose, Loriot vit la Chiffonnette si éveillée, qu'ils s'embrassèrent au lieu de se battre.

— Monsieur de Galleran, dit Irène, repartez demain pour Paris ; j'y serai en même temps que vous, et vous aurez de mes nouvelles. Votre tâche devait être de veiller sur le duc de Rostan, car la pauvre Solange...

Elle s'interrompit.

— L'aimez-vous comme elle est digne d'être aimée? demanda-t-elle.

— Je l'aime autant que je puis aimer, répondit M. de Galleran.

— Alors, dit Irène, vous êtes à nous. Demain vous saurez ce que vous devez faire pour elle et pour moi.

Elle lui tendit la main que Robert porta à ses lèvres. Irène reprit le chemin du château. Galleran se dirigea vers Maintenon.

— Allons ! debout ! commanda Chiffon ; j'ai rêvé que nous entrerions aujourd'hui dans Paris.

Loriot avait bien sommeil, mais il se leva. On se mit

en route bras dessus, bras dessous, les sabots sur l'épaule, bien gaiement. On marcha toute la journée ; à la brune, on était encore loin de la grande ville.

— Range-toi ! dit Chiffon sur le tard, v'là des voitures !

Ils se retournèrent et reconnurent la fameuse berline dont la portière s'était ouverte la veille pour laisser passer le louis d'or.

— Faut faire la roue ! s'écria Loriot ; le vieux monsieur va nous donner quelque chose !

Chiffon l'arrêta.

— Mieux que ça, dit-elle, viens avec moi !·

Au moment où la voiture passait, elle prit son élan et s'accrocha lestement sur une malle attachée derrière la caisse. Loriot l'imita.

— On est joliment bien là fit-il en s'installant.

— Quand je te disais que nous arriverions à Paris en voiture ! repartit Chiffon radieuse.

Les chevaux du roi Truffe étaient bons. Une heure après, derrière la voiture qui contenait Astrée et le grand Rostan, Chiffon et Loriot, son ami, faisaient leur entrée triomphale dans le Paradis des Femmes.

FIN DE LA PREMIÈRE PARTIE.

# TABLE DES MATIÈRES

## PREMIÈRE PARTIE

## LES LIMBES

| | |
|---|---|
| I. — Le cap Frehel . . . . . . . . . . . . . . . | 1 |
| II. — Le grand Rostan . . . . . . . . . . . . . . | 19 |
| III. — Le Trou-aux-Mauves . . . . . . . . . . . | 38 |
| IV. — La Morgatte . . . . . . . . . . . . . . . | 51 |
| V. — Le poste. . . . . . . . . . . . . . . . . | 64 |
| VI. — La crèche . . . . . . . . . . . . . . . . | 76 |
| VII. — Picotin d'avoine . . . . . . . . . . . . . | 89 |
| VIII. — Les litanies de la Sainte Vierge. . . . . . . | 104 |
| IX. — La loge du pâtour . . . . . . . . . . . . | 115 |
| X. — Où rien ne coûte. . . . . . . . . . . . . | 130 |
| XI. — Le logis d'Astrée . . . . . . . . . . . . . | 145 |
| XII. — La chambre de la morte . . . . . . . . . | 159 |
| XIII. — Le premier coup de fusil . . . . . . . . . | 175 |
| XIV. — Le souper du pâtour . . . . . . . . . . . | 189 |
| XV. — Le second coup de fusil. . . . . . . . . . | 204 |
| XVI. — Chiffon et Loriot. . . . . . . . . . . . . | 220 |
| XVII. — En diligence. . . . . . . . . . . . . . . | 236 |
| XVIII. — Fabrique d'héritiers. . . . . . . . . . . . | 249 |

## TABLE DES MATIÈRES

| | |
|---|---|
| XIX. — L'auberge du Lion-d'Or | 264 |
| XX. — Le menu d'un souper | 278 |
| XXI. — La carte du docteur | 294 |
| XXII. — L'escopette du docteur | 304 |
| XXIII. — Liquidation | 316 |
| XXIV. — Comme on se passe d'auberge | 330 |
| XXV. — Le roi Truffe | 346 |
| XXVI. — La famille du roi Truffe | 359 |
| XXVII. — La lettre | 372 |
| XXVIII. — Deux autres lettres | 385 |
| XXIX. — Aventures de nuit | 398 |

St-Amand. — Imp. de Destenay.

www.ingramcontent.com/pod-product-compliance
Lightning Source LLC
Chambersburg PA
CBHW052131230426
43671CB00009B/1209